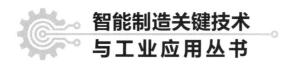

智能制造关键技术与工业应用丛书

智能工厂制造执行系统（MES）

Intelligent Factory Manufacturing Execution System

尹 静　杜景红　施灿涛　编著

化学工业出版社

·北京·

内 容 简 介

本书全面介绍了现代制造业中智能工厂制造执行系统（MES），详细介绍了 MES 的基本概念、原理和系统架构，以及行业应用、功能模块和支撑技术，旨在帮助读者深入了解 MES 技术，并为实际应用提供指导。同时，书中还重点讨论了 MES 项目的搭建实施过程和实际案例，以分享成功经验和应对挑战的方法。

本书将为读者提供 MES 的基础知识、实施要点和应用指南，助力提升制造业效率、优化生产流程和实现数字化转型，可作为高等院校智能制造相关专业的教学参考书，亦可供相关专业技术人员、管理人员参考使用。

图书在版编目（CIP）数据

智能工厂制造执行系统：MES/尹静，杜景红，施灿涛编著. —北京：化学工业出版社，2023.12（2025.2重印）

（智能制造关键技术与工业应用丛书）

ISBN 978-7-122-44257-4

Ⅰ.①智… Ⅱ.①尹…②杜…③施… Ⅲ.①制造工业-工业企业管理-计算机管理系统 Ⅳ.①F407.406.14

中国国家版本馆 CIP 数据核字（2023）第 186271 号

责任编辑：张海丽　　　　　　　　　　装帧设计：王晓宇
责任校对：边　涛

出版发行：化学工业出版社（北京市东城区青年湖南街13号　邮政编码100011）
印　　装：大厂回族自治县聚鑫印刷有限责任公司
710mm×1000mm　1/16　印张16¼　字数306千字　2025年2月北京第1版第4次印刷

购书咨询：010-64518888　　　　　　　　　售后服务：010-64518899
网　　址：http://www.cip.com.cn
凡购买本书，如有缺损质量问题，本社销售中心负责调换。

定　　价：98.00元　　　　　　　　　　　　　　　　　版权所有　违者必究

前言

制造业正处于数字化转型的浪潮中,智能工厂制造执行系统(MES)作为现代制造业的核心技术之一,发挥着关键作用。随着 MES 技术的快速发展和广泛应用,我们认识到制造业从业人员、管理者和研究人员深入了解 MES 的重要性和需求。因此,我们决定编写本书。

本书的编写目的是多方面的。首先,我们希望通过介绍 MES 在现代制造业中的重要性和应用,帮助读者深入理解 MES 技术。其次,我们提供 MES 基础知识、实施要点和应用指南,以满足不同读者群体的需求。同时,我们还分享实际案例和经验,帮助读者了解 MES 在不同行业中的应用和成功实施方法。最后,我们将探讨 MES 项目规划和实施过程,解决实际应用中的挑战。

本书内容分为以下五个部分:第一部分(第 1~3 章)介绍行业发展背景、MES 的基本概念和原理,包括 MES 的定义、发展历程与趋势,以及 MES 在不同行业的应用需求;第二部分(第 4、5 章)深入探讨 MES 的系统架构和各个功能模块的作用与特点;第三部分(第 6 章)介绍 MES 所涉及的技术和理论,包括传统模式下 MES 的支撑技术,以及在智能制造背景下引入的新兴技术;第四部分(第 7 章)简述如何规划和实施 MES 项目,以及解决实际应用中遇到的挑战;第五部分(第 8 章)通过引用钢铁行业中的实际案例,分享了 MES 在实际的生产场景中是如何设计与实施的。

本书的特色在于综合性、实践性和适用性。我们全面介绍 MES 的基本概念、系统架构、功能模块和相关技术,覆盖了 MES 领域的核心知识。同时,通过实际案例和经验分享,将 MES 理论与实际应用相结合,以帮助读者更好地理解和应用 MES 技术。本书适用于不同专业水平的读者群体,无论是初学者还是经验丰富的专业人士,都可从书中获益。

本书的编写是一个团队合作的过程，尹静负责编写工作，杜景红和施灿涛负责收集工程案例及实施资料，特别感谢研究生董朝轩、张家炜和王欢欢的辛勤付出。

最后，感谢所有支持本书编写的人员和机构，希望本书为读者在理解和应用智能工厂制造执行系统方面提供有价值的指导。

编著者

2023 年 7 月

目录

第1章 概述 … 001

1.1 我国制造业及 MES 发展背景 … 001
1.2 智能制造与智能工厂 … 003
  1.2.1 智能制造简述 … 003
  1.2.2 制造型企业"两化融合"历程 … 004
  1.2.3 数字化车间简述 … 005
1.3 工业软件的应用 … 006
  1.3.1 工业软件发展现状 … 006
  1.3.2 常见的工业软件 … 010
  1.3.3 MES 的功能定位 … 012

第2章 MES 概述 … 014

2.1 MES 的定义、目标、特点 … 014
  2.1.1 MES 的定义 … 014
  2.1.2 MES 的目标 … 017
  2.1.3 MES 的特性与特征 … 017
2.2 MES 的发展历程与现状 … 018
  2.2.1 MES 的发展历程 … 018
  2.2.2 MES 的应用现状 … 021
  2.2.3 MES 技术发展趋势 … 023

2.3 MES 的应用价值 　　　　　　　　　　　　　　　　024

第 3 章
MES 的行业应用　　　　　　　　　　026

3.1 流程型制造业、离散型制造业与 MES　　　　026
  3.1.1 流程型制造业与离散型制造业的差异　　　027
  3.1.2 流程型制造业和离散型制造业对 MES 的需求差异　　　028
3.2 各典型行业对 MES 的需求　　　　　　　　031
  3.2.1 共性需求　　　　　　　　　　　　　031
  3.2.2 钢铁行业　　　　　　　　　　　　　035
  3.2.3 食品饮料行业　　　　　　　　　　　039
  3.2.4 电子行业　　　　　　　　　　　　　043
  3.2.5 石化行业　　　　　　　　　　　　　048
  3.2.6 汽车行业　　　　　　　　　　　　　052
  3.2.7 机械装备行业　　　　　　　　　　　057
  3.2.8 纺织服装行业　　　　　　　　　　　062
  3.2.9 医药行业　　　　　　　　　　　　　066
  3.2.10 烟草行业　　　　　　　　　　　　070

第 4 章
MES 的系统架构　　　　　　　　　　075

4.1 MES 的管理思想与要素　　　　　　　　　075
4.2 MES 的系统集成　　　　　　　　　　　　076
  4.2.1 MES 与 ERP 系统集成　　　　　　　076
  4.2.2 MES 与 APS 系统集成　　　　　　　077
  4.2.3 MES 与 DSS 集成　　　　　　　　　078
  4.2.4 MES 与 PLM 系统集成　　　　　　　079
  4.2.5 MES 与 QMS 集成　　　　　　　　　079
  4.2.6 MES 与 LMS 集成　　　　　　　　　079
  4.2.7 MES 与 EMS 集成　　　　　　　　　080

	4.2.8	MES 与 WMS 集成	080
	4.2.9	MES 与 DAS 集成	080
	4.2.10	MES 与 HRMS 集成	081
	4.2.11	MES 与 PCS 集成	081
	4.2.12	MES 与 CAPP、PDM 系统集成	082
	4.2.13	MES 与自动控制系统（SCADA、DNC、PLC）集成	082
4.3	MES 系统框架设计思路	082
	4.3.1	基于改进 C/S 结构的 MES 3 层系统架构	082
	4.3.2	基于 B/S 结构的 MES 分布式系统架构	083
	4.3.3	基于 SOA 的 MES 系统架构	085
	4.3.4	MES 微服务架构	088
	4.3.5	基于 MOM 的 MES 设计	090
	4.3.6	基于 MES 云 + ERP 云的"云·边·端"架构	091

第 5 章
MES 的功能模块   092

5.1	生产管理模型	093
	5.1.1 生产管理概述	093
	5.1.2 MES 中的生产管理功能	095
5.2	影响生产的主要功能模型	105
	5.2.1 MES 中的维护管理功能	105
	5.2.2 MES 中的质量管理功能	105
	5.2.3 MES 中的库存管理功能	109
5.3	基础功能模块的具体化延伸	110
	5.3.1 MES 中的设备管理功能	110
	5.3.2 MES 中的计量管理功能	115
	5.3.3 MES 中的工艺管理功能	117
	5.3.4 MES 中的物料管理功能	118
	5.3.5 MES 中的仓库管理功能	122
	5.3.6 MES 中的账户管理功能	124
	5.3.7 MES 中的能源管理功能	126
	5.3.8 MES 中的生产安全管理功能	127
	5.3.9 MES 中的文档管理功能	127

5.3.10　MES 中的系统仿真功能　127

5.3.11　MES 中的可视化看板功能　128

第 6 章
MES 的技术与理论支撑　131

6.1　硬件环境支撑　131
6.1.1　数据采集　131

6.1.2　现场总线技术　132

6.1.3　自动物料输送与存储设备　136

6.1.4　数字化检测设备　136

6.2　系统集成技术　137
6.2.1　系统集成方式　137

6.2.2　数据集成平台　141

6.3　MES 生产建模技术　144
6.3.1　MES 生产模型　144

6.3.2　基于事件驱动的 MES 生产过程建模　146

6.4　MES 可重构平台技术　150
6.4.1　MES 重构要素　151

6.4.2　可重构 MES 体系结构　151

6.4.3　MES 配置平台　155

6.4.4　基于配置平台的可重构的 MES 应用系统　157

6.5　MES 生产调度优化技术　159
6.5.1　车间生产调度概述　159

6.5.2　流水车间调度问题　160

6.5.3　作业车间调度问题　161

6.5.4　车间动态调度问题　163

6.6　MES 数据采集技术　164
6.6.1　车间制造信息及其采集方式　164

6.6.2　常用数据采集技术　166

6.7　MES 生产监控技术　172
6.7.1　MES 生产监控系统架构　172

6.7.2　MES 生产监控系统网络技术　173

6.8 车间物联网技术 ... 177
　6.8.1 物联网技术简介 ... 177
　6.8.2 基于车间物联网的 MES 生产监控系统 ... 178
6.9 智能制造背景下的新兴技术 ... 181
　6.9.1 数字孪生技术 ... 181
　6.9.2 信息物理系统 ... 182
　6.9.3 大数据与云计算 ... 184
　6.9.4 人工智能 ... 185
　6.9.5 虚拟现实技术 ... 186
　6.9.6 区块链 ... 187

第 7 章
MES 项目的搭建实施　　189

7.1 MES 实施难点概述 ... 189
7.2 MES 项目的总体推进过程 ... 190
7.3 MES 需求分析方法 ... 192
　7.3.1 MES 需求分析误区 ... 192
　7.3.2 MES 需求分析方法 ... 193
　7.3.3 MES 规划思路 ... 195
7.4 MES 选型要点 ... 197
　7.4.1 MES 的选型流程 ... 197
　7.4.2 MES 招标要点分析 ... 197
　7.4.3 MES 技术评标要点分析 ... 198
　7.4.4 MES 合同签署要点分析 ... 199
7.5 MES 实施要点 ... 201
　7.5.1 MES 实施步骤 ... 201
　7.5.2 详细需求分析 ... 202
　7.5.3 需求变更管理 ... 202
　7.5.4 二次开发管理 ... 203
　7.5.5 上线前策划 ... 204
　7.5.6 项目验收 ... 205

第 8 章 某钢铁企业智能制造管理与执行系统应用案例 206

8.1 整体方案综述 207
8.1.1 案例企业的智能制造体系 207
8.1.2 iMES 功能清单 210

8.2 子系统 1：APS-高级计划与排程系统 212
8.2.1 功能综述 212
8.2.2 APS 优化模型描述 216

8.3 子系统 2：PMS-制造管理系统 219
8.3.1 功能综述 219
8.3.2 各功能详细介绍 219

8.4 子系统 3：PES-制造执行系统 229
8.4.1 功能综述 229
8.4.2 各系统详细介绍 229

8.5 子系统 4：DAS-数据采集与应用系统 241
8.5.1 项目概述 241
8.5.2 系统整体框架 242
8.5.3 硬件系统需求 242
8.5.4 功能规格说明 246

参考文献 250

第1章

概述

1.1 我国制造业及 MES 发展背景

日趋激烈的市场竞争、客户对产品呈现爆炸性的多样化要求，导致产品的生命周期逐渐缩短，产品的结构也日益复杂，使得传统的以企业为主导、客户被动接受产品的状态逐步转变为以满足客户需求为驱动的定制形式。面对大规模的个性化客户需求，传统的大批、大量生产模式已经不能适应市场的激烈竞争，企业必须实现从少品种、大批量到多品种、变批量、研产并重、混线生产模式的转变，通过提高对客户需求的反应速度以获得竞争优势和市场先机，从而衍生出快速响应制造的要求。

为了满足多样化的客户定制需求，在产品规划方面，企业必须重视新产品的研制，以丰富产品型谱选择空间；在生产组织方面，要求研制性产品和批产性产品共同基于有限的制造资源进行混合生产，直接表现为复杂性和动态性的显著提升。

① 产品的种类、数量和交货期具有受日趋频繁订货行为的牵引而变动的特点。

② 研制性产品一般采用单件或者小批量生产组织形式，批产性产品体现为中大批量生产组织形式，在此现状下制造执行具有复杂的过程关联与协调内涵。

③ 研制性产品具有工艺变化频繁工时不准确、计划组织随意性大的特点，对批产性产品的生产组织及运行的稳定性带来较大的冲击。

④ 对于制造企业而言，制造执行过程具有多方面的扰动，如对于作为调度核心的工时数据，存在来自设备状态、加工操作方法等技术方面的不确定性，以及来自管理上以定额工时作为核算指标导致的人为障碍，都使得无法获得确定性

的加工工时基础数据；同时，不管是民品生产企业还是军品生产企业，在当前激烈的市场竞争下，都普遍存在紧急订单插入、订单分批执行等现象，这些生产突发事件或因素都会对生产计划的执行产生冲击。

⑤ 我国企业的信息化基础环境建设尚属薄弱，据统计，ERP 实施的成功率不到 30%，大部分实施企业资源计划（ERP）的企业还停留在基础物料与库存管理层面；在生产管理方面，完整实施 MES 的企业尚不多见，但在资源、工时、质量等单项领域方面则具有一定的基础，这些都给计划的稳定性和执行状态的全面把握带来了一定的影响。

因此，制造执行处于复杂和动态的生产环境中，存在工时等基础数据不准确、订单任务等不确定、执行状态反馈不完备等问题，如何实现快速响应制造执行，实现执行过程的协调、制造执行信息的管理、作业调度的控制就构成了快速响应制造执行需要解决的核心问题。

制造执行过程的控制与协调是落实快速响应制造的核心支撑技术之一，其目标是在动态变化的市场和制造环境中，通过对业务流、作业流和信息流的协调控制保证制造执行的高效运行，作为中间平台，实现对上游以 ERP 为基础的生产计划和下游底层设备控制的贯通协调。以 MES 为代表的技术及其系统就是为了满足这种需求而提出的，目前已经得到了学术界和工业界的广泛关注、研究与应用。MES 技术具有丰富的内涵，包括资源管理、生产调度、单元分配、生产跟踪、性能分析、文档管理、人力资源管理、设备维护管理、过程管理、质量管理和现场数据采集等。与国外 MES 强调对先进的底层硬件设备执行过程自动化控制相比，我国由于基础硬件条件限制，MES 技术的研究更加强调柔性生产管理，更多的是面向人而非面向自动化设备实现制造执行过程的管控。需要指出的是，对于 MES 而言，生产调度在制造执行中处于中枢控制的地位，对作业的核心安排不仅体现了资源的优化配置，而且体现了以作业流为核心牵引信息流和业务流的协调思路，是实现有序、协调、可控和高效制造执行的关键使能技术。

随着 MRP、ERP 等工具和管理理念在我国的逐步推广和深入，我国制造企业的信息化意识逐渐加强。随着企业信息化建设的不断深入，ERPSCM、CRM、EIPPDM 等信息化管理软件逐渐为众多的管理者所接受，并开始广泛应用于企业管理中，企业也因此取得了一定的管理效益。但上述管理系统主要是对企业的管理数据进行处理和运算，主要应用在计划、预测、分析等方面，但对作为生产现场这一企业主体行为的研究则起步较晚，这也导致目前我国 ERP 整体的应用效果并不理想，而作为现场管控层的 MES 技术及应用的缺乏是直接原因之一。

1.2 智能制造与智能工厂

1.2.1 智能制造简述

智能制造是新工业革命的核心，通过产品智能化、生产智能化、服务智能化来实现制造业的价值最大化。同时又是一次全流程、端到端的转型过程，会使研发、生产、产品、渠道、销售、客户管理等一整条生态链发生巨变。工业企业在制造环节，依然可以以规模化、标准化、自动化为基础，同时还可以被赋予柔性化、定制化、可视化、低碳化等新特性；商业模式也会发生颠覆性的变化——生产者影响消费者的模式逐渐被消费者需求决定产品设计、生产的模式取代。在国家层面，则需要建立一张比消费互联网更加安全可靠的工业互联网。

智能制造作为广义的概念，包含产品智能化、装备智能化、生产智能化、管理智能化和服务智能化5个方面。

① 产品智能化。把传感器、处理器、存储器、通信模块、传输系统融入各种产品，使产品具备动态存储、感知和通信能力，实现产品可追溯、可识别、可定位。

② 装备智能化。如高端数控机床与基础制造装备、自动化成套生产线、智能控制系统、精密和智能仪器仪表与试验设备、关键基础零部件、元器件及通用部件等，这些具备感知、分析、推理、决策、控制功能的制造装备可以更好地实现生产过程自动化、智能化、精密化、绿色化，促进工业整体技术水平的大幅提升。

③ 生产智能化。个性化定制、小批量生产、服务型制造及云制造等新业态、新模式，其本质是重组客户、供应商、销售商及企业内部组织的关系，重构生产体系中信息流、产品流、资金流的运行模式，构建新的产业价值链、生态系统和竞争格局等。

④ 管理智能化。随着纵向集成、横向集成和端到端集成的不断深入，企业数据的实时性、完整性、准确性不断提高，必然使管理更准确、更高效、更科学。

⑤ 服务智能化。智能服务是智能制造的核心内容，越来越多的制造企业已经意识到从生产型制造向生产服务型制造转型的重要性。将来，一方面，传统制造业会不断拓展服务；另一方面，消费互联网将融入产业互联网，如微信、工业App未来连接的不仅是人，还会在设备和设备、服务和服务、人和服务之间建立连接等。

广义而论，智能制造就是一个很大的概念，是先进信息技术与先进制造技术的深度融合，贯穿于产品设计、制造、服务等全生命周期的各个环节及相应系统的集成优化，旨在不断提升企业的产品质量、生产效益、服务水平、精细化生产，减少资源浪费与消耗，推动制造业的技术创新、资源协调、绿色环保、开放市场、信息共享的发展。

1.2.2 制造型企业"两化融合"历程

制造业企业"两化融合"是指将信息化和工业化相互融合，实现数字化、网络化、智能化生产管理的过程。包括在制造业中应用信息技术，以及将信息技术与制造技术有机结合，通过引进新技术、新设备、新材料、新工艺等手段，提高生产效率、产品质量和市场竞争力的能力。"两化融合"还包括对企业生产流程、信息流程、人员流程的整合与优化，并且使企业更加适应数字经济时代的发展趋势。

制造型企业两化融合的历程大致如下：

第一阶段：传统工业生产

在传统工业生产时期，制造业企业主要采用人工操作、模具制造和机械加工等手段进行生产。这些方式生产效率低下，产品质量不稳定，难以适应市场需求的变化。

第二阶段：数字化控制生产

20世纪80年代开始，数字化技术被广泛应用于制造业。制造业企业引入数字化控制系统，如计算机数控机床、PLC控制系统等，实现了生产过程的自动化和智能化控制。这种数字化控制生产方式提高了生产效率和产品质量，但仍存在信息孤岛问题。

第三阶段：网络化生产

随着互联网的普及，制造业企业开始将数字化设备与网络技术相结合，实现生产过程的网络化管理。企业可以通过物联网技术监测生产设备状态，进行远程监控和数据采集，促进生产流程的优化和管理。

同时，在供应链方面，企业可以通过云计算技术实现供应链信息共享和协同，提高物流配送效率和服务质量。

第四阶段：智能化生产

当前，人工智能、大数据、云计算等新技术得到广泛应用，制造业企业开始实现生产流程的智能化。通过AI、机器学习等技术对生产数据进行分析和预测，优化了生产计划和资源配置，提高了生产效率和产品质量，同时也促进了企业数字化转型。

在智能制造方面，企业可以通过建设数字孪生工厂，将虚拟仿真与实际生产相结合，实现全方位的智能管理。

第五阶段：全面融合

当前，制造业企业已经进入数字经济时代，两化融合已经从单一的技术融合向全方位融合发展。企业将信息技术与制造技术有机结合，构建具有高度自主创新能力和市场竞争力的数字工厂和智能工厂，实现生产全过程的数字化、智能化、柔性化管理，并推动产业链数字化、供应链协同化和服务品质人性化等方面的发展。

1.2.3 数字化车间简述

（1）数字化车间的含义

数字化车间是数字化、网络化技术在生产车间的综合应用，它将人员、设备、生产物料、生产过程、设计研发过程与企业资源计划（ERP）系统、MES、仓库管理系统（Warehouse Management System，WMS）等系统进行信息互联，形成综合信息集成制造系统，从整体上改善生产的组织与管理，提高制造系统的柔性，提高设备的生产效率及利用率。

（2）数字化车间的分类

数字化车间可以分为车间生产控制和现场执行两个部分。车间生产控制是数字化车间的核心，通过 ERP 与 MES 实现，主要进行生产计划控制和执行。车间生产控制主要完成车间的人员调配、劳动组织、生产调度、产量控制、质量控制、成本控制、工艺反馈与改进、质量分析、生产统计、定额核算、安全生产、现场管理等整个车间生产管理与执行控制任务。现场执行是数字化车间的基础，由车间的基础要素，即人员、设备、物料、生产执行等构成，主要强调的是生产过程执行及生产数据产生。

（3）数字化车间的特点

一般来说，数字化车间具有如下特点：

① 管理数字化，生产数据与管理数据高度集成。

生产数据采集形成比较完整的联网传输，通过 MES 实时获取设备状态、生产人员状态、生产物料需求计划、半成品及成品产出计划、质量管理等基础信息，然后将这些信息与 ERP 共享，完成生产数据的集成；管理数据下发也由系统互联完成，通过 ERP 将供销订单、物料供应、现有库存、人力资源的信息进行统一调控，然后将销售订单、采购到货情况、物料储备情况、半成品和成品库存等信息传输至 MES，完成管理数据下发工作。这种信息的互联打破了各节点的信息孤岛状态。

② 排产智能化、采集自动化、物料精细化。

MES 通过条码技术或射频识别技术（Radio Frequency Identification，

RFID）跟踪车间从物料投产到成品入库的整个生产流程，实时记录并监控生产工序、加工任务完成情况，人员工作效率、劳动生产率情况，设备、产线开动情况，产品合格率、废品率情况，产品产量、入库情况。车间的人员、物料、产品、设备、生产过程各环节都有相应的数据自动采集、流程控制，通过 MES 与 ERP 配合，完成人员自动排班排产、物料需求预判、设备点检巡检周期提示、生产过程数据定时采集汇总。

③ 现场看板化。

电子看板系统是数字化车间的一部分，是目视化管理、即时准时化管理、可视化管理、精益生产的一部分，车间生产数据通过生产看板、设备看板、仓库看板、安灯看板、质量看板、采购看板等不同类型的看板实时展示，实现生产计划发布、实时产量统计、产线异常通知、处理流程跟踪、生产效率统计、异常状况统计等功能。电子看板系统可以帮助车间管理者及时将生产计划发布到各生产线，实时掌握各生产线的产量数据，统计及分析生产效率；对异常处理的过程进行实时跟踪，督促相关人员及时处理，提高效率。

1.3 工业软件的应用

1.3.1 工业软件发展现状

作为"两化融合"的抓手与突破口，工业软件的普及和广泛应用，涵盖了几乎每个工业领域的核心环节，构筑了当今产业体系的"灵魂"。在生产上，工业软件使用数字化手段进行变革，以此促进了生产力与生产效率一定幅度的提升，在推动我国制造业转型升级、提升产业水平和促进经济增长等方面具有重要意义，高端工业软件是实现我国从制造大国走向制造强国目标的重器之一。

（1）国外工业软件发展现状

1）德国

德国拥有世界第五大信息与通信技术市场，同时也是欧洲最大的软件市场。2020 年收入达到 276 亿欧元，是欧洲软件收入最高的国家。德国基础软件行业有 3 万多家公司，专门从事软件开发与销售，约占 ICT 行业公司总数的 46%。在欧洲前 5 名软件公司中，德国占据了 3 个席位，前 100 名软件公司中，德国有 14 家公司入选，公司收入达到总收入的 49.4%，具有非常高的市场集中度。

德国作为欧洲的软件第一大国，拥有 SAP、西门子等顶级工业软件企业。SAP 是全球最大的企业管理和协同化电子商务解决方案供应商、全球第三大独立软件供应商和世界上最大的商业应用、企业资源规划（ERP）解决方案独立软件供应商，在全球企业应用软件市场上占有率超过三成。西门子通过对 UGS 公司和 Mentor 等一系列仿真软件公司的收购，实现了生产控制类、研发设计类和嵌入式 3 个大类的覆盖，产品包含 MES、CAD、CAE、PLM 等多个细分品类。作为工业软件和自动化的巨头，西门子的产品广泛应用于世界各个高精尖产业，西门子 PLM 工业软件是 NASA 开发与设计"好奇号"火星探测器的平台软件系统，NX 和 Teamcenter 软件实现了对苏-27 战斗机气动布局与机动性的整体优化。

2）美国

20 世纪 60 年代，人工绘图逐渐无法满足更加高级化与复杂化的产品需要，为了更好地表达产品需求，美国航天巨头开始研发绘图更精准的工业软件替代人工制图。在政府对工业软件开发的重视与支持下，美国工业软件在每个细分领域都逐渐处于领先水平，成为工业软件全球领先的国家之一，拥有洛克希德·马丁、谷歌、苹果、波音等软件和制造业等巨头公司。

在 CAE 领域，美国是最早开发 CAE 的国家，NASA 开发的有限元分析软件 Nastran 是美国仿真软件的鼻祖，Ansys（美国安斯科技）、Altair（美国澳汰尔软件）、MSC（美国诺世创）基本垄断了 CAE 市场。在 CAD 的 4 家头部企业中，有两家公司——Autodesk（欧特克）、PTC（美国参数技术公司）属于美国。在 EDA 领域，EDA 软件的三巨头——Cadence（美国铿腾电子）、Synopsys（美国新思科技）、Mentor（德国西门子的子公司明导电子），美国占据两个席位。

3）日本

作为世界第三大经济体，日本一向以高技术硬件产品闻名于世，但软件产业却普遍存在人才培养困难、利润率低等诸多问题。在行业高技术人才流失、政府产业政策制约、企业文化差异以及语言障碍等多重因素制约下，日本多为软件密集程度较低的产业，相较于美国和德国，日本工业软件产品缺乏全球竞争力。日本虽然软件竞争力不强，但是在嵌入式软件的运用上却具有较大优势，数控机床、智能机器人和汽车是日本嵌入式软件的三大载体。日本带有数字接口的设备几乎都使用了嵌入式软件，嵌入式软件分布领域广泛，在微小电子产品领域处于领先地位。

（2）我国工业软件产业现状

1）我国工业软件市场规模

信息化发展在农业、工业、军事、金融、教育、医疗等各个行业起着重要作用，"积极推进国民经济与社会信息化"和"以信息化促进工业化"是我国提出的基本国策。工业和信息化部数字显示，2014—2022 年，我国软件行业市场规模发展迅速，在软件业务领域的收入逐年增长，如图 1-1 所示。

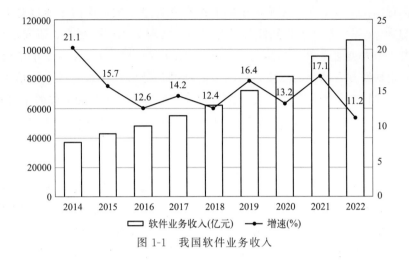

图 1-1 我国软件业务收入

在"中国制造 2025"的大背景下，中国将从制造业大国向制造业强国不断迈进，加快两化紧密深度融合是大势所趋，对于工业软件和信息化服务的需求将持续增长。未来，我国工业软件市场将保持持续增长态势，继续高速发展。

2）我国工业软件产品市场占比分析

工业软件作为智能制造的关键基础和核心支柱，对于促进信息化和工业化的融合、推动我国制造业的转型升级以及实现制造强国的目标具有十分重要的意义，是国家信息技术水平的重要综合体现。前瞻产业研究院数据显示，近年来，国内工业软件市场保持快速增长，如经营管理类、生产制造类等软件在国内已经得到了比较快速的发展。

当前，我国工业软件总体表现为产品类别较全，但软件企业整体实力不强，软件产品主要集中在 OA（办公自动化软件）以及 CRM（客户关系管理）等多种低门槛的软件类型，国外软件产品仍是主流。《中国工业软件产业白皮书（2020）》数据显示，在研发设计类软件中，国产软件占比最低，只占到市场的 5%，且多数研发设计类工业软件仅应用于系统功能单一、工业机理简单、产业复杂度较低的领域。而在生产制造类的软件中，部分中国企业已经掌握了一定的技术，但是与国外工业软件巨头相比，仍然存在较大的差距。经营管理类软件方面，国产软件占比达到 67%，占据了中国中小企业大部分市场，但高端市场仍以 SAP、Oracle 为主。运维服务类软件方面，国内软件主要关注数据采集、监控等简单能力，缺乏对数据应用和对决策的辅助，底层核心技术依赖国外。国内工业软件产品无论是技术、性能，还是市场占有率，都与国外的产品存在一定的差距。

3）我国工业软件发展中存在的问题

① 技术受到限制，产品竞争力不强。

工业软件的发展需要长期的时间积累与技术进步，对工业化与信息化都有较高要求。欧美国家先后完成了三次工业革命，积累了丰富的工业经验，为信息化的萌芽与发展提供了良好基础，并促进了工业化、信息化的结合与工业软件的诞生。在实践中全面而充分地试错以及对于经验的总结，欧美地区的工业软件产业在市场规模、知识以及人才储备方面都具有较大优势。我国软件工业化进程起步晚，基础薄弱，在关键技术、工业需求结合方面，核心技术掌握不足，部分核心算法需向国外厂商购买。目前，我国面向工业软件的开发生态尚未建立，数据采集和边缘计算能力亟待提升，工业专业技术领域微服务功能模块赋能不足，产品性能、稳定性与用户体验感仍有许多不足，工业软件市场占有率较低，国产工业软件竞争力不强。

② 专业人才稀缺，人才流失严重。

工业软件的发展离不开人才支持，据《关键软件人才需求预测报告》预测，到 2025 年，我国工业软件人才缺口将达 12 万。我国工业软件人才短缺，一是现有的学历教育体系和职业教育体系无法实现复合型人才培养。作为一个跨学科的应用方向，工业软件涉及数学、机械、电气传动与控制、计算机与信息技术等多个领域的知识，这对人才能力要求较高，培养难度大。而目前大多数高校的专业设置存在偏差，一般为单一的某个专业，缺少复合型学院设置，每年培养的高素质工业软件人才稀少。二是工业软件行业收入低，人才流失严重。当前，我国工业软件企业职工收入远低于国外工业软件公司或者国内游戏、互联网企业，企业内部职工发展空间小，缺乏成长动力。职工的付出与回报不能适配，行业高端人才流失严重。

③ 知识产权保护滞后，创新能力受到制约。

在用户层面，很多企业知识产权保护意识薄弱，没有认识到产权带来的权利与义务，为了节省成本，选择使用盗版软件或者支持员工使用盗版软件，忽视了盗版软件的风险性以及可能带来的危害。在知识产权保护层面，法律保护也需要加强。目前，部分企业、高校、科研院所使用盗版软件的成本近似于无，盗版软件挤占正版软件的生存空间，市场出现劣币驱逐良币的现象。知识产权保护意识缺乏、法律保护力度不够，导致资本不愿流向工业软件领域，严重打击了国产工业软件研发的积极性。软件业保护严重滞后于软件业快速发展和企业日趋强烈的保护需求，在一定程度上制约了国家工业软件自主创新能力，工业软件企业竞争力进一步减弱。

4）我国工业软件发展机遇

① 国家层面高度重视工业软件自主研发。

虽然目前中国工业软件核心技术薄弱，产品竞争力不强，但发展空间广阔。中美经贸摩擦以来，多家中国企业与高校相继被美国列入"实体清单"，EDA、

MATLAB等工程软件先后被禁用，我国高端制造行业从设计、分析到生产管理方面存在"卡脖子"的风险。国际形势的变化，让国产化成为趋势。国家层面开始意识到工业软件的重要性，不断提高对工业软件的重视程度，《中华人民共和国国民经济和社会发展第十四个五年规划和2035年远景目标纲要》等多个重要文件中提出，要构建自主可控、安全可靠、高端先进的国产工业软件产业体系，加快国产工业软件发展速度势在必行。与此同时，资本层面也开始将目光投向国产工业软件领域，工业软件研发将获得更多的资金支持，工业企业与工业软件企业合作不断加深，国产工业软件从研发到应用的整个流程会更加畅通，形成产研结合的完整链条。

② 工业软件架构调整提供弯道超车机会。

中国正处于产业转型升级的关键时期，工业企业技术赋能需求迫切，工业软件起到重要作用。随着大数据、人工智能、云计算的发展，工业软件已经进入新的时代，软件的开发与需求有了新的变化，工业软件架构将会迎来新的调整。目前，工业软件的技术呈现碎片化，应用落地路径在不同领域产生巨大差异且不易快速复制，随着工业软件的发展，解耦与上云成为必然趋势。工业软件的产品模式将由单一化、孤岛化向一体化、协作化转变，开发模式逐渐向组件化、模块化转变，部署模式向云端迁移的步伐加快，原先的单机产品整体架构必然重建，软件的开发与使用也将更加方便灵活。技术的巨大变化给传统的工业软件巨头带来了挑战，削弱了其构筑的竞争优势，也降低了工业软件行业的准入门槛，为国内软件的快速发展甚至弯道超车提供了宝贵的机会。

③ 新技术为工业软件架构调整提供支撑。

在工业软件解耦与上云的过程中，离不开新技术的支撑，工业软件对于工业互联网、5G、云计算等需求与融合发展正不断增强。在我国新基建战略的实施下，中国工业互联网平台在技术、管理、商业模式等方面都取得了一定进展；5G研发支出遥遥领先，专利数量位居全球首位，5G建设与商用探索也取得了一定突破和成果；云计算产业发展迅猛，保持30%以上的年均增长率，是全球增速最快的市场之一，在各个领域获得广泛应用。在中国新技术蓬勃发展背景下，工业互联网、5G、云计算等智能信息技术的成熟，有利于推动我国工业软件更好更快地发展。

1.3.2 常见的工业软件

工业是由采矿业、制造业、原材料和能源四大行业组成。在我国，有41个工业大类，207个工业中类，666个工业小类，工业门类齐全，形成了独立完整的现代工业体系。由于工业门类复杂，脱胎于工业的工业软件种类繁多，分类方式多样化，如：GB/T 36475—2018《软件产品分类》将工业软件（F类）分为工业产品线、计算机辅助设计（CAD）、计算机辅助制造（CAM）、计算机集成制造系统、工业仿真、可编程逻辑控制器（PLC）、产品生命周期管理（PLM）、产品数据管理（PDM）、其他工业软件9类；2019年11月，经国家统计局批准、工信部发布的《软件和信息技术服务业统计调查制度》中，将工业软件划分为产品研发设计类软件、生产控制类软件、业务管理类软件。

通常情况下，工业软件可按照产品生命周期的阶段或环节，大致划分为研发设计类软件、生产制造类软件、运行保障类软件和经营管理类软件，这是一种在业界较为常用的划分方法，分类情况如下。

(1) 研发设计类软件

研发设计类软件应用于电子计算机及其外围设备，协助工程技术人员完成产品设计和制造，提升产品开发效率、降低开发成本、缩短开发周期、提高产品质量，主要包括计算机辅助设计（CAD）、计算机辅助工程（CAE）、电子设计自动化（EDA）、计算机辅助工艺规划（CAPP）、产品数据管理（PDM）/产品生命周期管理（PLM）、基于模型的系统工程（MBSE）以及"六性"（可靠性、维修性、保障性、测试性、安全性、环境适应性）等。需要注意的是，MBSE、"六性"涉及产品的全生命周期阶段，但当前更多应用于研发设计阶段，因此将其归入研发设计类。

(2) 生产制造类软件

生产制造类软件主要负责工业产品生产和制造过程中进行数据采集、分析、决策和管理等，主要包括计算机辅助制造（CAM）、分布式控制系统（DCS）、可编程逻辑控制器（PLC）、制造执行系统（MES）、数据采集与监视控制系统（SCADA）等。

(3) 运行保障类软件

运行保障类软件主要用于工业品使用过程中的状态监测、故障诊断、健康管理、维护维修等，主要包括故障预测与健康管理（PHM）、交互式电子技术手册（IETM）、维护维修运行管理（MRO）等。

(4) 经营管理类软件

经营管理类软件主要包括供应链管理（SCM）、企业资源计划（ERP）、客户关系管理（CRM）、人力资源管理（HRM）等，其目的是提高工业企业的生产管理水平，提高产品质量和客户满意度，提升整个产品价值链的增加值。

需要说明的是，该划分方式主要是针对交互式工业软件的一种划分方式，交互式工业软件用于复杂工业品的设计、开发等，但是，若没有嵌入式工业软件就没有复杂工业品的生产与运行。因此，对于工业软件而言，还应考虑嵌入式工业软件，它也是工业软件的重要组成部分。

1.3.3　MES 的功能定位

随着 CAD、CAE、CAPP、CAM 等单点工具性软件系统取得良好的深入应用效果，企业认识到数字化技术对于提升生产效率乃至核心能力的重要作用。在以信息化技术为代表的第三次工业革命的影响下，企业也发展出了多样化的面向管理的信息化系统，包括客户关系管理（CRM）、企业资源计划（ERP）、产品全生命周期管理（PLM）、供应链管理（SCM）、办公自动化（OA）等在内的系统，在企业中得到了不同程度的推广和应用，给企业带来一定的经济效益和管理效益。但当企业的管理者想要通过进一步推进信息化进程来提高自身的管理水平和管理深度时，往往会遇到一个共性的问题，即缺少底层的支持，不仅体现为上层的经营计划流程难以向现场延伸，也体现为现场的执行数据难以向上游传递，尤其在日益成熟的 ERP 系统和日益先进的底层硬件设备之间出现了断层。目前，企业一般通过手工、纸质报表的形式实现上下游的沟通，但整体而言，面向车间的生产管理仍然处于暗箱操作状态。虽然有些企业采用了一些功能简单的处理系统，如订单执行跟踪质量管理、材料定额管理等，但由于集成性差，加上数据采集方式不一致，因而使得企业的基础信息不完整、不准确，进而使企业在成本分析、投入产出分析、生产过程监控等方面无的放矢，无法做到精细化管理，降低成本落不到实处，管理效益无形中打了折扣，影响了企业竞争力。造成这些问题的主要原因是企业信息化架构不完整，缺少制造执行系统（MES）这一重要环节。

一般而言，随着产品研发进程的推进，信息与流程处于逐步增大、细化和关联的动态变化中，车间作为企业进行产品制造的最终环节，也是设计工艺、管理等信息的综合接收环节，其生产管理受制于上游环节的影响，具有显著的复杂和动态特点，是制造业信息化的难点和重点，也是制约当前工业化与信息化深度融合战略进一步深入推进的瓶颈。

生产现场作为制造企业的物化中心，不仅是制造计划的具体执行者，也是制造信息的反馈者，更是大量制造实时信息的集散地，因此生产现场的资源管理、物流控制、业务协调和信息集成是企业生产系统中的重要一环，生产现场的管理与控制系统的敏捷性在一定程度上决定着整个企业的敏捷性，是快速响应制造执行的核心驱动需求。MES 主要管理 4 种资源，包括生产活动中的人力资源（Personnel Resources）、生产设备（Equipment）、物料和能源（Material and Energy）以及工艺过程链（Process Segments）；在企业经营计划层面与生产过程控制层面之间，实现生产能力信息的交换、产品信息的交换、生产调度信息的交换、生产绩效信息的交换（4P 交换功能）。MES 为操作人员/管理人员提供计划的执行和跟踪，主要负责生产管理和调度执行。MES 通过控制包括物料、设备、人员、流程指令和设施在内的所有工厂资源来提高制造竞争力，提供了一种系统地在统一平台上集成诸如质量控制、文档管理、生产调度等功能的运行方式。制造执行系统作为沟通 ERP 和车间自动化设备的桥梁，其核心是实现有序、协调、可控和高效的制造执行效果。

目前，在多数企业中，生产计划与生产现场之间的信息传递，是依赖手工作业而完成的，即人工将生产现场的信息输入上层系统。因此，在计划层和生产现场的过程控制层之间，存在一个信息流通上的断层，使许多管理效益在无形中打了折扣。一个企业的良性运营是使"计划"与"生产"密切配合，在最短的时间内掌握生产现场的变化，是保证计划合理且快速修正的关键。为此，企业的计划层与生产控制层之间需要"直通车"，使计划与生产现场可以实时互动，也就是要消除计划和执行之间的断层。制造执行系统作为信息断层的沟通者和信息孤岛的连通者应运而生。

第 2 章

MES概述

2.1 MES的定义、目标、特点

2.1.1 MES的定义

国内外不同的组织和研究机构研究后形成了很多MES的理论和体系，包括MES的定义、定位模型、功能模型、数据流模型，甚至实施方法模型等，但是并没有统一。比较著名的有以下几个：

(1) AMR对MES的定义

美国先进制造研究机构（Advanced Manufacturing Research，AMR）将MES定义为"位于上层计划管理系统与底层工业控制之间的、面向车间层的管理信息系统"，为操作人员、管理人员提供计划的执行、跟踪及所有资源（人、设备、物料、客户需求等方面）的当前状态。AMR提出了决策层、执行层和控制层的企业信息集成三层业务模型：第一层是决策层（ERP），主要为企业提供全面管理决策；第二层是执行层（MES），主要负责车间级的协调、跟踪、发现并监控相关趋势；第三层是控制层（SFC），直接负责工厂生产控制的环节。

(2) MESA对MES的定义

制造企业解决方案协会（Manufacturing Enterprise Solutions Association，MESA）对MES的定义为：MES能通过信息传递，对从订单下达到产品完成的整个生产过程进行优化管理。当工厂里有突发事件时，MES能对此及时做出反应、报告，并利用当前的准确数据对它们进行指导和处理。这种对状态变化的迅速响应使得MES能够减少内部没有附加值的活动，有效地指导工厂的生产运行过程，从而使其既能提高工厂及时交货能力、改善物料的流通性，又能提高生产回报率。MES还通过双向的直接通信，在企业内部和整个产品供应链中提供有关产品行为的关键任务信息。

MESA 对 MES 的定义强调了以下三点：

① MES 是对整个车间制造过程的优化，而不是单一解决某个生产瓶颈。

② MES 必须提供实时收集生产过程数据的功能，并做出相应的分析和处理。

③ MES 需要与计划层和控制层进行信息交互，通过连续信息流来实现企业的信息集成。

(3) ISA 对 MES 的定义

国际自动化学会（International Society of Automation，ISA）发布了《ISA-95 企业控制系统集成标准》（简称 ISA-95 标准），其目的是建立企业信息系统的集成规范性，ISA-95 标准文件容包含以下 8 个部分：

第 1 部分：模型和术语（Models and Terminology）；

第 2 部分：对象模型（Object Models）；

第 3 部分：制造操管管理的活动模型（Activity Models of Manufacturing Operations Management）；

第 4 部分：制造运营管理集成用对象和属性（Objects and Attributes for Manufacturing Operations Management Integration）；

第 5 部分：商务制造处理（Business-to-Manufacturing Transactions）；

第 6 部分：信息服务模型（Messaging Service Model）；

第 7 部分：别名服务模型（Alias Service Model）；

第 8 部分：信息交换配置文件（Information Exchange Profiles）。

ISA-95 标准定义了企业级计划管理系统与工厂车间级控制系统进行集成时使用的术语和标准，其内容主要包括信息化和标准化两个方面。ISA-95 标准所涉及的信息内容有：产品定义信息、生产能力信息、生产进度信息、生产绩效信息。ISA-95 标准除了上述信息化内容之外，重要组成部分就是生产对象的模型标准化。ISA-95 标准的生产对象模型根据功能分成 4 类、9 个模型，即资源（人员、设备、材料和过程段对象 4 个模型）、能力（生产能力和过程段能力 2 个模型）、产品定义（产品定义信息模型）、生产计划（生产计划和生产性能 2 个模型）。

2000 年，ISA 首次提出了制造运营管理（Manufacturing Operations Management，MOM）概念，并定义 MOM 覆盖范围是企业信息化 5 层架构中的 Level 3 及制造运营管理内的全部活动，如图 2-1 所示。MOM 包含生产运行、维护运行、质量运行、库存运行四大部分，极大地拓展了 MES 的传统概念。

近几年 MOM 概念逐渐兴起，一些供应商也推出了 MOM 产品。MOM 覆盖的范围是企业制造运行区域内的全部活动，是一个对象范畴的概念。MES 则是

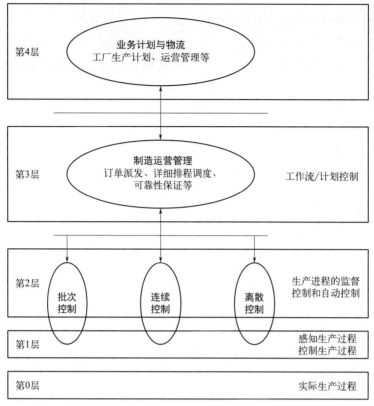

图 2-1 ISA-95 提出的企业信息化 5 层架构

一个软件产品或软件系统的概念，MES 是为了解决某一类 MOM 问题而设计开发出来的软件产品，相比 MOM 更加聚焦。

（4）NIST 对 MES 的定义

美国国家标准与技术研究院（NIST）对 MES 的定义是：为使从接受订货到制成最终产品全过程的管理活动得以优化，采集硬件、软件的各种数据和状态信息。

（5）我国发布的《工业自动化系统与集成制造执行系统功能体系结构》对 MES 的定义

2010 年 12 月 1 日，我国发布 GB/T 25485—2010《工业自动化系统与集成制造执行系统功能体系结构》，该标准明确了制造执行系统在整个制造类企业集成系统中的定义：MES 是针对企业整个生产制造过程进行管理和优化的集成运行系统。它在从接受订单开始到制成最终产品的全部时间范围内，采集各种数据信息和状态信息，与上层业务计划层和底层过程控制层进行信息交互，通过整个企业的信息流来支撑企业的信息集成，实现对工厂的全部生产过程进行优化管理。MES 提供实时收集生产过程数据的功能，当工厂发生实时事件时，MES 能够对此及时做出反应、报告，并使用当前的准确数据对其进行指导和处理。这种对事件的迅速响应使得 MES 能够减少企业内部无附加值的活动，有效指导工厂的生产运作过程，使其既能提高工厂及时交货能力、改善物料的流通性能，又能提高生产回报率。此外，该表还明确规定了 MES 的主要功能、系统的层次划分、MES 通用的功能体系结构并提供了实际企业 MES 的参考示例。

解析 MES 的上述定义，可以看出其内涵包含如下 4 个方面：

① MES 是软硬一体化系统。MES 是一个集成的计算机化系统（包括硬件和软件），是用来完成车间生产任务的各种方法和手段的集合。

② MES 面向车间全局优化。MES 对从订单下达到产品完成的整个生产过程进行全局优化管理，而不是追求解决某个单一的生产瓶颈问题。

③ MES 追求解决问题的及时性。MES 实时收集生产过程中的数据和信息并做出相应的分析和快速响应。当车间发生实时事件时，MES 能对此及时做出反应、报告，并用当前的准确数据对它们进行指导和处理。

④ MES 起到企业信息中枢的作用。MES 通过双向的直接通信在企业内和整个产品供应链中提供有关生产行为的关键绩效信息。因此，MES 需要与计划层和控制层进行信息交互，通过企业的连续信息流来实现企业乃至整个供应链的信息集成。

2.1.2 MES 的目标

MES 是面向车间级业务有序、协调、可控和高效进行而建立的全业务协同制造平台，其目标主要体现为如下 3 个方面。

① 全过程管理：对产品从输入到输出包括工艺准备、生产准备、生产制造、周转入库的全过程进行管理，包括过程的进展状态、异常情况监控。

② 全方位视野：对工艺、进度、质量、成本等业务进行全过程的管理。

③ 全员参与形式：车间领导、计划人员、工艺人员、调度人员、操作人员、质量管理人员、库存人员、协作车间人员等根据自身角色参与制造执行过程，在获取和反馈实时数据的基础上，通过及时的沟通与协调，实现业务协同。

2.1.3 MES 的特性与特征

（1）MES 的特性

MES 具有以下特性。

① 信息中枢：MES 通过双向通信，提供横跨企业完整供应链的有关车间生产活动的信息。

② 实时性高：MES 是制造执行系统，可以实时收集生产过程中的数据和信息，并做出相应的分析处理和快速响应。

③ 个性化差异大：由于不同行业甚至同一行业的不同企业生产管理模式不尽相同，因此实施的 MES 个性化差异明显。

④ 二次开发较多：由于不同行业、不同企业对 MES 需求的个性化差异，导致 MES 在实施时，二次开发的工作量较大。

⑤ 软硬一体化集成运行：随着工业互联网技术和 CPS 技术的发展，与 MDC/DNC 发展相似，MES 呈现出软硬一体化集成运行的特点。

(2) MES 的特征

通过对现有问题的分析，可以凝练形成 MES 的主要特征。

① 车间计划/调度/质量/进度等业务的全过程协同化。

② 车间所有业务人员基于角色权限的全员参与化。

③ 车间订单执行过程状态以及工序执行状态控制的全过程关联化。

④ 车间物料具/夹具/量具/工艺文件/图纸等实物基于条码化处理的全状态控制精细化。

⑤ 车间执行过程监控实现工艺流程驱动的全方位可视化。

⑥ 车间进度/质量等数据采集的完整化、结构化与数字化。

⑦ 车间作业计划安排及其在扰动事件驱动下调整的动态协调化。

2.2 MES 的发展历程与现状

2.2.1 MES 的发展历程

20 世纪 70 年代后半期，出现了一些解决单一问题的车间管理系统，例如设备状态监控系统、质量管理系统，以及涵盖生产进度跟踪、生产统计等功能的生产管理系统。这一阶段企业通常引入的是单一功能的软件产品或系统，而不是整体的车间管理解决方案，因此系统之间存在信息孤岛，以及上层系统与控制系统之间存在断层等问题。

20 世纪 80 年代中期，生产现场各单一功能的系统开始整合，随着底层控制系统和上层生产计划系统的发展，逐步产生了 MES 原型，主要是生产现场管理系统（Point of Production，POP）和车间级控制系统（Shop Floor Control，SFC）。

1990 年 11 月，美国先进制造技术研究中心（AMR）明确提出了制造执行系统的概念。AMR 提出制造业信息化的三层模型，将位于计划层和控制层中间的执行层称为 MES，并且指出 MES 不仅是面向生产现场的系统，而且是作为上、下两个层次之间双方信息的传递系统，确立了 MES 的地位。此后，国际自动化学会（ISA）、制造企业解决方案协会（MESA）等国际组织都对 MES 提出了各自的理解。

1993 年，ISA 提出 MES 集成模型，包括工厂管理（资源管理、调度管理维护管理）、工厂工艺设计（文档管理、标准管理、过程优化）、过程管理（回路监督控制、数据采集）和质量管理（统计质量管理 SQC，实验室信息管理系统 LIMS）4 个主要功能，并由实时数据库支持。20 世纪 90 年代初期，MES 的重点是生产现场的信息整合。

1997 年，MESA 也提出了 MES 功能组件和集成模型，如图 2-2 所示，该模型包括 11 个功能模块：资源分配和状态管理、运作/详细调度、生产单元分配、文档管理、数据采集、劳务管理、质量管理、过程管理、维护管理、产品跟踪与谱系、性能分析。

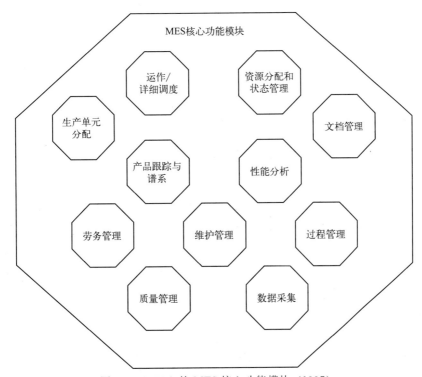

图 2-2　MESA 的 MES 核心功能模块（1997）

这一时期，大量的研究机构、政府组织参与了 MES 的标准化工作，进行相关标准、模型的研究和开发，其中涉及分布对象技术、集成技术、平台技术互操作技术和即插即用等技术。主要成果如下：

① 标准化组织（Object Management Group，OMG）的制造分会发布了 RFI 文件。

② ISA-SP95 企业控制系统集成（Enterprise Control System Integration，ECSI）标准委员会发布了 ERP 与 MES 的接口标准模型。

③ NIIIP-SMART（National Industrial Information Infrastructure Protocols-Solution for MES Adaptable Replicable Technology）信息结构标准发布。

④ NIST-SIMA（National Institute of Standard and Technology-System Integration for Manufacturing Application）用 IDEF0 描述了通用的功能活动模型（Activity Models）。

其中，从 1997 年开始，国际电工委员会（International Electrotechnical Commission，IEC）编制了一系列相关标准，主要包括 SP95.01 模型与术语标准、SP95.02 对象模型与属性标准、SP95.03 制造运作管理的活动模型标准、SP95.04 制造运作管理的对象模型与属性标准。

SP95.01 规定了生产过程涉及的所有资源信息及其数据结构和表达信息关联的方法，SP95.02 对 SP95.01 定义的内容做了详细的规定和解释，SP95.03 提出了管理层与制造层间信息交换的协议和格式。其中，SP95.01 已经被国际标准化组织（International Organization for Standardization，ISO）和 IEC 批准为国际标准 ISO 62264 的第一个标准，我国也引进该文件作为国家标准。

ISA-SP95 标准在工业界迅速得到认可，其用户包括很多世界知名企业，例如能源领域的 Exxon Mobile、British Gas，日用品领域的宝洁公司，食品饮料领域的雀巢公司等，SAP、西门子、霍尼韦尔、ABB、Rockwell Software、Enterprise Consultants International 等软件提供商或咨询公司也在它们的产品或工程中应用了这个标准。不少企业正在运用 SP95.03 中给出的模型作为需求分析、体系结构、设计和实施的模板。许多企业依照此标准进行了 MES 和 ERP 集成的实施，据统计，实施时间缩短了 75% 以上。预计由于这个标准的应用，最终进行 MES 和 ERP 集成所花费的时间将会由现在的 6~9 个月缩短到 6~9 个星期。

进入 2000 年后，MES 作为信息化应用的重要组成部分受到市场的广泛关注。2004 年，MESA 更新了 MES 模型，提出了面向协同制造环境的新模型，即协同 MES 体系结构（c-MES），如图 2-3 所示。c-MES 模型强调与企业供应链和价值链中其他人和其他系统集成的能力，侧重于核心业务活动如何与业务运营交互集成。当前 MESA 采用的最新 MES 模型为 2008 年开发，如图 2-4 所示，该模型涵盖了从企业级战略计划到业务运营，以及工厂运营和实际生产，显示了战略、企业级运营和工厂运营之间的相互关系。MES 领域的并购十分活跃，越来越多的北美和欧洲 MES 软件供应商进入中国，中国本土不少自动化供应商，以

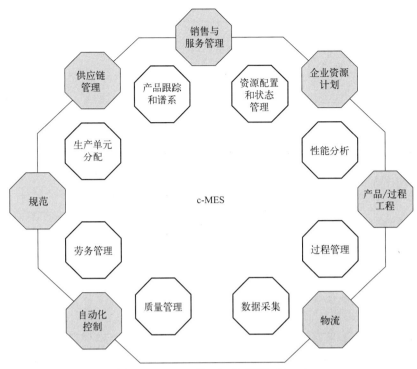

图 2-3 MESA 的 c-MES 模型（2004）

及产品生命周期管理（Product Lifecycle Management，PLM）和 ERP 软件供应商也开始进入 MES 市场。随着企业加强精细化管理，以及面临着越来越严格的质量追溯和管控需求，越来越多的大中型制造企业开始重视 MES 的应用，对 MES 进行选型与实施，并在 MES 应用和集成方面取得显著成效。

2013 年以后，随着德国工业 4.0、美国工业互联网、中国制造 2025 等战略的出台，智能制造成为全球制造业的发展目标，MES 作为实现智能制造的重要推手，得到了广泛关注，引发了应用热潮。

2.2.2 MES 的应用现状

目前中国制造企业的 MES 应用处于"功能普及、能力提升"阶段，并在总体上呈现以下特点：

① 智能制造建设需求迫切，企业 MES 应用需求仍然旺盛。一方面，受智能制造热潮影响，MES 作为实现企业信息化和企业自动化的重要支撑技术，是企业智能化升级的标配；另一方面，自身转型升级的压力迫使企业对精益化生产、精细化管理的要求提升，使得 MES 初次应用及升级应用市场需求均保持良好增长势头。

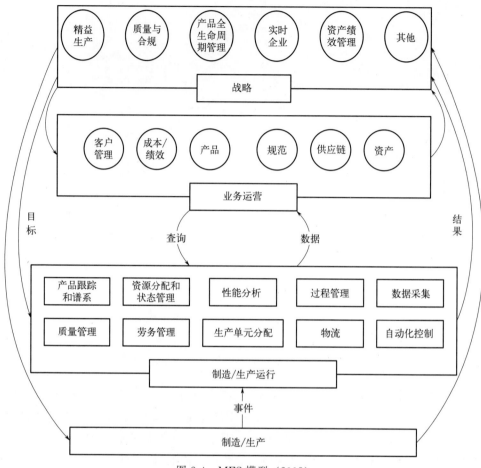

图 2-4　MES 模型（2008）

② 制造企业对 MES 的投资金额有所增加，并且有向高投资额区间发展的趋势。已经应用了 MES 的企业对 MES 投资的重视程度高，投资金额一般较大；暂时还未应用 MES 的企业，虽然在投资上略显谨慎，但 MES 项目预算整体也有所提高。

③ MES 的产品化程度仍较低，制造企业更多以自主开发或合作开发的方式实施 MES。由于企业制造工艺、设备产线的个性化程度高、差异化大，MES 市场的集中度低；市场上大多 MES 软件功能只是 MES 标准定义的子集，适应面广的成熟 MES 产品并不多。

④ MES 项目的实施成功率不高，达到预期效果的项目不到五成。一方面，企业往往对 MES 实施的困难认识不足，对 MES 供应商及其产品的了解不够；另一方面，MES 产品行业性较强，标准化难度大，MES 产品的功能较难符合制

造企业的个性化需求。

尽管目前 MES 项目实施目标的达成率不高,但企业应用 MES 的价值正在逐步显现。已经应用了 MES 的企业中,大多已经实现了对物料的有效追踪与追溯管理、生产过程的可视化管理,很多企业还实现了生产过程的闭环控制,实现了产品质量的提高、人员工作效率的提升。应用较好的企业甚至已经达到降低库存、缩短生产和交货周期的目的,并初步实现降本增效、快速响应市场的目标。

2.2.3 MES 技术发展趋势

作为承上启下的车间级综合信息系统,MES 的应用与制造企业所处的行业产品特点、工艺路线、生产模式、设备布局、车间物流规划、生产和物流自动化程度、数据采集终端、车间联网,以及精益生产推进等诸多因素息息相关。同时,MES 的应用又与物联网、工业大数据、数字孪生(Digital Twin)、信息物理系统(Cyber-Physical Systems,CPS)等诸多新兴技术交叉,且正在不断进化。其中,CPS 的内涵实际上是自动控制技术(数据采集、伺服驱动)、嵌入式软件技术、机器人技术、无线通信技术、物联网技术融合的系统,其愿景是实现智能制造和智能工厂。数字孪生是对实体产品、生产流程或产品使用的一种智能化和虚拟化的表示(或模型),通过这项新兴技术,可以将 MES 采集的数据在虚拟的三维车间模型中实时地展现出来,不仅可以提供车间的 VR 环境,还可以显示设备的实际状态,实现虚实融合。总体而言,MES 技术的发展更关注功能拓展与系统集成、模块和支持业务的可重构能力加强,以及核心功能与系统的智能化提升。除此之外,MES 正向精细化、智能化等方向发展,其主要目标是通过 MES 帮助企业构建智能工厂、实现全球范围内的生产协同。

① 集成范围不断扩大。MES 集成范围不仅包括生产制造车间,还将覆盖整个企业的业务流程。通过建立物流、质量、设备状态统一的工厂数据模型使数据更能适应企业的业务流程变更和重组的需求,真正实现 MES 软件系统的开放、可配置、易维护。在集成方式上,通过 MES 的设计和开发,使不同供应商的 MES 软件和其他的信息化构件实现标准的互联和互操作,同时实现"即插即用"功能。

② 实现网络化协同制造。互联网技术的发展对制造业的影响越来越大。未来,MES 将会帮助企业实现网络化的协同制造,通过对分布在不同地点甚至全球范围内的工厂进行实时信息互联,并以 MES 为引擎进行实时过程管理,以协同企业所有的生产活动,建立过程化、敏捷化和级别化的管理模式。此外,MES 在协同制造方面将超越目前个人和组织范畴,扩展至与供应商和客户的连接。

③ 数据交互实时性加强。随着工业互联网技术的发展,企业将通过制造数

据采集（Manufacturing Data Collection，MDC）/DNC 等，实现 MES 直接与底层控制设备互联互通，完成信息交互。例如，MES 直接从机床或设备自动获取状态反馈信息，并向机床或机器人下发执行程序或指令，实现实时获取数据，促进生产效率提升。

④ 决策功能日益突出。随着大数据、人工智能、工业互联网等技术的发展，MES 在收集生产层面数据后，通过数据建模、大数据分析、实时状态信息传输，对企业生产经营活动进行现场实时分析和精准控制，实现智能决策。

⑤ 与新兴技术的融合和进化，拓展 MES 应用的广度和深度。例如，物联网技术引发数据海量增加、设备智能化及自主化管理，人机交互的方式更加自然、实时、聚焦要点；通过数字孪生、三维可视化技术将所有生产数据整合到工厂虚拟现实系统，让生产数据实时驱动三维场景中的设备；通过工业互联网、云计算技术使得基于云平台的应用迅速发展，出现了利用软件即服务（Software as a Service，SaaS）的云 MES。云 MES 作为一种成本更低、性能更高的系统部署方式逐渐兴起。

⑥ 提升灵活性和可配置性。面对不断变化的市场需求和生产环境，制造企业需要灵活和可配置的 MES 系统。这意味着 MES 系统应该具备可定制的工作流程、界面和规则，以满足企业特定的需求，并能够适应快速的业务变化。同时，通过灵活配置生产过程，企业可以更好地匹配资源、设备和人力，减少浪费和冗余。灵活性和可配置性还使企业能够更好地应对订单变化、生产调度和紧急需求，最大限度地提高生产效率和资源利用率。

⑦ 提升安全性和合规性。随着网络安全威胁的增加，MES 系统必须加强安全性和合规性保护，包括数据加密、访问控制、审计跟踪等功能，以确保敏感数据和关键信息的保密性和完整性。

未来，随着新兴技术的发展和应用，采用创新的工业软件、自动化技术驱动技术及服务，MES 将深入企业运营过程，并得到创新性的应用，最终为制造业企业建设智能工厂及实现智能制造打下坚实的基础。

2.3 MES 的应用价值

美国著名的工业领域咨询机构 ARC 在 2014 年指出，MES 是产品研发、生产、营销等活动的枢纽，是制造企业的核心信息化系统。

《国务院关于深化制造业与互联网融合发展的指导意见》（国发〔2016〕28 号）中重点指出，要"加快计算机辅助设计仿真、制造执行系统、产品全生命周期管理等工业软件产业化，强化软件支撑和定义制造业的基础性作用"。MES（制造执行系统）在文件中被列出。

MES 的重要性不仅体现在智能制造方面，在工业互联网中，MES 的地位也同样重要。工业互联网联盟（IC）技术工作组及架构任务组联合主席林诗万博士认为，工业互联网在生产现场应用的关键在于如何利用或加强对生产环境的数据采集，实现或增强对生产过程的状态感知，并通过对数据的实时分析，做出最佳决策，通过独立或辅助现有的工业软件系统（如 MES 的功能模块）进行精准执行，完成对生产过程的闭环优化。

现在，越来越多的制造企业逐渐认识到信息化的重要性，很多企业陆续实施了以管理研发数据为核心的 PLM 系统，以物料管理、财务管理、生产计划为重点的 ERP 系统，以及企业日常事务处理的 OA 系统，这些系统在各自领域都发挥了积极的作用。但由于市场环境变化和生产管理理念不断更新，单纯依靠这些系统还不能帮助企业实现良性、高效的运营，很多环节还处于不可控、不科学的状态。比如，如何使计划和实际生产密切结合，如何使企业和生产管理人员在最短的时间内掌握生产现场的变化，从而做出准确判断和快速应对？如何保证生产计划得到合理而快速的修正？虽然 ERP 和现场自动化设备都已经成熟，但 ERP 服务对象是企业管理的上层，对车间层的管理流程一般不提供直接和详细的支持。尽管车间拥有众多高端数字化设备，也在使用各类 CAD/CAM/CAPP 软件，但在信息化管理方面，特别是车间现场管理这部分，如计划、排产、派工、物料、质量等，还处于传统的管理模式，影响和制约了车间生产能力的发挥。

第3章

MES的行业应用

3.1 流程型制造业、离散型制造业与MES

根据生产对象在生产过程中的工业特点，可以把制造业分为流程型制造业和离散型制造业。在连续性生产过程中，物料均匀、连续地按一定顺序运动，如化工（塑料、药品、肥皂、肥料等）、炼油、冶金等，都是流程型制造业的典型例子，由于物料按一定流程连续不断地通过各个工序的生产，故也称为连续性生产。另一类产品，如汽车、柴油机、电视机、洗衣机等，产品是由离散的零部件装配而成的，零部件以各自的工艺规程通过各个生产环节，物料运动呈离散状态，因此将其称作离散性生产，因为这类制成品都是先加工出零件，再将零件装配成产品，所以又将其称为加工-装配式生产。

对于流程型制造业和离散型制造业两大类别，MES的提出首先是从流程型制造业开始的，成功的应用案例也多集中在流程型制造行业。这主要是因为流程型制造业对设备的依赖性高，设备的自动化水平高，大量的传感器可以实时准确地采集生产现场的状态信息，这就为MES的实施提供了基础条件。从ISO 62264的标准文档来看，工业界普遍认为MES具有流程型制造业和离散型制造业的普适性，希望开发出具有普适性MES。不过需要强调的是，MES的应用应该充分考虑到企业的具体情况，以谋求最合适的信息化解决方案。

无论是从功能模型上还是信息模型上，从技术上还是管理上，MES都覆盖了流程型制造业和离散型制造业。但是，由于流程型制造业和离散型制造业在工艺流程和生产组织方式上存在较大差别，不同的MES解决方案存在明显的行业特征。

3.1.1 流程型制造业与离散型制造业的差异

流程型制造业主要通过对原材料进行混合、分离、粉碎、加热等物理或化学方式处理，使原材料增值，通常以批量或连续的方式进行生产。而离散型制造业主要通过原材料物理形状的改变、组装，使其成为产品，从而增值。流程型制造业和离散型制造业在整个制造过程中的制造特点有很大的差异，下面主要从产品结构、生产计划管理、工艺流程、设备及其自动化水平、批次管理和跟踪 5 个方面进行对比。

(1) 产品结构

离散型制造业的产品结构为树状结构，最终产品或者部件由一定的零件组成，而这种树状结构一般用物料清单（Bill of Material，BOM）的形式来表示，离散型制造业的产品信息传递一般都构建在 BOM 架构下。

流程型制造业的产品结构往往不是很固定——上级物料和下级物料之间的结构关系，可能随温度、压力、湿度、季节、人员技术水平、工艺条件等的不同而不同。此外，在每个工艺过程中，产出的不只是产品或中间产品，还可能细分为主产品、副产品、协产品、回流物、废物。因此，在流程型制造业的 MES 中，一般采用配方的概念来描述这种动态的产品结构关系，而且在描述这种产品结构配方时，还应满足批量有效期等方面的要求，这在化工、制药等行业尤其突出。

(2) 生产计划管理

离散型制造业主要从事单件、小批量生产，由于难以预测订单的到达时间和批量，同时由于产品的工艺路线经常变更，因此企业需要良好的计划能力。只要应用得当，离散型制造业在生产计划系统方面投资所产生的效益可以很高。

流程型制造业主要从事大批量生产。只有满负荷生产，流程型制造企业才能将成本降下来，从而在市场上具有竞争力。因此，在流程型制造企业的生产计划中，年度计划更具重要性，它决定了企业的物料需求。

(3) 工艺流程

离散型制造业的特点是多品种和小批量。因此，生产设备有可能不是按产品而是按照工艺进行布置的。例如，离散型制造业往往要按照车、铣、刨、磨、钳等工艺过程或者按照典型工艺过程来安排机床的位置。每个产品具体的工艺过程可能不一样，而且有多台可以进行同一种加工工艺的机床，因此离散型制造业需要对所加工的物料进行调度，并且往往需要搬运中间品。离散型制造业的原材料主要是固体，产品也主要为固体，因此储存方式多为室内仓库储存或室外露天仓库储存。

流程型制造业的特点是品种固定、批量大、生产设备投资高，而且按照产品进行布置。通常流程型制造业的设备是专用的，很难改作其他用途。流程型制造业的原材料和产品通常是液体、气体、粉状等，因此通常采用罐、箱、柜、桶等方式进行储存，并且多数的储存量可以用能转变为电信号的传感器进行计量。MES 可以通过这些传感器获得必要的信息。

（4）设备及其自动化水平

流程型制造业的产品比较固定，而且一旦生产就有可能长期不变，离散型制造业的产品生命周期则要短得多。

离散型制造业的自动化主要体现在单元级上，如数控机床、柔性制造系统。由于是离散加工，产品的质量和生产率很大程度依赖于工人的技术水平。因此，离散型制造企业般是人员密集型企业，自动化水平相对较低，单台设备停下来检修也不会影响整个生产系统的生产。

流程型制造企业大多采用大规模生产方式，生产工艺技术成熟，生产设备组成一条固定的生产线，设备投资比较大、工艺流程固定。流程型制造企业的生产广泛采用 DCS，控制生产工艺条件的自动化设备比较成熟。流程型制造企业的生产能力有一定的限制，生产线上的设备维护特别重要，设备不能发生故障。

（5）批次管理和跟踪

离散型制造业一般对批次管理和跟踪的要求并不十分严格，但随着国家要求的逐渐提高，航空、航天、汽车等离散型制造业也在逐渐完善产品追溯管理的能力。流程型制造业的生产工艺过程中会产生各种协产品、副产品、废品、回流物等，对物资需要有严格的批次管理。例如，制药行业中的药品生产过程要求有十分严格的批号记录和跟踪，从原材料、供应商、中间品到销售给用户的产品，都需要记录。一旦出现问题，企业可以通过批号反查出是谁的原料、哪个部门何时生产的，以便查出问题所在。

3.1.2　流程型制造业和离散型制造业对 MES 的需求差异

由于流程型制造业与离散型制造业之间存在差异，导致 MES 在离散型制造业和流程型制造业中的应用有所差别，主要体现在对 ERP 的要求、作业计划调度、数据采集、作业指令下达、设备管理、库房物料管理、质量管理等方面。

（1）对 ERP 的要求

MES 处于企业的计划执行层，从 ERP 层接受计划指令，并向 ERP 反馈信息。因此，无论是流程型制造业还是离散型制造业，MES 都要与 ERP 建立紧密的信息集成。

流程型制造业和离散型制造业对 ERP 的不同需求，主要表现在以下方面。

① 生产模式方面。两者对于生产模式的要求不同，流程型制造业中体现了以配方为核心的生产模式，而离散型制造业中体现了以产品 BOM 为核心的生产模式。

② 生产计划方面。虽然流程型制造企业根据市场的需求进行生产的观念已经逐步加深，但一般情况下，特别是对市场需求大的产品，还是"以产定销"，即通过大批量生产，降低成本，提高竞争力。因此，流程型制造企业生产计划的依据主要是市场预测。离散型制造企业一方面可以根据订单进行生产，另一方面也可以将市场预测作为制订生产计划的依据。离散型制造企业的 ERP 向 MES 下达作业计划指令主要以"工作令"（Job Order 或 Work Order）的方式进行，而流程型制造企业的作业计划下达主要以指令计划的方式进行。

③ 核算方式方面。离散型制造企业计算产品成本是按照产品 BOM 所描述的加工装配过程，从低层向高层逐层累计得出的。这种按照成本发生的实际过程计算成本的方法称为逐层累计法，或称为成本滚动计算法（Cost Roll-up），它反映了产品增值的实际过程。流程型制造企业的成本核算方式一般采用平行结转法，在其成本组成中，生产成本中占比最大的是原材料成本。通常，原材料成本占产品成本的 70%～80%，而人工成本所占比例较小，占 2%～5%，其他成本为分摊成本。

(2) 作业计划调度

离散型制造业需要根据优先级、工作中心能力、设备能力、均衡生产等方面对工序级、设备级的作业计划进行调度。这种调度是基于有限能力的调度，并通过考虑生产中的交错、重叠和并行操作来准确地计算工序的开工时间、完工时间、准备时间、排队时间及移动时间。良好的作业顺序可以明显提高生产效率。

流程型制造业是以流水生产线的方式组织连续的生产，只存在连续的工艺流程，不存在与离散型制造业的产品对应的严格的工艺路线。因此，在作业计划调度方面，流程型制造业不需要也无法精确到工序级别，而是以整个流水生产线为单元进行调度。从作业计划的作用和实现上来看，流程型制造业的作业计划调度比离散型制造业的简单。

(3) 数据采集

MES 的数据采集功能，可以实现对生产现场各种数据的收集、整理，是进行物料跟踪、生产计划、产品历史记录维护及其他生产管理的基础。

离散型制造业的数据采集以手工上报为主，并且可以结合条码、射频识别（Radio Frequency Identification，RFID）等半自动信息采集技术进行工时、设备、物料、质量等信息的采集。这种数据采集方式，时间间隔较长，容易受到人为因素的影响，要特别注意保证数据的准确性和实时性。

流程型制造业的自动化程度较高，设备控制大量采用DCS（PLC），在检测设备方面，各种智能仪表、数字传感器已普遍应用。过程控制广泛采用自动控制系统，计算机技术的应用已深入各个领域。这些自动化设备能自动、准确地记录各种生产现场信息。对于MES而言，重点在于系统构建时与这些自动化设备做好数据接口。

(4) 作业指令下达

在离散型制造业的MES中，作业指令一般采用派工单、施工单等书面方式下达，或采用电子看板的方式让操作人员及时掌握相关工序的生产任务。作业指令的内容主要包括该工序的开工时间、完工时间、生产数据等。

在流程型制造业的MES中，不仅要下达作业指令及面板接口数据，还要将作业指令转化为各个机组及设备的操作指令和各种基础自动化设备的控制参数，并下达给相应的DCS。

(5) 设备管理

离散型制造业的生产设备不是按照产品而是按照工艺进行布置的，一般有多台可以进行同一种加工工艺的机床，通常单台设备的故障不会对整个产品的工艺过程产生严重的影响，重点是要管理好关键设备、瓶颈设备。

在流程型制造业中，生产线上的设备维护特别重要，每台设备都是关键设备，不能发生故障，一台设备的故障会导致整个工艺流程的停滞。

(6) 库房物料管理

在离散型制造业中，对于半成品，一般也设有相应的库房，各工序根据生产作业计划及配套清单分别领料。

流程型制造业实行连续生产，一般不设中间品、半成品库房，配方原料的库位一般设置在工序旁边。配方领料不是根据工序分别领料，而是根据生产计划一次领料并放在工序库位中。

(7) 质量管理

无论是离散型制造业还是流程型制造业，质量检验和管理都相当重要，但在MES方面，二者在质量检验和管理方式上有所区别。在离散型制造业中，对单件小批生产产品，一般需要检验每个零件、每道工序的加工质量；对批量生产产品，一般采用首检、抽检的方式，与统计过程中的控制分析相结合。在流程型制造业中，一般会对生产批号产品进行各工序上的抽样检验。

当然，在每个行业的不同生产方式和生产类型（如离散型制造业的单件小批或大批大量生产，在医药、化工、钢铁等不同流程型制造业生产）中，MES的应用还存在一些差别，仍然需要根据各自的特点进行综合分析。

3.2 各典型行业对 MES 的需求

3.2.1 共性需求

(1) MES 的基本性能需求

一套 MES 应该具有集成性、灵活性、可视性、实时性、可扩展性和可靠性等基础要求。

① 集成性：系统应具有良好的集成性能，可实现系统内部各功能模块的集成，并可供外部系统的集成，包括向下与底层控制系统集成，向上与业务管理层 ERP、产品数据管理 (Product Data Management, PDM)、供应链管理 (Supply Chain Management, SCM) 等集成。

② 灵活性：可以在系统内根据企业的生产特点，灵活设置生产工作流程，自动激活对应的程序模块，并根据不同权限驱动消息机制和预警机制，如备料缺料、审批超时的预警等。

③ 可视性：系统应具备以数据采集为基础的生产、消耗、质量、设备等信息统计分析并提供丰富的信息表达方式，如视图、图形、报警显示、消息提醒等。

④ 实时性：系统应具备良好的实时响应的功能。系统要利用实时数据实现生产过程、产品质量的在线监控，提高快速反应能力，促进生产管理由被动指挥型向以预防为主、在线监控的主动实时指挥型管理体系发展。

⑤ 可扩展性：系统应具有良好的开放性和可扩展性，在解决企业当前生管理问题的同时，考虑企业未来发展所需要进行的功能扩展，以符合企业长发展的需要。同时，提供可柔性组合定制的用户界面、业务模块，以及简易的二次开发功能，以满足企业自身个性化应用。

⑥ 可靠性：应具有较高的安全意识和安全保障，以应对黑客入侵、木马潜伏等安全威胁，避免由此造成的系统瘫痪、生产数据丢失和生产线停产等。

(2) MES 的基础数据需求

MES 的基础数据包括以下内容。

① 企业的组织结构：可包含一个或者多个工厂，工厂细化为不同的部门组织，组织是拥有不同工作职能的业务实体。

② 人员及角色：人员是生产制造过程中重要的基础性单元。根据角色规划不同的系统权限，根据参数设定区分人员的角色和能力，根据信息制订完善的人员分配和调度计划。

③ 设备资源：根据实际生产情况及业务流程，规划每个工作中心的设备资源分配，包括产量、生产节奏、维修计划、状态监控规则、故障诊断机制、设备数据采集与分析方法等。

④ 工作流及操作规范：根据业务实际对产品生产的流程进行定义，即用来定义制造产品的步骤顺序作为一个标准化的指导，并根据工作流中的每个工作中心或者工作站的工序标准和要求制定统一化的操作流程，形成唯一的规范。

⑤ 产品及产品谱系：定义工厂内部的产品及产品属性，如零件、组装件、配件或规格、品类等，并归集同系列产品为产品组，形成不同的产品谱系信息。

⑥ 制造 BOM、工艺路线：根据产品搭建产品 BOM 架构，并根据产品设计配合工作流定义和物理模型的设备定义，合理设计产品的工艺路线。规划定义的范围包括数据记录、变更、版本追溯、工艺监控、纠错、报警机制等。

⑦ 在制品状态：定义范围包含在制品数量、产线位置、生产时间、状态等。

(3) MES 数据采集需求

实现生产数据的实时采集、存储、统一管理及科学的统计分析是制造企业生产信息化建设的迫切需要。目前，制造企业广泛应用了分布式控制系统（Distributed Control System，DCS）和可编程逻辑控制器（Programmable Logic Controller，PLC）控制系统，但是这些系统由多家供应商提供，相互独立且信息各自封闭，造成即使实现了生产自动化却不能共享数据的问题，如各工区、部门和分厂的生产信息无法及时交流，阻碍了企业生产信息化的建设进程。

MES 的重要价值之一是数据和信息的转换。MES 不仅是面向生产现场的系统，还是现场层和经营层之间信息传递的系统。它通过实时数据库传输基本信息系统的理论数据和工厂的实际数据，以及提供生产计划与过程控制系统之间的数据通信功能，也是企业应用的重要信息系统。离开了生产数据采集，生产管理部门不能及时、准确地得到工件生产数据，不能准确分析设备利用率等瓶颈问题，也无法准确、科学地制订生产计划及实现生产管理协同。因此，有效的生产数据采集，才能使 MES 可以实时跟踪计划执行情况，了解设备利用状况以及时应对产品质量问题，进而实现生产现场的透明化及生产过程的全程追溯，提升产品的按期交付率，提高生产质量。

随着物联网等技术的发展，数据采集在数据的采集广度（采集数据种类更丰富）、采集深度（数据采集准确度更高、实时性更强、成本更低）及价值利用（数据实时分析与利用）方面得到快速发展，也将推动 MES 的普及和深化应用。

① MES 中数据采集的特点。

制造企业 MES 中的数据采集是一件工程实践性强、覆盖面广、技术要求高、执行难度大的工作。MES 数据采集的主要特点包括：

a. 数据采集种类多，覆盖面广，关联性高。由于生产管控过程中涉及人、机、料、法、环、测、能各方面，每个操作可能涉及不同的物料、设备、工具及文档等资源，这些资源离散地分布在企业中，需要采集的生产数据种类繁多，彼此之间关联性高。

b. 通信协议与接口种类繁杂。企业设备多采购自不同年代，品牌厂家各异，设备支持的通信协议与接口种类差别大，通信接口之间兼容性差，部分设备甚至不开放接口，造成数据采集难度大、工作量大。

c. 生产数据采集体量巨大，处理难度加大。随着企业竞争加剧，制造业提供的产品种类更加多样，随之产生的生产数据体量大幅增长，涉及的数据采集、规范与清洗、存储、分析等技术难度将加大。

d. 质量数据采集备受关注。为增强竞争力，制造企业对产品质量的要求不断提高，需要实时采集生产过程质量信息以及时反映车间生产质量状况问题。

e. 数据安全性要求高。制造业数据采集会涉及核心数据和敏感信息，部分数据是企业竞争优势所在，一旦数据遭到泄露或者受到攻击，有可能造成不可估量的损失，因此数据安全问题显得很重要。

此外，流程型制造与离散型制造行业由于生产特点差异、自动化水平不同，数据采集的难度和关注点不尽相同。一般来说，流程型制造行业数据采集难度相对较低，重点关注数据接口方面，典型流程型制造行业，如冶金、石化行业，自动化水平较高，大量采用 DCS、PLC、智能仪表、数字传感器等，能准确记录生产现场信息。MES 可以从设备仪表读取数据，实时性和准确度较高。流程型制造行业数据采集的重点在于 MES 构建时与原有自动化设备做好数据接口。

离散型制造行业的数据采集难度相对较高，重点关注采集数据的准确度及实时性。典型离散型制造行业，如航天制造企业，产品品种多，加工工序各异，设备品种多、型号多，设备产能预先设定难度较大，数据采集以人工上报为主，结合条码采集等半自动信息采集技术进行工时、设备、物料、质量等信息的采集。这种采集方式时间间隔较大，并且容易受到人为因素影响。离散型制造行业数据采集重点在于保障数据采集的准确度和实时性。

② MES 中数据采集的内容。

MES 的数据采集功能是通过数据采集接口来获取并更新与生产管理功能相关各种数据和参数，包括产品跟踪、维护产品历史记录及其他参数，带有时标的生产过程数据，带有时标的报警、消息、生产事件信息，手工实验（如各种理化检测指标），计量数据（如称重数据），批次信息（如批次号批次执行状态等）。概括起来包括连续数据的采集和离散数据的采集。

从人、机、料、法、环、测、能分类来讲，在生产现场需要采集的数据见表 3-1。

表 3-1　生产现场采集数据

类型	具体内容
人	操作人员、作业数据(所在工序/工位、操作时间、操作数据)
机	设备运行状态信息、实时工艺参数信息、故障信息、维修/维护信息
料	物料名称、物料属性(品种、型号、批次)、库存记录(库位、库存量)、消耗记录(工位、消耗量)
法	生产计划、工序过程、产品加工时间、加工时量、加工参数、产品完工率、生产异常信息
环	地点、时间、光线、温度、湿度、污染度
测	设备信息(设备类型、编号、地点)、检验信息(检验对象、批号、检验方法、检验时间、检验标准、检验结果)、计量信息(计量对象、批号、计量方法、计量时间、计量标准、计量结果)
能	水、电、气、风等主要能源消耗数据

MES 是带有很强的行业特征的系统，不同行业企业的 MES 应用会有很大的差异。下面将从流程型制造业和离散型制造业中分别挑出几个重点行业进行 MES 的行业个性化需求分析。整体情况见表 3-2。

表 3-2　MES 个性化需求差异表

行业	MES 应用个性化需求
钢铁	(1)一体化计划管理； (2)生产连续性要求下的作业调度； (3)生产设备实时监控及维护； (4)能源计量
食品饮料	(1)生产过程满足相关法律法规； (2)称量管理； (3)严格实现生产过程的正反向追溯； (4)生产环境监控； (5)关键设备监控
电子	(1)强调上料防错； (2)强制制程； (3)产成品及在制品生产追溯； (4)过程质检实时性要求高
石化	(1)对油品的加工移动过程进行监控管理； (2)安全生产； (3)生产环境监控； (4)配方管理
汽车	(1)混流生产排程； (2)实时生产进度掌控； (3)实时配送； (4)生产现场的可视化

续表

行业	MES应用个性化需求
机械装备	(1)排产优化； (2)柔性化的任务调度； (3)物料追溯； (4)上下游系统的数据集成
纺织服装	(1)多维度的编码管理； (2)灵活的生产计划管理； (3)面辅料管理； (4)缝纫等专业设备管理
医药	(1)配方管理； (2)GMP管理； (3)跟踪与追溯； (4)日期及环境管理
烟草	(1)生产工艺与配方管理； (2)批次跟踪； (3)全程可追溯的质量控制； (4)设备OEE

3.2.2 钢铁行业

我国钢铁工业的飞速发展，为我国经济做出了重大贡献。国民经济持续发展，国内外两个市场消费旺盛，使得国内钢铁工业固定资产投资一再攀升，产能一扩再扩，总生产能力已远远超过国内实际需求，但高端钢铁产品又满足不了市场需求。点多、面广、量小的工业布局是我国钢铁工业的主要瓶颈。资源整合、精细化生产、品质保证、智能制造是我国钢铁行业发展的必由之路。

(1) 钢铁行业生产管理特点

钢铁行业是以从事黑色金属矿物采选和黑色金属冶炼加工等工业生产活动为主的工业行业，包括金属铁、铬、锰等的矿物采选业、炼铁业、炼钢业、钢加工业、铁合金冶炼业、钢丝及其制品业等细分行业，是国家重要的原材料工业之一。此外，钢铁生产还涉及非金属矿物采选和制品等其他一些工业门类，如焦化、耐火材料、碳素制品等。钢铁行业产业链上下牵连甚广。钢铁行业的上游是铁矿石、焦炭、有色金属等资源品行业，下游触及基建（包括市政、公路、桥梁建设）、地产、机械、汽车、船舶、家电、航空航天等多个领域。钢铁行业产业链上下游产品不同，各加工工艺存在差异。本节以钢铁行业中游生产企业为例，介绍钢铁生产的典型加工工艺及其生产特点。钢铁生产工艺主要包括炼铁、炼钢、连铸、轧钢等。

① 炼铁：将烧结矿石和块矿中的铁还原的过程。金属活动性较强的金属和矿石混合后装入高炉中进行高温冶炼，去掉杂质得到液态生铁（铁液），然后通过专用的铁液罐车送往炼钢厂作为炼钢的原料。

② 炼钢：将铁液除杂形成钢液的过程。含碳较高的铁液或生铁加入炼钢炉后，经过供氧吹炼、加矿石、脱碳等工序，将铁液中的碳、硫、磷等杂质除去，并加入适量的合金，调整钢的成分，在转炉或电炉中形成钢液。

③ 连铸：将钢液铸件形成板坯的过程。将装有精炼好的钢液的钢包运至回转台，回转台转动到浇注位置后，将钢液注入中间包，中间包再由水口将钢液分配到结晶器，钢液被铸造成型并迅速凝固结晶。结晶的铸件由拉矫机拉出，经冷却、电磁搅拌后，将其切割成一定长度的板坯。

④ 轧钢：将钢坯轧制形成各类成品的过程。连铸出来的钢锭和连铸坯，经过加热炉加热、初轧机轧制后，进入精轧机，被轧制成用户要求的尺寸。

钢铁和连铸生产工艺流程如图 3-1 和图 3-2 所示。

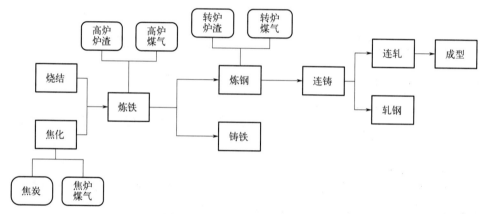

图 3-1 钢铁生产典型工艺流程

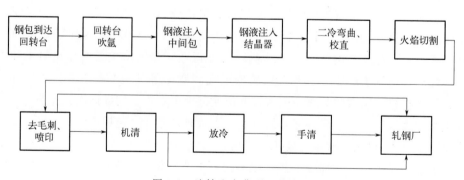

图 3-2 连铸生产典型工艺流程

从以上工艺流程可以看出，钢铁行业生产工序多，工艺流程复杂，涉及众多专业技术，原料、辅料、半成品、产品、工业废物吞吐量大，大型机电设备、炉窑（高炉、转炉、电炉等）及高温高压设备多，具有设备集中、规模庞大能耗高、物流量大等特性。其生产管理呈现以下特点：

① 生产具有连续性。生产全过程兼有连续和离散的性质。生产过程分多阶段，工艺路线基本单一固定，前后工序要求协调连贯。

② 生产工艺复杂。产线长、工序多，生产过程包含复杂的化学、物理过程，部分生产工序为高温、高压环境，面临的不确定性因素较多。

③ 自动化程度较高。设备及产线的自动化水平比较高，且广泛使用 DCS、PLC 等控制系统。

④ 组合计划指导生产。客户小批量需求与企业大批量生产的矛盾促使钢铁企业必须对需求进行组合，生成组合计划，如炉次计划、连浇次计划、轧制计划和轧批计划。

⑤ 关键设备影响大。生产集中于大型专用设备，设备体积大、功率大、投资高。串、并、混联的设备布局方式构成连续生产，设备故障对生产的影响重大。

⑥ 配方管理要求高。钢铁企业采用过程结构和配方形成物料需求计划，配方不但代表成分比率，还是单位产品成本组成表，代表企业的生产水平。生产配方会随着原材料质量的变化而变化，也会伴随着生产工艺参数而调整。

⑦ 能耗大、输配复杂。钢铁企业能源消耗量大，能源输配复杂，厂内二次能源多，如煤气、蒸汽、氧气、压缩空气等，钢铁企业既是用能单位，同时又以另一种能源介质向外输送能源（如焦化厂使用煤，又产出焦炉煤气），能源计量点多，成本分摊复杂。

⑧ 生产环境恶劣。钢铁行业生产环境苛刻，伴有诸多高温高压环境，生产过程中涉及各种突变和不确定性因素，对生产过程监控要求很高，对应急处理和异常处理要求极高。

⑨ 质量监控要求严格。钢铁产品的质量不是事后检验出来，而是贯穿生产的全过程，从产品的质量设计、质量监控、质量判定到质量分析。生产过程中的半成品质量需要实时检测，并反馈质量数据和判定结果，以辅助生产调整。

此外，钢铁企业作为高污染、高能耗行业，被国家严格监管，应该从产品质量、环境保护、能源消耗和资源综合利用、安全、卫生和社会责任、清洁生产要求等方面严格遵守国家颁布的各类法律法规，如系列大气污染物排放标准、水污染物排放标准、固体废弃物排放标准、能耗限额标准等以及工信部颁布的《钢铁行业规范条件（2015 年修订）》、清洁生产评价指标等相关法规和条例的规定，按 ISO9000、QS9000 系列标准开展质量认证工作。

(2) 钢铁行业 MES 需求分析

随着市场竞争环境的变化，对钢材的品种、规格（如板材的厚度、宽度、镀层和力学性能指标等）要求越来越多样化，客户需求呈现多品种、小批量特点，对过去按计划的大批量生产模式提出了挑战。同时，这种变化也给企业销售部门、生产调度部门、生产部门带来了更多的业务需求：销售部门需要了解生产部门情况，掌握生产线实时数据，保证交货期和生产成本；生产调度人员需要制订科学合理的生产调度计划；生产部门需要及时掌握订单情况，快速准确安排班组生产。因此，钢铁行业 MES 需要通过计划监控、生产调度，实时传递生产过程数据，在企业计划管理和车间生产控制之间架起信息沟通和管理的桥梁，帮助企业建立快速反应、有弹性、精细化、统一的信息化制造环境，与 ERP、PCS 一起构成钢铁企业完整的产销一体化的集成系统。钢铁行业 MES 的个性化需求如下：

① 一体化计划管理。钢铁生产各工序间呈现顺序加工关系，且前后工序紧密衔接、相互影响。为了在大批量生产的现状下满足客户多品种小批量订货需求，组织生产时需要在不同钢种、规格和交货期需求下订单聚类组批；轧制计划、连铸计划与炼钢计划平衡；前后工序计划同步，物流运行准时。一体化计划可对生产过程进行整体优化，实现各工序之间联合管制，以保证物流一贯制、时间节奏一贯制。

② 生产管控一体化。钢铁行业 MES 与 PCS 关联紧密，生产管制下达的作业指示可被传送到各个工厂的 PCS，PCS 根据下达的作业指示自动生产。因此，MES 与底层自动化控制系统和设备的通信非常重要。此外，MES 需要负责跟踪各工序的作业实绩、质量状况、物料跟踪、库存状况，实现生产管控一体化。

③ 生产监控与生产实绩。生产监控的数据来源于生产现场的基础自动化设备，为调度层面和现场换操作工提供作指导。生产监控对象为设备、订单/计划、物料。在生产监视的过程中，当工艺参数、产品参数或设备运行参数超出合格范围时，系统需要自动报警。系统可提供产品的加工履历（设备信息、工艺控制信息、批次信息等），并以操作记录的形式进行自动存储，为成本管理和绩效考核提供基础数据。生产调度人员可随时掌握批次在各区域的关键信息，如炉次、出炉温度、入轧温度、轧制批次、轧机转速、张力、物料成分等。

④ 设备及工器具管理。钢铁行业对反应装置、仪表、设备状况监控要求高，关键设备出现故障很可能导致全线停产。因此，需要实时监测设备的运行情况和负荷，形成设备的阶段性、周期性和预防性的维护计划，并对突发故障及时响应，提供故障诊断支持，记录设备的历史档案和备品备件，方便对设备进行最优化管理与维护。同时，在线跟踪炼钢、精炼、连铸、热轧、冷轧、精整等所有设备的运转状况和生产进程，确保作业计划可以实时动态调整。此外，需要对钢

包、氧枪、结晶器、轧辊等工器具的使用、寿命和维修的履历进行管理。

⑤ 质量管理与追溯。钢铁生产过程中采样物料多、采样点多，检验标准复杂，管理难度大。原材料的质量变化、中间产品的质量结果均会影响生产过程操作，成品的质量结果直接影响该批次的合格与否。因此，需要全面支持原料、半成品、成品等多种物料的质量管理，包括标准维护、质量判定、SPC分析、质量统计、产品回溯等。按照质量标准设置检验方案，实现取样、分样、检验、记录、判定、报告的全过程管理。根据生产轨迹，实现产品全程质量可追溯。

⑥ 生产调度管理。钢铁行业多为连续性生产，车间之间需要进行实时调度。为了保障生产连续性，需要根据库存信息、物料移动信息、调度规则，针对生产过程中的扰动因素和动态事件及时调整作业计划，更新并下发生产指令。

⑦ 能源监控与管理。钢铁企业的能源消耗占钢铁成本的20%～30%，需要对能源统一调度、优化煤气平衡、减少煤气放散、降低吨钢能耗。通过对能源实行集中监测和控制，实现对能源数据采集、过程监控、能源介质消耗分析、能耗管理等全过程进行管理。

⑧ 动态成本控制。MES与生产系统衔接，当物料消耗完毕时自动采集加工数据，并按事先设定的规则实时将与财务有关的数据"抛账"到成本管理系统中，进行动态成本核算。设定重要的成本考核指标，进行工序成本的控制，达到降低成本的作用。

⑨ 生产安全管理及预警。钢铁行业生产环境苛刻，伴有高温高压环境，生产过程中涉及各种突变和不确定性因素，一旦出现安全问题，影响极大。因此，需要对关键参数进行实时监控和预警，保证生产过程中各参数的正常，确保生产安全。

(3) 小结

钢铁行业MES需求主要源自其行业的生产管理特点，重点关注一体化计划、车间生产调度、生产过程实时监控、能源管控、生产设备管控等，以保证生产的连续性，保障安全生产，提高生产效率，降低生产能耗。

3.2.3 食品饮料行业

(1) 食品饮料行业生产管理特点

食品饮料行业是与民生息息相关的行业，是我国国民经济的重要支柱。食品饮料行业大致可以分为初级产品加工、二次加工、食品制造、食品分装行业、调味品行业和饲料加工行业等几大类。由于处于产业链不同的位置，其管理存在一定的差异。

① 初级产品加工：通过简单的物理加工工艺，将农业物料和野生动植物等物资作为原料进行工业加工，如大米加工、红枣加工等食品类企业。该细分行业以物理加工为主，不改变原物料的形态，只是进行简单的粗加工，生产环节简

单,制造成本较低,生产受作物季节性影响较大。

② 二次加工:通常是指在原物料基础上进行一定程度的深加工,如生猪屠宰、食用油加工、鲜奶产品加工、果品深加工等。该细分行业在初加工的基础上工艺更加复杂,工序相对较多,生产环节的管控较复杂,过程质量管理十分关键。

③ 食品制造:通过一定的配方制造成可供消费者饮用或者食用的食品,通常会改变物料的原始样态,如饼干、碳酸饮料等。这类细分行业配方管理十分重要,往往存在独特性,加工工艺更为复杂,品类更加广泛,各环节的质量管控合规性管理需求更加突出。

④ 食品分装行业:单纯的食品分装行业对于生产过程的要求不高,更关注原料和产品之间计量单位的转换、分装数量的精准以及分装环境管理、分装批次追踪等方面。

⑤ 调味品行业:食品调味行业属于典型的按库存生产模式,产品品种多,因此科学的排产和库存管理是关键。

⑥ 饲料加工行业:指适用于农场、农户饲养牲畜、家禽的饲料生产加工活动,包括单一饲料加工、复合饲料加工、浓缩饲料加工、添加剂与混合饲料加工、精饲料及补充料加工、宠物食品生产等。该行业企业生产能力较为稳定,多按照配方生产,由于原材料占用较大资金,所以对库存管理要求相对较高。

⑦ 酒行业:对于酒行业来说,MES 功能重在两个方面。一是保证产品的量与安全,须实现整个生产过程的监控与信息的实时统计;二是监控能耗,实时记录、更新及汇总能耗的相关信息,为生产异常修正与管理决策提供数据支持。

食品饮料行业的产业链上,不同位置的产品差异较大,生产过程的差异也较大。尽管行业细分存在差异,但总体上食品饮料行业生产管理通常有以下特点:

① 市场需求难以把握。市场瞬息万变,销售预测困难。消费者容易受到一些客观因素影响而改变消费习惯,品牌的忠诚度往往不高。因此,需要充分把握市场变化,做出准确的预测和决策,合理安排生产计划。

② 产品周转周期短。由于食品饮料均属于快消品,流转速度快,消费者购买频率高。从产品导入阶段、产品成长阶段、产品成熟阶段到产品衰退阶段的过程周期通常较短。随着市场竞争加剧,生产周期不断被压缩,企业需要对库存进行严格控制,并对市场需求做出快速有效的反应,提升存货周转率和市场占有率。

③ 生产工艺连续性强。食品饮料企业多为流水线作业、批次生产,要求各工序安排准确,如果某个工序出现问题,可能造成大面积停线状况,因此对于自动排产以及应急处理要求高。

④ 生产形式多样化。食品饮料行业多采用面向库存、面向订单或混合生产,

生产形式多样化，容易受到市场需求、原材料供应等的影响，插单、跳单等现象频发，因此生产波动时的现场管理以及计划执行的跟踪尤为重要。

⑤ 生产现场管理复杂。食品饮料行业对生产过程中的设备故障、质量报警等状况所造成的停线、质量问题等都必须做出快速反应，及时反馈并高效处理，因此要求现场管理必须可视化、透明化。

⑥ 配方管理需求高。食品饮料的配方种类繁多、数据复杂，需要一套灵活的处理和控制方式进行管控。

⑦ 日期（保质期）管理涉及的环节多、难度大。由于其流转速度很快，在制产品保鲜要求也较高，一般从生产到消费的保质期较短，对原物料储存环境监控、生产过程质保、库存管理、分销速度要求很高。

⑧ 严格的质量管控。作为关乎民生的产品，产品质量保证是企业的责任，并受到各监管部门的监督与管理，因此，生产过程的质量管理、产品的安全性保证十分重要。

此外，食品安全以及生产的合规性是食品饮料行业企业必须遵循的行业标准。如《中华人民共和国食品安全法》、HACCP 管理体系、GMP 管理规范等。此外，还有诸多细分行业性标准，如《食品添加剂生产管理办法》《冷饮食品卫生管理办法》《保健食品标识管理办法》等以及其他国际性行业标准/规范。食品饮料行业的法规相对全面且严格，各种监管对生产企业提出了更高的要求，这些管控主要体现在产品质量和安全体系方面。因此，食品饮料生产企业必须建立起一套完善的企业质量安全体系和产品追踪机制，才能实现可持续发展。

（2）食品行业 MES 需求分析

大部分食品饮料行业自动化程度高，生产批量大，对于生产管理的精度要求高，并对生产过程的监控、产能分析、现场管理都有严格的要求。因关乎民生，所以食品饮料行业的产品安全性尤为重要，产品质量关乎企业生存问题。此外，随着竞争的压力以及市场的不断变化，企业必须通过更为精益化的管理实现成本控制和市场快速反应，以保持企业可持续发展。通常情况下，食品饮料行业的 MES 需求如下：

① 完整的生产信息平台。食品饮料行业多为流水线生产，必须选择合理而有效的数据采集方式，与底层的自动化设备实现无缝对接。通过技术手段获取与生产设备及生产过程相关的参数信息，并通过系统提供生产过程中的相关历史信息，为批次管理与追踪、设备管理与维护、质量管理等提供可分析的数据依据。通过数据采集为生产监控提供的现场实时数据，能够实时把握整个生产过程的状态；为生产调度提供现场实时数据和计划数据，及时发现生产异常并做出相应的调度决策；为生产追踪和性能分析等模块提供生产过程的历史数据，能够再现整个生产过程，支持质量事故事后追踪和生产过程分析。因此，需要精准的数据采

集，掌控各生产环节的信息，构建完整的生产信息平台是食品饮料行业企业生产管理的关键。

② 灵活高效的生产排产。随着市场竞争的日益激烈，食品饮料市场呈现多变化趋势，其生产受到市场需求的影响较大，快速的市场反应速度是制胜的关键，因此，合理且高效的生产计划制订、及时的计划变更与生产调度都是企业必须具备的管理能力。同时，能根据生产计划结合设备物料等状况制订最优的生产方案，满足成本低、效率高的要求，实现生产调度与分析、生产过程异常预警、物料管理与控制、成本核算与控制等功能。总的来说，适合行业的生产排程管理机制应该具备计划性、科学性、及时性、预见性，在满足主要生产任务的同时，科学地调动可利用的产线资源，平衡计划变更带来的影响并及时处理突发状况，善于预见生产过程中的潜在问题，适时调整生产计划，以达到资源利用最大化的目的。

③ 食品安全及质量的绝对控制。相关的行业法规和标准日趋严格，建立一套满足企业产品安全及合规性的管理模式是迫在眉睫的问题。而满足合规性的关键在于透明的生产和控制，同时还必须有严格的质量监控，准确识别产品的成分和质量特性，并全面跟踪其生产环境、生产过程，实现全程可追溯。另外，将行业性规范（如 HACCP）的监管纳入系统管理范畴也需要考量。

④ 生产全过程的跟踪与追溯。解决安全问题的关键在于预防。因此，食品饮料企业必须从原料源头抓起，全面掌控与食品安全相关的关键参数，实现从原料接收到包装入库生产全过程跟踪与追溯，确保每个环节的安全性。另外，随着政府监管机制的不断完善，生产商必须更加关注产品安全性，一旦有危害消费者利益的情况出现，企业内部必须快速响应，迅速提供产品谱系数据。因此，完整的产品追溯体系十分重要，需要在生产过程中采集当前生产批次（中间、最终）的生产运行数据，包括在线参数值和离线测量值，并对生产质量做出评价，实现根据批次信息进行反冲追查。

⑤ 原料及成品的日期及环境管理。对于食品饮料行业，保质期管理是各项管理要素中较为关键的一项，原材料、成品均需要重视保质期以及储存环境问题。因此，对于原物料库存管理、环境监测、产品追溯都是生产过程中必须考虑的问题。

⑥ 自动化配方管理。食品饮料产品种类繁多，配方及相关参数的管理难度较大。实现配方的有效管理、制造过程的异常预警、操作流程指导及纠正措施都是确保产品质量的有效监控方式，如对物料投料进行防错管控等。

⑦ 关键设备的停线、报警的收集与管理。通过对设备静态信息（如设备规格、数量、生产日期、购买日期、折旧信息、供应商等）和动态信息（设备运行状态、故障处理记录等）有效整合，根据生产过程的重要程度对设备进行级别分

类,从而对设备进行动态预警、动态故障分析、动态维修及备件管理,实现生产设备动态化、主动性、全面的信息掌控,在提高设备管理水平的同时降低企业设备管理成本,提高设备利用率。生产过程中设备故障往往会影响生产进度,因此,设备管理应建立有效的管理预警、维护机制,降低突发状况产生的不良影响,保障生产的安全。此外,对关键设备需提供各类分析报表,如设备的清洗时间分析报表、设备绩效的分析报表等。

⑧ 产品及其批次的谱系构建。食品饮料企业必须做到生产过程的监控、管理和分析,实现从进料到包装的完善追踪,通过产品谱系的建立与跟踪,快速、便捷地获取产品信息,将食品安全问题变成可防、可控、可管理的事件。通过完整的谱系能清晰地确认原材料设备、生产批次、子计划之间的联系,迅速了解对产品及其供应链环节的影响,有利于改善企业运营绩效。

⑨ 关键绩效指标 KPI 分析与管理。通过现场生产数据的采集,对组织内部流程的输入端、输出端的关键参数进行设置、取样、计算、分析,衡量人工或设备的流程绩效并对数据进行统计分析,建立产线的关键绩效指标数据库,便于生产的调整和生产效率的提升。

⑩ 灵活个性化的管理平台。各个系统之间进行数据交互并合理应用,才能更好地满足企业各管理层级的决策需求。典型的就是 MES 与 ERP 系统及底层控制系统之间的集成,向上与 ERP/供应链提交周期盘点次数、生产能力、材料消耗、劳动力和生产线运行性能、实际订单执行等涉及生产运行的数据,向下与底层控制系统发布生产指挥控制及有关的生产线运行的各种参数等;同时分别接收上层的中长期计划和底层的数据采集、设备实际运行状态等。整个过程中信息无障碍准确交互是十分重要的要求。

(3) 小结

食品饮料行业的 MES 需求主要源自其行业的生产管理特点以及各个企业的生产实际情况,同时也受到其企业管理模式的制约。企业在上线 MES 产品前一定要进行全面的研究,包括研究企业生产管理特性、企业业务组成等,用以明确 MES 需求。食品饮料行业 MES 的需求点主要集中在数据采集、生产管理、产品追溯、配方管理、质量及合规化管理、设备管理等方面。

3.2.4 电子行业

(1) 电子行业生产管理特点

电子行业是指计算机、通信和其他电子设备、电子元件、电子器件及其专用原材料的制造行业,根据 GB/T 4754—2017《国民经济行业分类》,电子行业涵盖了电子元器件产品、IC、配件、电子中间产品、电子终端设备等近百种细分类别。从宏观角度上看,电子行业的产业链,从材料到成品,主要包含了上游的原材料（电子元件与专用材料），中游的电子元器件，以及下游的各种消费电子、通信设备等终端产品，如图 3-3 所示。

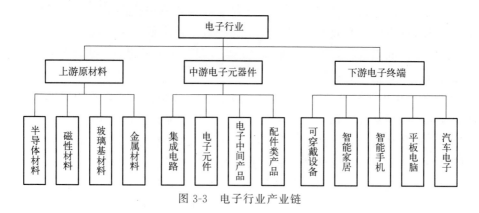

图 3-3 电子行业产业链

电子行业产业链上不同位置的产品差别比较大，具体分析如下：

① 上游原材料，一般包括半导体材料、磁性材料、玻璃基材料和金属材料等。这些产品是生产电子元器件的基础材料，主要供应电子元器件等中游产业应用。

② 中游电子元器件，一般是指集成电路（IC）类产品和电子元件，以及电子中间产品、配件类产品等。如提供电路板基材的覆铜板行业，制作电路板的 PCB 行业，芯片的制造与封装行业及面板显示（FPD）行业等。其中，IC 类产品应用非常广泛，如微处理器、存储器、数字器件（CMOS、BiMOS、ECL、TTL 等）、线性器件（放大器、稳压器、滤波器等）、接口器件、逻辑器件等。电子元件包括电阻、电感、电容、二极管、晶体管等。这些产品普遍需遵守行业标准，通用性很好，下游供应商的选择余地比较大。电子中间产品是指具有独立功能，但一般需配合主体产品销售的部分。例如，汽车音响、空调、楼宇对讲机、监控器、航空耳机等，主要供应主体为产品供应商和维修店。这些产品的设计生产需配合主体产品外观、尺寸、功能要求。配件类产品则包括各类电脑主板显卡、网卡、传感器、继电器、开关等。这些产品市场需求主要来自终端产品或中间产品厂家，通用性比较强的产品（如电脑主板等）也会直接面向市场销售。

③ 下游电子终端，包括的产品类别很多，其中 3C 产品（智能手机、平板电脑、通信与家电消费品等）比较有代表性，发展趋势是轻、薄、短、小，客户的个性化需求越来越多，企业要不断推出新产品及提高产品交货速度。除 3C 产品外，还包括医疗产品、汽车电子、安防电子、军工电子等，这些产品都有自己的特定市场，参与同类产品竞争的企业相对较少。

电子行业属高科技行业，特别是微电子技术、半导体材料、电子计算机等行业，是新兴与前沿科学技术的生长点，是当今技术革命的主角。因高科技产品要求越来越高，电子产品质量控制是否到位直接关系到产品的使用性能、使用寿命、安全性与经济性，因此质量控制在电子制造业备受重视。近年来兴起的自动光学 AOI 检测是机器视觉检测的一种，正在取代员工目检应用在印制电路板（PCB）、电子封装、丝网印刷、表面贴装技术（Surface Mounted Technology，SMT）、串行外围设备接口（Serial Peripheral Interface，SPI）、锡膏检测、回流焊和波峰焊等的检测方面，可以快速检测排线的顺序是否有误，电子元器件是否错装漏装，接插件及电池尺寸是否合规等。相比人工目检，AOI 视觉检测明显具有高效率的优势，在电子元器件制造、汽车电子、通信电子、消费电子等电子制造领域，目前受到较多关注。

尽管电子行业细分存在很多差异，但总体上其生产管理通常具有以下特点：

① 生产方式以多品种、多批量为主。电子类生产企业普遍按订单与预测相结合的方式组织生产。

② 生产计划管理困难。电子行业生产计划涉及量产、新品试制等多种计划，通常量产批次数量不同，交货期较短，临时插单现象频繁。因此，生产计划管理难度较大。此外，电子行业产品物料繁多，生产计划与物料计划等方面的协调配合要求非常高，增加了计划管理的难度。

③ 生产过程控制复杂。由于客户需求变更较多，产品设计和工艺过程经常变更，BOM 版本众多，对应加工工序各异，过程管控难度大；生产过程不连续，各工序间存在明显的停顿和等待时间，对工序协同要求高；关键加工工艺过程不可逆，如贴片过程对电子元器件等准确度要求极高。此外，自制与外协生产并重，产品装配复杂，都对产品的生产过程管控要求更加严格。

④ 物料管理要求高。电子产品生产周期普遍较短，不仅要保证及时供料，还要控制零部件的供应，保证齐套性。但电子元器件的基础物料种类繁多，领料方式复杂，既有按需精确领料，又有按最小包装量领料，部分超领物料设置线边仓库，不易管理；另外，关键及贵重的元器件物料需要进行损耗分析以及替代料管理，这些都增加了物料管理的复杂程度。

⑤ 在制品管理难度大。由于离散型生产的各工序间存在衔接，在制品经常要从一个工序完工后，检验合格再搬运到下一个工序处，中间过程需要明确标识在制品的检验状态，并对存放地点和存放条件进行管控，确保在制品流转效率，降低流转导致的生产异常。

⑥ 质量管理严格。电子产品具有体积较小、电子元器件数量多等结构特点，同时面对高可靠性、高精度、使用寿命长等要求，对生产过程各工序间的检验，以及整机的老化、测试、检验等提出了非常高的要求。

⑦ 设备维护管理要求高。由于电子行业的加工设备多为高精尖设备，设备的异常对生产质量的影响很大，因此对设备的日常维护、维修、保养的要求极

高。另外，在节能降耗、绿色环保的大趋势下，对设备的运转率和能耗管理的要求也越来越高。

此外，电子行业由于其产品的特殊性，拥有更多更严格的行业合规性要求。欧盟作为世界最大的电子产品生产地，同时也是电子产品废弃物集中地，对电子电气垃圾问题十分关注，现已推行的环保指令有 WEEE、RoHS、EUP、REACH、电池指令、IPP 等。据中国电子行业协会的统计，我国出口欧盟的电子产品占我国电子产品出口总量的比例不断攀升，而欧盟 WEEE 和 RHS 指令涵盖了我国共 10 类、近 20 万种产品，其中大多数属于我国具有强势出口地位的电子电气产品。因此，中国企业要获得国际市场通行证，就必须遵循以上绿色环保指令，并将其贯彻落实到生产过程中。

(2) 电子行业 MES 需求分析

结合电子行业的生产管理特点，电子行业 MES 需求主要集中在生产管理、物料管理、追溯管理、设备管理、过程质量管理与各种生产分析报表等方面。

① 生产管理。

MES 生产管理需求除了将 ERP 中的生产计划分解成生产工单和工序计划进行完工反馈和加工工时统计，实现多条件的计划排程以外，还包含以下个性化需求：

a. BOM 多版本管理。进行 BOM 的多版本管理，并可根据工单选定 BOM。不同版本的 BOM 与不同版本的工艺、程式一一对应。可以进行工厂的工艺流程建模，将所有工序纳入 MES 管理，可以进行工序的灵活调整。

b. 工单管理。PCB 过站时，进行物料倒冲管理，自动核算已使用的物料并倒扣。把 ERP 的生产计划分解成生产工单和工序作业计划下达时，考虑物料的齐套性。

c. 抛料率分析。计算抛料率，抛料率分为两种：损耗抛料和异常抛料。生产损耗可以根据工单领料和退料来计算，理论损耗支持导入 SMT 中机器的抛料信息来进行详细对比分析。抛料率超过预设的临界值及时发出报警，并对造成抛料的原因进行分析，如材料不良、人员操作等。

d. 生产准备。车间作业人员能准确了解何时上料、何时换线或者何时生产。当备料与预发料不一致时报警。

e. 上料防错。收集贴片机上料信息（站位号、Feeder、物料等），并进行合法性校验，建立工单和物料的追溯链。收集 MI 段、AI 段、整机段的上料信息，并进行合法性校验，建立工单和物料的追溯链。建立锡膏与产品代码的对应关系，支持锡膏使用时防错检查。

f. 强制制程。设定制程路径规则，设置不同条件下对应的强制路径（不可跳站、漏站）可以导入作业指导、作业步骤、SMT 程式，并确认 SMT 程式的正确性。

② 物料管理。

除了对原材料、在制品和成品信息进行全面跟踪,还要实现对原材料的禁用监测,全面符合电子行业的绿色环保指令。其中个性化需求如下:

a. 原材料管理。RoHS、MSD 作为物料的属性记录相应的标识和时间限制。为每一料卷提供唯一的条码。对元件、物料进行禁用监测,在 MSD 物料开封时记录相应的开封时间,在 SMT 上料时,对物料进行扫描,检查物料的有效期、暴露时间、RoHS 标识,发现错误时禁止使用。支持 RoHS 管理,区分无铅件与有铅件,MSD 超期报警。

b. 在制品管理。全面跟踪物料的收料、注册、入库、仓库发料、到线边仓、消耗、退回等信息,进行全面跟踪,及时更新数量。监控每一个料卷的消耗情况,达到备料要求以及换料要求时,进行提醒。在线边仓管理中对料卷、料管及 Tray 盘的物料进行盘点及更新。

c. 辅料管理。支持辅料的防错检查,如锡膏在客户指定品种时,上料前需核对。对锡膏的回温、领用、回存、用完、报废、开封、搅拌、转换工单等进行管理。进行锡膏的时间管理,包括锡膏的当前状态、回温计时、未开封计时、开封计时等,并进行预警提示。

d. 备品/备件管理。备件的使用管理,如丝网的使用数量超过一定次数时,系统提醒进行更换。

③ 追溯管理。

通过建立数据间的关联关系,建立对原材料、产成品、生产操作过程和生产质量的追溯,以满足电子企业生产过程管控、人员绩效考核、质量管控等的需求。其中个性化需求如下:

a. 原材料追溯。支持原材料信息与 PCBA 的序列号相互查询和追溯。支持单料卷拆分成多料卷,或多料卷合并为单料卷的追溯管理。

b. 产成品及在制品追溯。从产成品序列号或批次号追查到当日的生产环境,包括温度、湿度、洁净度等信息。PCB 过站 100% 记录产品序列号。在制品追溯贯穿于每一批次产品每一块电路板和每一个系统的检查、测试。

c. 过程工艺参数的追溯。追溯每一个产品生产相关的 BOM 版本、工艺版本等。对设备状态进行追溯,包括开机、等待、运行、故障、关机等信息。

④ 设备管理。

除设备基础信息外,还需采集设备运行状态、上报设备故障、记录维修数据,并对运行维修数据进行分析,以实现周期维护/预防维护,提升设备 OEE (Overall Equipment Effectiveness,设备综合效率)。例如,在 PCB 组装行业,贴片机吸嘴滤芯的使用寿命和使用程度将会影响生产中的良品率、吸嘴保养、更换工时和抛料成本等因素,若将贴片机的控制系统与 MES 集成,则当贴片机的吸嘴出现问题需要维护时，该信息可同时反馈给MES，MES通过多种渠道发出提醒信息，及时进行停机维修，同时记录维修数据，形成专家库，对贴片机吸嘴进行健康管理。

⑤ 过程质量管理。

通过实时分析制造现场数据来保证产品质量控制和确定生产中需要注意的问题，向用户推荐纠正错误应采取的行为建议，包括将征兆、行为、结果等联系在一起以帮助判明引起错误的原因，如对SMT产线构建MES防错系统，可在贴片前及时发现物料异常信息，避免生产损失。

(3) 小结

电子行业企业生产管理的重心在于保证生产过程的稳定性，改善提升制造关键能力，因此，生产过程控制、上料防错、物料追溯、在制品追溯与管控以及质量管理等方面是电子制造企业最为注重的。同时，由于电子产品的装配存在手工作业相对较多、自动化程度相对较低的特点，对于生产计划、生产辅料、生产设备、生产人员的全面管理也是电子企业进行精细化管理不可或缺的。

3.2.5 石化行业

(1) 石化行业生产管理特点

石化行业大致可以分为石油开采业、石油炼制业、石油化工、化工制品、化肥行业等。

① 石油开采是将原油和天然气从地下采出的过程，并将原油和天然气分离，为农业、能源、交通、机械、电子、纺织、轻工、建筑、建材和人们日常生活提供配套和服务，在国民经济中占有举足轻重的地位。

② 石油炼制是石油工业的一个重要组成部分，是把原油通过炼制加工为各种石油产品（汽油、柴油、煤油、石脑油、重油等）的工业。

③ 石油化工是指以石油和天然气为原料，生产石油产品和石油化工产品的加工工业。

④ 化工制品指的是将石化中间品加工成制品的过程，包括沥青、润滑剂合成橡胶、塑料、防冻剂、杀虫剂、医药、天然气和丙烷等。生产工艺要求严格，产品专业性强，对于安全生产、品质保证要求高。

⑤ 化肥行业是将石油产品合成为化肥过程的工业，化肥生产具有高温、高压、易燃、易爆、易中毒、强腐蚀、高转速、高连续性的特点。

由于石化行业产业链上不同位置的产品差别比较大，本节以原油炼制的典型工艺流程为例，分析石化行业的生产管理特点。

石油炼制通常是将原油进行常压、减压蒸馏，分离为汽油、煤油、柴油、重柴油、轻质、中质和重质润滑油等，并将这些馏分作为原料进行再加工，生产不同品种、规格的燃油、基础油、沥青等产品，如图 3-4 所示。

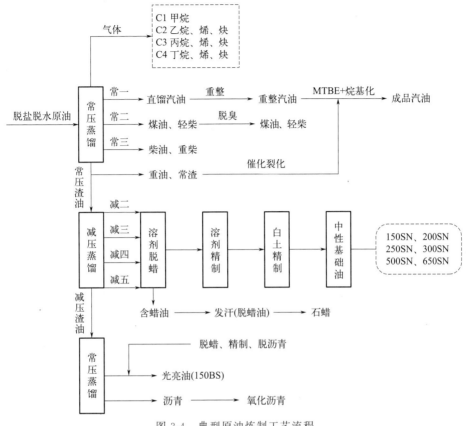

图 3-4 典型原油炼制工艺流程

从以上工艺流程可以看出，石化行业的工艺过程复杂，高温高压或低温真空环境多，生产连续性高，产品种类多。不同工艺环节下，环境监控、设备监控以及物料投放等都是生产过程的关键，需要严格管控。针对这些关键点，在生产过程中必须掌控全过程生产信息，建立完善的生产过程管理体系。

石化行业生产管理通常有以下特点：

① 多工序连续生产。石化行业大多属于连续型生产流程型行业，各生产环节相互依存，有许多的联产品、副产品和中间产品，平衡、安全、稳定、连续的生产是节能、高产、低成本的保障。

② 生产为多投入、多产出过程。石化行业产出结构不同于离散型行业的树状层次型结构，呈现"×"交叉型结构，并以联产品、副产品的方式来描述半成品或产成品，生产为多投入、多产出过程。

③ 设备产能制约生产。石化行业生产受设备产能、设备运行状况及设备检修计划等因素影响较大，设备产能决定产品产量、客户订单的可承诺量以及交

货期。

④ 工艺参数变化多。石化行业生产过程往往包含复杂的物理、化学过程，存在多种突变和不确定因素，特别是工艺参数的变化，会影响产成品的收率。而启动、停机和应急处理等操作容易影响生产率，严重时带来一定的安全隐患。

⑤ 质量控制严格。石化行业质量指标体系复杂，等级、配比等差异很大，控制环节繁多，报检点与监测点分散，对原料、中间产品、联副产品、产成品的质量管控严格，批次追踪要求逐渐增强。

⑥ 原物料及产成品管理严格。石化行业的原材料一般具有有毒和危险的特性，产品专业性较强，对于原材料及成品需要严格管理，把控好出入库、盘点，保证物料流转的精准度。

⑦ 投入/产出量须平衡处理。液态物料是石化行业主要的生产物料形态，所有物料的移动数据必须经过计量，建立在罐区、装置物料平衡的基础上，方能适应反应装置的投入/产出情况。

⑧ 成本核算复杂。石化行业生产产出包含各种不同的半成品和成品，复杂的产出品类，使得成本核算更为复杂，需要借助相关统计方法实现成本的分摊和抵扣。

⑨ 设备管理工作量大。石化行业企业设备密集，种类繁多，庞大复杂且投资巨大，相应的备品备件多且杂，设备检修、设备维护的工作量巨大。

⑩ 自动化程度较高。DCS、PLC和IPC（工业个人计算机）系统已成为石化企业的主要控制手段，数据的采集、系统间的集成应用、边界划分成为关乎生产管理效率的重要环节。

⑪ 能耗高、污染重。在节能减排、绿色发展政策日趋严格的环境下，能源消耗的监控、生产效率的提升、能耗成本的降低成为高污染、高能耗、高资源消耗的石化行业企业重要的关注点。

⑫ 重视生产安全管控。石化行业生产环境具有高温、高压、易燃、易爆和易中毒等特点，因此，需要加强安全事故管控，需要借助信息化手段对生产过程重要参数、设备状态数据等开展实时监控，对生产过程异常工况进行分析预警和预测。

此外，石化行业是重污染行业，通常具有高温、高压、易燃、易爆、易中毒等特性。因此，行业的法规针对性比较强，国家及行业制定了一系列法规重点关注环境、安全、质量标准等，如《中华人民共和国环境保护法》《中华人民共和国清洁生产促进法》《易制毒化学品管理条例》等，国际性标准也较多。为满足合规要求，对于生产过程的高度管控、产品参数的严格管理以及物料管理，都是石化行业企业管理的关键。石化行业必须建立起一套完善的企业安全体系和生产信息管理系统，才能实现企业可持续发展。

(2) 石化行业 MES 需求分析

针对石化行业本身特点，石化行业的信息化切入点应该在装置自动化控制、优化的工艺流程、高效的生产调度、优质的设备管理、精确及时的能量和物料衡量上，以达到生产工艺安全、稳定、长周期的目的。石化行业 MES 应具有的个性化需求如下。

① 生产计划排产。方便获取当前资源状态和数据，支持基于全局性约定的、精细且优化的排产计划，并能灵活地根据产线的实际生产状况迅速合理地调配资源。一旦某一个生产环节出现问题，排产及调度机制须马上启动，确保生产的稳定性。支持将排产计划转化落实到操作指令，并实现计划执行结果的检查和实时跟踪。

② 生产过程全程管控。石化行业生产连续性强，需要及时了解当前生产状况，对生产变化和生产异常做出快速反应，包括生产过程中的计划、排产、调度、统计等。需要搭建一个完整的生产管理平台，覆盖生产全流程，对生产运行的整个过程进行协调和管理。

③ 数据采集与集成。石化行业数据采集量大，采集频率高，精准度要求高，因此对数据采集与集成的需求迫切。需要对所有关键工艺参数，所有装置的进料、出料，公用工程水、电、气、风消耗，罐区（仓储）库存、罐区和装置收付动态等进行实时采集，并将来自不同系统（ERP、DCS、PLC、IPC）的数据集成，通过可视化手段呈现。

④ 物料平衡。通过规范操作管理，实现物料移动的及时跟踪、库存的实时管理和全厂物料的平衡。对各类物料的入库计量、储存、调拨、领料生产、物料生产平衡等进行监控和记录。通过物料平衡和动力平衡的方法，对测量得到的生产数据进行整合，支持对全厂物料平衡的统计、计算、分析。将物料平衡管理周期从月缩短到旬、日，物料粒度精确到组分，由此为企业集成成本管理、绩效考核生产管理提供基础数据，为生产调度、政策调整提供依据。

⑤ 质量管控。由于石化行业质量管控严格，需要对每批原料和产品都进行严格的检测，并对各指标的检测结果进行各种统计分析。同时，在生产过程中，还需要进行中控检测以保证产品质量。支持检测项目、检测标准、等级自定义维护、自动判定、自动报警甚至预警，提供比较详尽的各种质量数据统计分析报表；实现原料批次、辅料批次、生产设备、生产人员、质量检验、工时、工艺参数（温度、压力、浓度）等关键信息的追溯功能，一旦出现问题迅速响应，做到可查、可控、可防治。

⑥ 设备管理。设备长期稳定运行是石化行业企业设备管理的重中之重。需要对关键设备进行集成管理，能够制订合理的设备维修、检修计划。利用设备状态监测和故障诊断确定维修内容，通过设备运行状态、备品情况、检修要求等方

面进行动态管理，合理安排检修计划，甚至提供设备的故障预警、预测性维护，延长设备生命周期，减少设备故障，降低维修成本。对仪器仪表及计量器具提供定期校验和标定校验的提示功能，保证其使用的准确性。

(3) 小结

石化行业产品种类多，生产工序多，过程复杂，属于长周期连续作业。单一产品生产需多次作业，各作业工序环环相扣，管道互通，物料互供，公用工程共享，一个作业或工序故障可能导致全车间乃至全厂停工。因此，石化行业对物料平衡、生产工艺操作稳定、设备运行监控、生产过程安全非常关注。

3.2.6 汽车行业

(1) 汽车行业生产管理特点

汽车工业是一个包含零部件制造、整车制造、汽车销售、后汽车市场的供应链体系。汽车产业链相对较长，其主要由五大部分构成，如图3-5所示。以汽车整车制造业为核心，向上可延伸至汽车零部件制造业以及和零部件制造相关的其他基础工业；向下可延伸至服务贸易领域，包括汽车销售、维修、金融等服务。此外，在汽车产业链的每一个环节都有完善的支撑体系，包括法律法规标准体系、试验研究开发体系、认证检测体系等。

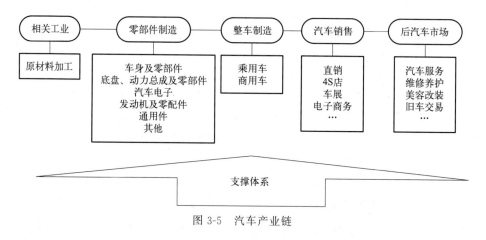

图 3-5 汽车产业链

对于汽车制造行业，主要可分为零部件生产及整车生产，其生产特点各不相同。

① 汽车零部件。汽车零部件产品分类见表3-3。当前，整车厂从采购单个零部件向采购整个系统转变。系统配套不仅有利于整车厂充分利用零部件企业专业优势，而且简化了配套工作，缩短了新产品的开发周期。零部件供应商必须有更强的技术开发实力，才能够为整车厂提供更多的系统产品和系统技术。系统供货

的厂家由于越来越多地参与整车厂新产品的开发与研制，其技术实力和经济实力日益强大。在系统配套的基础上，大型汽车零部件制造企业又提出了模块化供应的概念。所谓模块，是指在汽车中按零部件和系统的排列位置，形成一个具有多功能的高度集成的大部件。模块化供应是指零部件企业以模块为单元为整车厂配套。在模块化供应中，零部件企业承担起更多的新产品、新技术开发工作，整车厂不仅在产品而且在技术上越来越依赖零部件供应商，零部件企业在汽车产业中已经占有越来越重要的地位。

表 3-3 汽车零部件产品分类

行业	细分产品
车身及零部件	车门、车顶、行李舱、天窗、车窗、保险杠、汽车轮胎、汽车表盘、油箱、内饰件、外饰件、轮毂等
底盘、动力总成及零部件	前桥、后桥、万向节、传动轴、变速器、分离器、悬挂系统、弹性元件、减振器
汽车电子	车体电子控制装置及车载电子控制装置。主要含车载视频、转向控制器、音响、控制电动机、防盗器、行车记录仪、发动机控制电子装置、底盘控制系统、车载娱乐电子装置、车载通信电子装置
发动机及零配件	油泵、活塞、喷油嘴、气缸、曲轴滤油器、电子点火器
通用件	车体轴承、皮套、座椅、密封圈、油管、弹簧、标准件、紧固件

通常来说，汽车零部件生产特点有：
a. 根据市场需求或订单组织生产；
b. 产品结构简单，品种较少；
c. 生产工艺稳定，制造周期短；
d. 生产计划以日产量、旬产量或月产量下达；
e. 生产具有明显的节奏性，具有高度的连续性。

② 整车。作为典型的离散型制造业，汽车制造过程相当复杂。从最开始用户下订单，销售部门收集订单并定期反馈到财务、物流和制造等部门，到原材料进厂，经过一系列的加工过程，最后产品出厂并通过销售渠道交付给客户，中间涉及很多业务部门，这也是精益生产成为汽车企业生产方式的一个主要原因。

典型的乘用车整车生产主要包括冲压、焊接、涂装、总装以及多个辅助配送线。生产计划人员将日生产计划下发到焊接车间，装配线按照日排产计划的序列进行装配。车体由焊接机器人进行组装，加工完毕后存放在白车身缓冲区（White Body Storage，WBS），然后车体经过多个涂装工艺，比如电泳、表面涂层、烘干终涂后进入漆后缓冲区（Paint Body Storage，PBS），最后进入总装区域，装配完毕后进入整车储存区（Vehicle Storage，VS）。采购订单按照生产计划的要求发送给供应商，供应商将部件按照采购订单发给装配车间。来自供应商的部件储存在装配车间附近的仓库内,物料配送系统控制从仓库送往装配车间工作站的零部件,以保持与车辆生产队列的一致性。

常见的商用车车型有皮卡、微卡、轻卡、微客、自卸车、载货车、牵引车、挂车、专用车等。商用车主要由4大部分组成,即发动机、底盘、车身(驾驶室与上装,与乘用车不同)和电气设备等。乘用车、客车的车身一般为整体结构,货车车身一般由驾驶室和货箱两部分组成,在某些货车驾驶室和客车车厢中还设置适应夜间长途行车需要的卧铺,这些都导致了商用车和乘用车在制造工艺上的差别。商用车主要有驾驶室焊装、涂装、内饰、车架滚压、装配涂装、整车装配等生产线,生产方式主要是流水线生产和批量生产混合在一起。主要生产线的生产方式为流水线,生产形态是连续性生产。相比乘用车而言,商用车零部件数量少、尺寸大,因而形成了一些显著的特点:生产线的工位面积大、工位数少、工位作业量大、机械化程度高,为了适应小批量、多品种模式生产,生产线柔性能力更强。

客车按用途分为城市客车、公路客车、旅游客车和专用客车等,客车主要生产线包括磷化处理生产线、车身焊装生产线、车身涂装生产线、总装配线及整车调试检测线。客车和乘用车本身结构就存在很大区别,客车车身多数具有明显的骨架,而乘用车车身和货车驾驶室则没有明显的骨架。在内饰用料上也大不相同,在乘用车上广泛采用天然纤维或合成纤维的纺织品、人造革或多层复合材料、连皮泡沫塑料等表面覆饰材料;在客车上则大量采用纤维板、纸板、工程塑料板、铝板、花纹橡胶板以及复合装饰板等覆饰材料。客车主要生产线构成的工艺路线多采用回转布置工艺线路,可使工艺传递方便,主要生产线之间产品流动畅通,有利于生产进度控制和管理。为了适应客车品种多、批量小的生产特点,同时为了提高整体生产能力,大多采用设置两条并行的车身焊装线和两条并行车身装配线与一条车身涂装线相衔接的方式。客车生产方式和商用车类似,也多是流水线生产和批量生产混合在一起,主要生产线的生产方式为流水线,生产形态是连续性生产。

相对于燃油汽车,电动汽车是由可充电电池提供动力源的汽车,主要由底盘、车身和动力控制系统组成。其中,动力控制系统主要由电力驱动子系统、能源子系统和辅助控制子系统三部分组成,而电力驱动子系统由驱动电动机电源和电动机调速控制装置组成,它是电动汽车的核心,也是区别于传统汽车的最大不同点,其车身和底盘与传统汽车结构类似或有所简化。电动汽车和燃油汽车生产差异主要体现在总装装配上,电动机、悬挂系统和底盘线装配存在差异,需要增加电池包、充电桩工位以及更加严格的电子电气线路检测工位。

汽车出现初期,为了满足汽车的舒适性、操控稳定性、动力性,科学家不断地进行研究与创新,不断推动轮胎行业的进步与革新。汽车轮胎按其用途可分为轿车轮胎和载货汽车轮胎两种。汽车轮胎的生产由一系列的工艺过程组成,主要过程有原材料加工、配料、生胶塑炼、胶料混炼、帘帆布压延、胎面压出、轮胎部件制造、轮胎成型、生胎定型和硫化。轮胎行业发展过程中,需要大量的资源与能源投入,行业技术进步对产业成长的带动力极强,且产业发展与下游的汽车产业紧密关联。具体而言,轮胎产业发展特点主要体现在以下 4 个方面:

a. 资源依赖度高。轮胎产业以橡胶为主要原料,以炭黑、骨架材料及橡胶助剂等为辅助材料进行加工生产,原料成本在轮胎生产总成本中所占比例较高。

b. 能源消耗量大。从最初的原料加工环节到产品生产环节,直至最终的产品使用环节,均要消耗大量的高碳化石能源。

c. 技术带动力强。轮胎制品的加工生产都是通过对相关机器设备操作后实现的,因此,行业技术进步对于轮胎产业发展及产品品质提升的带动力十分明显。

d. 与汽车产业联系紧密。汽车产业作为轮胎产业的主要下游产业部门,与轮胎产业的发展有着密切联系。从质量的提升方面来看,随着人们对汽车的安全性、舒适性、节油性、低噪声、抗湿滑等性能要求不断提高,为轮胎产业的发展指明了具体方向,引导轮胎产业在新材料、新工艺、节能化、智能化、绿色化等方面加快技术研发与推广步伐。

汽车整车制造过程中,由于车辆是按照流水线方式进行排列的,遵从某一相对固定生产运行节拍,从车辆焊装开始到涂装,最后进行总装,直到品质检查,在这些过程中要实现精益化的车辆混流生产体系。

此外,汽车行业的环保合规性要求非常高。目前,世界各地汽车尾气污染日益严重,为了抑制有害气体的产生,促使汽车生产厂家改进产品以降低有害气体的排放。欧洲和美国都制定了相关的汽车排放标准。我国汽车排放的国标与欧标有所不同,国标是根据我国具体情况制定的国家标准,欧标是欧盟成员国家通行的标准,欧标略高于国标。目前,我国正在执行国Ⅵ排放标准。每一次排放政策的改变都会深深影响汽车市场格局以及用户的决策。

(2) 汽车行业 MES 需求分析

本节还是以乘用车制造典型工艺为例,详细阐述汽车行业 MES 的个性化需求。对于乘用车整车厂来说,冲压、焊装、涂装、总装四大整车工艺车间的 MES 应用各有侧重。

① 冲压车间主要通过对卷料、板料、冲压自制件的出入库信息以及各冲压线体的生产信息和品质信息进行记录,以及时、准确地对车间内各种数据进行汇总和分析,从而提高车间可视化水平,为管理者生产决策提供客观可靠依据。

② 焊装车间 MES 功能覆盖从生产计划编制、下发到执行、跟踪与统计分析的全过程。同时,通过 MES 与车辆自动识别(Automatic Vehicle Identification,

AVI）系统的集成，以及对生产过程中质量、物料数据的记录，使管理人员能时刻洞察车间内的各项业务活动，为生产的持续改善提供强有力保证。

③ 涂装车间 MES 功能覆盖计划管理、品质管理、系统集成、作业指示统计报表、异常情况处理等，通过与 AVI（车辆自动识别）系统集成，可以实时了解从 WBS（白车身缓冲区）到涂装完工的车辆队列，使涂装管理人员能时刻洞察车间内的各项业务活动，帮助提高生产效率和产品质量。

④ 总装车间 MES 功能覆盖计划编制与下达、作业指示、车体跟踪、品质管理、统计报表、异常情况处理等。同时，与 AVI 系统集成，实时掌握 PBS 车辆队列信息；与多种类型的自动化设备的系统集成，使总装人员能时刻了解车间内的各项业务活动。

对于各生产线来说，乘用车 MES 主要包含以下功能。

① 作业计划管理。

a. 按照一定的约束条件进行生产排程和优化形成作业计划，考虑生产均衡化、批次、不同的车间设置不同的生产顺序规则等。

b. 跟踪作业计划的执行情况，计划完成后将相关信息反馈给 ERP。

② 生产过程管理。

a. 从生产作业计划单中获取车辆识别号（Vehicle Identification Number，VIN）码，用于车辆跟踪。

b. 生产装配清单，细到工位。

c. 通过对 VIN 码的扫描，实现从焊装到整车完成全生产过程的跟踪。

d. 生产线状态 LED 显示。

e. 工序能力分析。

f. 在制品跟踪查询。

g. 生产过程中发生的重要事件，以邮件等形式分级自动通告。

③ 物料管理。

a. 针对不同的物料采取不同的调度模式；对于自加工部件，同步生产供应；大件物料，通过现场终端直接通知供货部门供货；小件物料，看板拉动；低值易耗品，达到线边物料上限时，自动发出补货指令。

b. 同步化物料补货，支持电子看板、呼叫、序列和 KIT（单台套）等物流运作方式。支持缺料报警以及投料原因的分析，并能够对其进行追踪。

c. 能够实现关键物料追溯和物料防错，并能进行零部件匹配判断。

d. 通过条码扫描建立重要零部件与车辆 VIN 的关联。

e. 实现对物料的个体和批次在生产过程中在线推移、传递、消耗、转化等信息进行采集、记录、跟踪、整理、分析和共享等信息管理的功能。

f. 与仓库管理系统（Warehouse Management System，WMS）建立数据通

信，在发货环节为 WMS 系统提供信息支持。

　　g. PBS 信息驱动生产车间预装、物料暂存、供应商发货。

　　h. 支持无线呼叫。

　　i. 支持新品切换的控制以及对物料的操控。

　④ 质量管理。

　　a. 质量追溯（关键件与 VIN 定），通过扫描条码，实现关键件数量可增减。

　　b. 装配指导，装配防错。

　　c. SPC 在线信息查询与报表生成，采集数据后，经过系统分析后生成相应的图表，不同权限人员可查看不同图表。

　　d. 建立历史数据库，对质量控制和设备状态等信息进行分析，并通过数据字典对历史数据进行自动处理。

　　e. 零件试装信息共享，试装信息（质量/工艺/产品/供应商技术援助 Supplier Technical Assistance，STA）分类后发布给指定的人员。

　　f. 整车生产履历记录，包括订单号、生产线、物料、质量、装配人员和班次等详细信息。

　　g. 装配缺陷次数报警，实现质量领导系统（Quality Leadership System，QLS）输入的质量问题按触发等级自动报警的功能，同时将报警信息以邮件或短信方式发给相关人员处理。

　⑤ 其他。

　　a. 车辆自动识别系统（AVI）识别车体在车间内的实际位置。

　　b. 物料 Andon，通过在生产工位旁的物料呼叫请求按钮实现物料呼叫，在生产现场和物料储存区设置信息显示板，反馈生产线物料呼叫请求，操作员根据呼叫请求送料。

　　c. 质量 Andon，利用声音和视觉呈现当前生产线工作状态，实时显示工件异常，以便相关的人员及时做出响应。

(3) 小结

汽车制造企业的管理重心在于保证生产过程的稳定性与持续性。汽车制造企业多采用 JIT 生产方式，因此非常注重物料的运输、追踪、管理以及各车间的及时排产。企业在选择 MES 方案时应着重考虑如何实现精益化的混流生产管理。

3.2.7 机械装备行业

(1) 机械装备行业生产管理特点

机械行业是国民经济和工业的重要支柱和主导产业，子行业众多，产品覆盖范围广泛。根据 GB/T 4754—2017《国民经济行业分类》，机械工业主要包括金属制品业、通用设备制造业、专用设备制造业、汽车制造业、铁路船舶航空航天和其他运输设备制造业、电气机械及器材制造业等 200 多个子行业。本节讨论的机械装备行业主要包括以上各子行业中的重大成套技术装备，如锅炉、机床、矿山机械、石油钻采机械、农用机械、工程机械、物流装备等。

机械装备行业是典型的离散型制造业，生产过程具有加工、装配性质，加工过程基本上是把原材料分割成毛坯，经过冷、热加工，部件装配，最后总装成整机出厂。其制造涉及多种制造和成型技术、多种制造装备、多个制造部门，甚至跨地区的多个制造工厂。从制造模式来看，大部分企业都是多品种小批量生产，采用 MTO（面向订单生产）或者 ETO（面向订单设计）。对于复杂装备及高端装备制造企业，往往设备单价很高，产量很小，如飞机、能源装备（例如火电、水电和风电设备）、盾构机、铁路机车、重型机床等。这些设备已包含了大量传感器，企业可以通过对传感器数据的分析，基于机器学习等人工智能算法，实现对设备的状态监控和设备健康管理。对于装备制造企业而言，推进已服役产品的运行状态的数据采集，一方面可以为客户提供运维服务，以及基于物联网的预测性维护服务等，有些企业还实现了商业模式转型，从单纯销售设备，转变为租赁设备或提供整体集成的"交钥匙"工程。另一方面，通过安装 GPS 定位和各种传感器，监控设备的运行状态，可以根据设备所处的地域进行大数据分析，促进企业有针对性地制定未来的区域市场营销策略。

机械装备行业的工艺是很复杂的，零部件数量众多，加工工序多、生产周期长，工序之间也需要紧密的协同与配合。总体上机械装备制造以离散型为主、流程型为辅、装配为重点。其生产管理的主要特点如下：

① 生产类型以多品种、小批量或复杂单件为主，车间通用设备较多，生产设备的布置一般不是按产品而是按照工艺进行的，相同工艺可能有多台设备可执行。因此，在生产过程中需要对机器设备、工装夹具等资源进行有序调度以达到最高的设备利用率和最优的生产效率。此外，作为生产关键资源，需要对设备进行实时监控、维修维护，才能更好地利用设备，避免设备异常造成损失。

② 生产计划的制订与变更任务繁重。机械装备行业属于典型的离散型制造，生产计划种类多且计划制订需要考虑的因素复杂，包括人员安排、物料库存与配送设备资源、工装夹具、齐套情况、在制工单执行情况等，制订难度很高。此外，在生产过程中，往往会存在变动。其多变性主要源于两个方面的因素：a. 企业外部的因素，如客户对订单需求量和对交货期的变更、新订单的插入以及原材料短缺等；b. 企业的内部因素，包括制造过程中的设计变更、工艺变更、工序及零部件的返修返工、机器故障等，这些因素都造成了计划管理的复杂性和高难度。

③ 线边物料及在制品管理困难。产品零部件多且不同部件的制造周期长短

不一、加工工艺路线复杂程度不同，生产过程中不仅要保证原物料的配送及时、产品成套和按期交货，还要尽可能减少在制品及原物料积压。同时，由于在制品在生产过程中是不断流动的，且存放点分布广，如何及时、准确地记录其数量、位移等变化信息，如何对其进行高效流转成为管理难点。此外，对于原物料也需要精准的配送及管理。

④ 车间现场单据繁多。车间的任务指派一般通过下发派工单完成，并附带生产所需的零件图、装配图、工艺卡片、技术通知单等，在生产过程中又需要填写生产进度信息、质量信息等相关表单，这些信息一般均通过纸质文件进行传递并由人工统计，从而造成生产的进度信息反馈不及时、生产线现场异常事件反馈及处理缓慢、数据统计分析难度大、质量信息反馈不及时造成批量报废的质量事故等问题。

⑤ 车间自动化水平相对较低。目前，多数机械装备制造企业的产品质量和生产率很大程度上还是依赖工人的技术水平，车间的自动化应用大多处在单机或单元级应用，如数控机床、柔性制造单元等。

此外，机械装备制造业是为国民经济发展和国家安全提供技术装备的基础性、战略性产业，同时也属于污染行业。机械装备在生产过程中会产生加工粉尘、焊接烟尘、抛丸粉尘、焊接废气等粉尘废气，铁渣、铝渣、焊渣等固体废物，以及工业废水和设备运转噪声等污染。如果不按照规定进行处理，势必会对环境和人体健康造成很大危害。因此，机械装备制造企业在生产管理过程中还要注意生产的合规性，遵循国家关于安全生产、清洁生产、污染防治以及噪声控制等各项法律法规的要求，防治结合，全力推动机械装备行业转型升级和绿色发展。

（2）机械装备行业 MES 需求分析

机械装备行业的离散型制造特性，决定了生产管理环节中所涉及的部门、人员多，对生产所需的物料准备、计划、调度、管理工作要求高。构建基于 MES 的生产管理平台，有助于挖掘企业生产制造的潜力，帮助企业提效增能。机械装备行业子行业众多，每个行业都有各自行业的管理独特性，企业 MES 需要根据自身实际情况进行构建。总的来说，需从高效计划、柔性调度、生产过程实时管控、数据信息有效传递、质量追溯等方面做重点考虑。

① 生产作业计划与调度。

a. 生产计划接收及分解。实现从 ERP 系统接收或者由相关人员手工导入月生产计划，接收生产计划并将其分解为任务单元、平衡设备能力、指派加工设备、编制作业计划。主要包括对月、周、日计划的编制、调整、查询，确定能力需求、设备能力负荷、物料需求、工具需求等。

b. 作业计划预编制。能够根据任务优先级、交货期、工艺流程、瓶颈资源等约束条件，结合现有计划生产进度、车间资源（人员、物料、设备、场地等）实时负荷情况，平衡能力，实现初步作业计划的自动生成。其中，数据接口负责与其他信息系统集成以获取需要的设备、人员、物料等信息；经验数据为调度提供合理依据；调度模块则封装了调度规则，实现作业计划的初步生成。

c. 经验数据修正。通过分析采集回来的数据对经验数据进行修正，以保证其实用性和准确性。根据产品的交货期和各阶段半成品的生产提前期制订车间的生产计划。

d. 作业计划执行与反馈。作业计划通过工单的形式下发到生产现场，车间工人按工单接受任务，并及时反馈工作进度及完工状态。工单管理需要有新工单、复制工单、下发工单、终止工单、修改工单等功能。一旦接受生产任务则生成工单，如果出现变动，工单可根据现场的情况变化进行修改、暂停或终止收回。

e. 作业计划变更与资源调度。当生产过程中发生异常情况（如订单进度调整变更、物料缺料、机器故障、计划变更、质量故障等）时，能根据实时数据随时对作业计划做出调整并对车间资源进行调度。功能涵盖工序合并、物料申请、首工序派工、转序单派工、生产控制、作业计划和物料补废等功能。

② 在制品管理。

a. 利用条码等识别技术，记录在制品的入库与出库等操作。

b. 对线上在制品生产信息及批次信息进行监控与跟踪。

c. 实时收集单位时间内每道工艺的原物料消耗、产能、机器负荷、标准工时、成本核算等信息。

d. 记录生产中每道工艺投入、完成、返修、不合格在制品数量，定期生成相关在制品统计报表。

③ 生产过程追溯。

a. 记录产品生产过程经过的路径、发生的问题、使用的物料。

b. 追踪到产品生产的相关责任人员、每一生产进行的时间。

c. 通过产品追查物料的供应商、批次等信息。

d. 根据物料追查影响的产品，并针对产品不同的状态进行及时的现场截留、停止发货或跟踪服务的处理。

④ 车间质量管理。

a. 对质量数据进行采集，对采集的数据进行质量状况分析。

b. 对每一道工序进行质量把关，质检人员将该工序的检测情况录入相应的检验结果和检验数据。通过质量追溯过程，实现对关键件的质量跟踪。

c. 质量控制与反馈，质量返修信息录入与查询。实时统计缺陷分布、分析缺陷发生原因，及时触发纠正措施，降低质量波动和返修率。

d. 质量报警。出现质量问题时，按触发等级自动报警，同时将报警信息以邮件或短信方式发给相关层级的人员进行提醒处理。

e. 完整记录制程质量及返修过程信息，形成产品质量档案库，帮助实现质量问题的快速反馈和追踪。

⑤ 物料管理。

a. 根据 BOM 结构，对生产计划进行物料的齐套性检查，触发对短缺物料的采购，并在物料无法获得时，调整生产计划，减少在制工单的缺料发生。

b. 依据生产计划的安排，提前安排物料备料，并按生产进度进行配送，根据生产现场发出的物料要料请求，及时进行物料补充配送。

c. 对线边物料进行管理，实现对物料的个体和批次在线推移、传递、消耗、转化等信息进行采集、记录、跟踪、整理、分析和共享等信息管理功能。现场缺料时，触发需求申请，拉动仓库及时补料。

d. 物料信息实时查询，实现关键物料追溯、关键件条码追溯。

⑥ 报表管理。

a. 对制造执行过程中的人员、物料、设备、质量等信息进行统计，并能与历史数据进行对比分析形成报表。

b. 实时统计分析在制品分布、产出、质量趋势、产线效率、计划完成情况等企业关注的信息。

⑦ 数据采集、分析与集成。

a. 通过扫描、自动读取、手工录入等多种方式采集生产过程中的大量数据。

b. 采集包括加工进度、完工记录、设备状态及运行参数等各种实时数据等。

c. 采集关键部件的追溯信息。

d. 对生产过程关键数据要实时地进行统计分析。

e. 产品的工艺信息需要与 PDM 或者 CAPP 系统集成。

f. 给生产计划、物料等信息需要与 ERP 系统集成，并能将工时、物料消耗等信息反馈给 ERP 等系统。

g. 设备、人员等信息需要从 MES 其他模块中获取。

(3) 小结

机械装备行业是典型的离散型制造业，以订单生产为主，多品种、小批量的生产形式，通常研制、批产并举。企业产品具有种类多、结构复杂、制造过程复杂、生产周期长等特点，并且制造过程的不确定因素多，经常出现紧急插单、设备故障等情况，导致计划变更频繁，生产过程协调、控制难。因此，除上下游数据的集成应用之外，MES 的应用应重点关注计划排产优化、任务调度柔性、生产过程透明、产品质量可控以及物料追溯等，以打造透明、高效、柔性的闭环制造过程。

3.2.8 纺织服装行业

(1) 纺织服装行业生产管理特点

我国是名副其实的纺织服装生产及消费大国,"Made in China"的标签遍布世界各地。然而,世界知名品牌中却少有中国品牌的身影。国外一些奢侈品牌和快时尚品牌不断冲击中国市场,使中国的纺织服装行备受压力。压力之下,近年来中国的纺织服装产业开始逐渐从传统的制造业变身为时尚产业,并逐步调整自身在全球产业链中的位置,充分利用互联网+数字化、智能制造相关技术提质增效,同时注重产品创新、市场营销以及品牌形象的塑造,不断提升自身的竞争力,使得中国纺织服装行业呈现蓬勃发展之势。

纺织服装行业产业链大致分为纺织、印染、成衣制造、制鞋、配饰及辅料等几大类。由于处于产业链不同的位置,其管理存在一定的差异。

① 纺织。

纺织即纺纱与织布,纺纱指把纺织纤维加工成纱线的整个工艺过程,纱线是制造服装面料的原材料。目前,随着消费者对面料要求的提高,使得面料的种类及规格繁多,通常根据面料的原材料种类、不同的织造结构和制成类型进行分类。同时,在纺织过程中,纤维材料(如柔性材料)、制纤技术、纺织品织造工艺、后整理方法等关键技术也在不断精进,这些技术决定了服装面料的质与量,对服装设计、服装加工等后续环节产生极大的影响。

② 印染。

印染为纺织品提供了高附加价值,但也是纺织服装产业链中能耗最高、污染及排放最大的一环。由于面料的染色需要使用大量的水以及化学染料,同时在生产过程中需要消耗大量热能,大型的印染厂还存在自建电厂、水厂、污水处理厂的情况,因此,对于印染行业来说,能耗的监控以及污染的管理最为关键。

③ 成衣制造。

成衣制造包含梭织服装、针织服装、皮革、仿皮革等成衣的制造。中国一直是成衣制造大国,但近年来东南亚国家凭借低廉的劳动力以及各类贸易优惠政策实现了快速增长,给中国企业带来压力。在目前的竞争形势下,中国企业凭借着先进技术、减员增效以及数字化管理等优势,持续增强自身竞争力。成衣制造属于典型的劳动密集型产业,生产自动化程度低。近年来成衣制造行业已经开启了自动化转型的步伐,甚至不少企业建立了柔性生产线以实现服装的个性化定制。此外,成衣制造还有批量小、款式多、放码、工序复杂等问题,使其生产组织较为困难。另外,由于服装具有个性化强、生命周期短的特点,倒逼产业链走向敏捷化。

④ 制鞋。

与成衣制造类似，我国制鞋业同样面临着大量世界知名品牌的冲击。制鞋产业在技术、创新、营销、品牌、服务等多方面构筑核心竞争力，但效果并不明显，大多还处于缓慢探索阶段。在生产管理上制鞋与成衣制造也有相似之处，同样具有多品种、多批量、小批量、放码、生命周期短等特点。

⑤ 配饰及辅料。

服装配饰、辅料种类繁多，主要包括里料、絮料、衬料、垫料、线料、纽扣、拉链、商标以及其他装饰性材料等。服装辅料虽然"小"，但随着服装设计个性化的不断加强，配饰及辅料产业在质量、设计与创新方面不断发展，甚至成为整个服装设计的点睛之笔，越来越受到重视。

由于处于不同产业链位置的服装行业生产过程差别较大，因此下面选择了一个相对典型的成衣制造流程，来说明服装加工行业的典型加工工艺路线。图3-6为制衣阶段的工艺路线图。

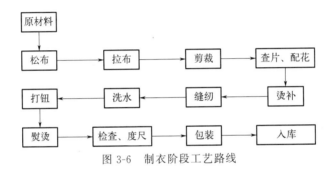

图 3-6 制衣阶段工艺路线

从以上工艺路线图可以看出，服装加工行业的生产环节工序繁多，仅成衣制衣环节就包括数十道工序，且每道工序所用的加工方法多样，从裁剪部分开始，需要依据面料特性选择不同的裁剪方法，同时依据面料的特性，烫补、缝纫、打钮等环节均需随时调整工艺，编排复杂。另外，由于服装行业生产受市场的影响较大，成衣制作企业的生产组织方式多变，生产管理难度相对较大。

尽管行业细分存在差异，但是作为推动国民经济发展的重要行业，服装行业特别是服装加工企业在生产管理方面存在以下特点：

① 市场稳定性差，销售预测难，易积压库存。服装市场销售具有不稳定性，在完成销售之前，所有的人包括设计师都无法准确估算出产品的市场销量情况，一旦不符合市场需求，大量的产品就成为企业的累赘。销售的偶然性和季节性使得库存控制变得非常困难，再小的批量也有压货的风险。

② 产品生命周期短。服装潮流瞬息万变，产品生命周期受季节性影响较大，周期性特征十分明显。据统计，一般服装从进入市场到退出市场，平均寿命只有2～3周。另外，服装生产设计的面料、辅料众多，新技术、新材料的运用日新

月异,也使得服装行业的产品生命周期很短。

③ 小批量、多款式、多属性。受到市场需求等因素的影响,服装制造企业的生产类型逐步由大批量、少款式、长周期向小批量、多款式、短周期的方向发展。由于服装产品款式、颜色、尺码、面料、年份、季节、品牌、价格等属性众多,生产管理难度较大。此外,随着市场需求的转变,大量的个性化定制服装需求的出现,给生产管理、资源整合带来更高的难度。

④ 生产工序多,工艺编排复杂。服装生产通常涉及几十道甚至上百道工序,生产管理环节较长。在完成服装生产所需的面辅料和生产技术准备(面辅料筛选、款式设计、结构设计、制版、推版、工艺设计等)后,需要进行排裁剪、缝制、熨烫等多个生产阶段,每个生产阶段工艺复杂且各不相同。

⑤ 劳动密集型生产加工。在服装制造行业的生产过程中,受到工艺等因的影响,大量的工序以人工方式完成。因此,服装产业仍然属于典型的劳动密集型产业,生产过程的自动化、智能化的实现难度相对较高。

⑥ 生产组织方式多样化。服装行业大多根据不同的产品来组织生产,常用的模式包括离散式服装生产、流程式服装生产和混合式服装生产。离散式大多按制衣专业划分成生产组的生产布局,从面料裁剪成单片,又从单片缝制各类不同部位的衣片;流程式即从裁剪到制成衣件的流水线生产,又将多片衣件缝制成整件服装、整烫、折叠、包装等服装流水线生产;混合式服装生产,是从面料投入离散式缝制成衣片生产,又将多片衣片按需组成流水线缝制成套件装、整烫、折叠、包装等过程的混合式服装生产。

⑦ "插单"现象频繁。服装生产的特点是款式多、订单交货期紧,因此服装生产中经常出现"插单"的现象。"插单"给生产排产、排程变更等造成很大的管理难度,因此需要有更大的灵活性和快速的反应能力。

⑧ 根据销售预测生产,多 SKU(库存量单位),库存管控严格。服装销售受到多方面因素的影响,很容易出现库存积压等问题,且积压产品不易处理。目前,主要解决办法是由生产企业和经销商共同分担库存风险(要求一定的退货比例)。对于制造企业而言,销量的预测、生产的节拍、生产计划的制订等直接关系库存积压与否,因此对包含原物料在内的所有库存需要进行严格的控制。服装属于居民消费品,和人们日常生活息息相关,对于质量、安全方面的要求比较严格,特别是面辅料。因为纺织产品在印染和后整理等过程中要加入各种染料、助剂等整理剂,这些整理剂或多或少地含有或会产生对人体有害的物质,当有害物质残留在纺织品上并达到一定量时,就会对人的皮肤乃至身体健康造成危害。因此,有必要对纺织产品提出安全方面的最基本的技术要求,使纺织产品在生产、流通和消费过程中能够保障人体健康和人身安全。服装行业的合规性是服装生产及销售企业必须遵循的行业标准,其中,主要有 GB 18401—2010《国家纺织产

品基本安全技术规范》，它是依据《中华人民共和国标准化法》《中华人民共和国产品质量法》等法律法规制定的强制性国家标准。规范规定了纺织产品的基本安全技术要求、试验方法、检验规则及实施与监督。服装行业需要将上述要求贯彻到生产过程中，确保产品安全性合规。

(2) 服装纺织行业 MES 需求分析

服装行业生产管理的重点在于质量、成本和交货期，因此 MES 的需求主要包含生产计划管理、数据采集、追溯管理、物料管理、设备管理等功能模块。

① 生产计划管理。

a. 多维度的编码管理。服装生产过程中，物料属性多样，且产品种类繁多、类型复杂，一个产品存在多颜色、多尺码等多种表现元素。因此，在构建产品标准 BOM 的同时，需要能够根据事先制定好的规则自动变动对应的多个物料，自动批量生成 BOM，并且能便捷实现多版本的 BOM 维护。在编码体系的建立上，需要满足多维度的商品编码需求，实现动态的尺码显示。

b. 自动化的订单处理。在服装制造行业，客户需求灵活，生产过程中不确定因素多，因此对于订单的处理能力要求很高。在生产管理的过程中需要能够自动汇总订单，能及时将大的销售订单自动拆解为符合生产要求的生产单，并通过资料分析判断是否能满足订单需求。另外，可对单个订单的预计用料进行订单模拟占用处理。

c. 灵活的生产计划管理。服装制造过程中因齐套性的要求，工序与工序间的关联度很高，在市场需求以及客户要求多变的情况下，灵活、准确的生产计划十分重要。通过按紧急性、客户重要性等规则，对各种订单进行分类、分期管理以及生产执行管理，实现生产计划预排，解决"插单"和"均衡生产"的难题；通过信息化管理保证在制品和成品按定额比例正常生产，保证生产各工序不积压过多的在制品，并且避免生产线上任何一个环节处于停滞或等待的状态。

d. 生产过程管理通过工票扫描、工序完工录入等方式跟踪裁床、车缝等各关键工序进度，实现对全生产过程的全程追踪，准确及时地获得订单的完成进度。同时在保障交货期的前提下，充分利用生产资源，合理安排生产，发挥工厂的最大生产效能，保证订单的按时交付。

② 数据采集。

a. 在服装生产过程中，需要加强设备与信息系统之间的互联，对产量、质量、设备仪器状态等信息进行在线采集和处理，采集对象包括平缝机、裁剪机等。具体数据包括月产量汇总统计、分类信息查询、报表汇总、生产过程分析、设备故障统计等。

b. 在车间物流管理中，通过条码读入原料、辅料、半成品和产品信息，可以实现流程卡管理、在制品追踪管理、现场物料管理、仓库管理、出货管理、包装监督、售后服务等,并实现同 ERP 系统数据的及时交互,保证了基础数据采集面。

③ 追溯管理。

a. 生产过程质量问题会直接影响企业业务,因此需要对缝制、整烫等过程进行监控,确保产品生产过程的质量控制。可以通过搭建生产过程管理的平台,实现对面辅料、产成品、制衣过程以及产品质量的全过程追溯。

b. 服装的防伪需要对每件服装进行唯一"身份"标识。在服装生产过程中,可以将一些重要属性,如名称、等级、货号、型号、面料、里料、洗涤方式等写入电子标签,并附加在服装上,有效地避免假冒行为,从而解决服装防伪的问题。

④ 物料管理。

a. 面辅料管理。服装面辅料的品种、材质、颜色等属性众多,需要支持对不同单位、不同属性物料的管理与追溯。

b. 边角料管理。边角料的处理在服装行业比较关键,特别是边角料的库有计算、领用料管理,因此在应用过程中需要支持边角料的灵活管理。

⑤ 设备管理。

服装企业制造过程需要大量的缝纫等专业设备,设备动态信息与生产计划的执行、订单的交货期紧密关联,因此,在生产管理过程中需要实时了解设备的运行状态,包括运行、故障、待工等信息。同时,也需要支持设备维保管理等功能,建立有效的管理、预警、维护机制,降低设备故障导致生产异常的风险。

⑥ 员工管理。

作为典型的劳动密集型行业,服装企业对车间作业人员的管理十分关键。信息系统一方面通过自动化数据采集,获取工时等相关信息,实现对人工成本的精准核算;另一方面也需要掌控员工工作状态,实现产线人员的灵活调配,提升生产调度的能力。

(3) 小结

MES 在服装行业的应用逐渐被企业所重视。对服装制造企业而言,管理的重点在于打造一个快速反应、有弹性、精细化的生产环境,从而提高企业生产管理、绩效管理和服务水平。因此,企业在选择 MES 方案时应着重考虑如何实现生产过程的精益化、数字化,如数据的自动采集、生产设备的互联以及同 ERP 等系统的集成应用等问题。

3.2.9 医药行业

(1) 医药行业生产管理特点

医药行业是我国国民经济的重要组成部分,医药行业的产业链包括药材种植、原材料加工、产品研发、药品生产、商业流通、医疗保健等不同的领域，其中涉及生产管理的主要有原料药生产、药品生产、药品包装、医疗器械生产等。由于处于产业链不同的位置，其管理存在一定的差异。

① 原料药生产。原料药指用于生产各类制剂的原料药物，是制剂中的有效成分。原料药是药品生产的物质基础，需要经过加工制成适合服用的药物制剂才成为药品。原料药生产往往包含了复杂的化学变化或生物变化的过程，并具有复杂的中间控制过程，其生产过程自动化程度高，注重过程分析技术的应用，同时还需注重对污染的治理。

② 药品生产。包含了多个门类，如果按照制药的方法和原料来划分，主要可以分为化学制药行业、生物制药行业和中成药制药行业三个部分。在我国，化学制药的发展相对成熟，是制药行业中的主力军；生物医药属于新兴产业，知识密集、技术含量高；中成药是我国的瑰宝，配方多为专有技术，涉及药品的种植管理等环节。药品的生产对质量管理要求高，必须符合 GMP 等规范。

③ 药品包装。对于药品的稳定性和使用安全性具有十分重要的作用，在生产过程中需注重质量检验、批次管理、防伪管理。

④ 医疗器械生产。是指各类型医疗用器械、仪器的生产，其生产多为机械化生产，产品的技术跨度大，种类、规格、型号繁多，有严格的质量基线要求，质量检验的专业性较强。

其中，原料药、药品的生产属于流程型生产，而药品包装、医疗器械的生产则属于离散型生产，属于两种完全不同的生产类型。

药品的生产流程根据药品的品种、剂型及其对环境的洁净等级要求不同而具有不同的生产特点。以片剂生产为例来说明其工艺流程。片剂是指药物与辅料通过制剂技术均匀混合后压制而成的片状或异形片状的固体制剂，是医药行业一种典型的加工工艺。图 3-7 所示为片剂生产的典型工艺流程和环境区域划分。

制药行业是一个典型的批量连续生产型的流程行业，生产过程流程较长，工艺较为复杂，存在大量化学、物理变化，既有流程型制造业所具有的特性，也有其产业的特殊性。制药行业生产过程常具有以下特性：

① 生产过程工艺复杂、副产品多。通常药品生产过程的组织是以流水线为基础的多品种分批生产。药品的生产以配方为核心，制药过程中存在大量复杂的化学、物理变化，由于环境条件的不同以及操作人员的熟练程度不同，生产数据会出现偏差，生产过程通常产生大量的副产品以及"三废"。

② 产品及原辅料种类多、特性多，管理复杂。产品的种类、规格、剂型繁多，单一产品所需要的原辅材料种类多，许多原料或中间体本身具有易燃、易爆、有毒或强腐蚀性等特性；物料管理要求严格，由于药用物料的特点以及相关合规性管理的要求，对物料批号、状态、存放、收发、环境等提出了严格的要求。

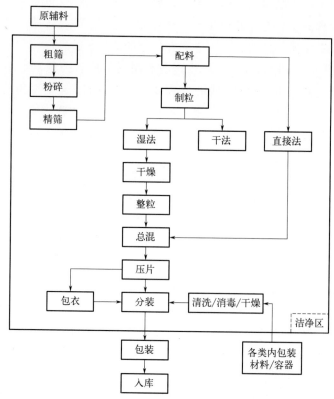

图 3-7 片剂生产典型工艺流程和环境区域划分

③ 需求预测不准确，生产计划与库存控制难度大。企业通常根据预测制定要求、采购计划和排产，然而销售预测管理体系不完善，信息不完整，及时性差，准确率低，导致成品库存失控，同时为了满足市场需求，又不断调整计划，致使整个物控体系容易处于失控状态。

④ 生产过程中机械化、自动化程度要求高。生产过程中使用仪器设备较多，且生产设备具有较强的多用性（即用于生产多种药品）。

⑤ 产品有严格的质量基线要求。药品属于特殊产品，不允许有"等外品""处理品"等，必须是符合药品标准的合格品，且产品一旦出现质量问题，无"返修"。因此，客观上要求药品生产处于零差错率状态。

⑥ 对生产环境、污染控制要求极高。空气中的微粒和微生物、人员、设备、设施、器具、物料、包材等都是污染源，温度、湿度、空气洁净度等直接影响药品质量，在生产全过程需要严格控制。

⑦ 有效期管理要求严格。药品和化学试剂作为一种特殊的商品，时效性强，要严格控制其有效期，对批次的跟踪要求严格。

此外，医药行业合规性管理非常严格，各类法律法规涵盖了药品生产企业准入、产品标准、生产质量、药品注册、流通、定价、包装等一系列的环节,医药企业需要构建完整的合规性管理体系。

(2) 医药行业 MES 需求分析

针对制药工艺机理复杂、不确定因素多、生产精度要求高、质量要求高、生产计划性强、生产调度管理烦琐、批号管理严格等特殊性,制药行业 MES 个性化需求主要需关注以下几个方面:合规管理、生产及计划管理、工艺路线管理、物料管理、批次管理及跟踪追溯、质量控制、设备管理及设备数据采集。

① 合规管理。

伴随着企业的发展和历史文档的积累,生产相关的信息量成倍增长,各类合规管理相关数据的负荷日益增大,必须通过系统来管控。在 MES 中,需要关注关键工序的生产控制、物流及可追溯性、设备保养维护、产品质量数据、物料管理、工艺变更的控制等方面的数据,从多个维度支撑各类合规管理。按合规管理的文档管理要求,对企业的各类文档进行规范化的管理,同时需要规范文档操作权限,严控文档的建立、审核、修改、发放和执行等流程。

② 生产及计划管理。

根据医药行业的行业特征,计划管理及生产管理的关键需求包括配方管理、有效期管理、计量单位、重复生产计划、发料管理、联副产品及废品管理、批生产记录、包装管理、称重管理、污染防治等,并结合各类产能数据,以及各类资源的调度,实现计划与生产能力的平衡。此外,还要考虑配方的保密性管理,权限体系需符合企业的内控流程。

③ 工艺路线管理。

系统需根据不同产品、不同批次信息制定不同的工艺路线,在满足各类合规的基础上实现生产过程的先进控制。在生产过程中,需要严密监控药物生产中各种复杂的物理变化及化学反应过程,保证生产流程正常推进、生产操作正确规范、人员操作权限严格管控、问题及时反馈与处理。

④ 物料管理。

医药企业的物料管理存在种类多、物料编码复杂等问题,难以对库位、批号和状态进行精确管理,易违反先进先出 (FIFO) 原则,易造成混批或交叉污染等。因此,对物料的管理是制药行业的重点,须实现物料从到货验收到生产投料全程条码化,记录物料名称、物料批号、规格、数量、储存条件、保质期、供应商批号等信息,利用条码跟踪和验证物料,实现物料管理智能化;通过物料编码控制物料的投入及产出,编码生成后将其锁定到工艺路线中,从而防止物料混批;对物料及成品必须建立环境监控确保质量。

⑤ 批次管理及跟踪追溯。

药品生产过程对批生产记录、批次跟踪与追溯有十分严格的要求。须实现完备的批生产记录管理，包括产品名称、生产批号、生产日期、操作者、复核者签名、有关操作与设备、相关生产阶段的产品数量、物料平衡的计算、生产过程的控制记录及特殊问题记录等，保证全程可追溯。对生产进行全程追溯管理，一旦出现问题，可迅速定位问题的产生原因并进行分析。此外，产品的物料信息能够与批次号、电子监管码等信息相关联，便于用户随时根据产品编码进行信息追溯。

⑥ 质量控制。

制药行业对于质量控制的可靠度要求高，需全面支持物料、中间产品、成品质量检验和放行管理。按照质量标准设置检验方案，实现请验、取样、分样、检验、记录、报告、放行的全过程管理。支持自动采集检验仪器相关信息，并根据质检结果控制物料的流动。除此以外，质量控制还涉及多个方面的管理，包括供应商、设备、人员、环境系统监控、清场管理、清洁和消菌管理、不合格品处理、质量统计与分析及质量相关档案报表的管理等，从而实现完善的质量管理功能。同时要实现对质量管理全过程的跟踪与追溯。

⑦ 设备管理及设备数据采集。

设备管理包括设备维护、设备监控、环境监控、清场记录、档案管理等方面。企业可建立一个全面的、集成的统一电子调度和监控系统，实现对工厂生产进度、设备运行数据的实时监控，以及对各类设备及生产异常信息的预警，全面掌控企业生产的整体进度和异常管理。

此外，对于中药制药企业来说，还需要关注种植管理。从中药药材的种植开始进行数字化的管理是非常必要的。以良好农业规范（Good Agriculture Practice，GAP）为指导，针对药材的种植进行全过程的跟踪、记录和管理。通过种植管理，可以随时掌握药材种植的生产情况和质量检验记录，确保种植的药材符合药品生产原材料的质量规范。

(3) 小结

医药行业的 MES 需求主要源自其行业的生产管理特点以及各个企业的生产实际情况，同时也受到企业管控模式的影响，其管理重心在于严格的质量管理。对生产环境及生产过程的控制及追溯，同时要特别注意对医药行业合规管理的支撑。

3.2.10 烟草行业

(1) 烟草行业生产管理特点

我国烟草行业实行的是"统一领导、垂直管理、专卖专营"的管理体制。由国家烟草专卖局、中国烟草总公司对全国烟草行业"人、财、物、产、供、销、内、外、贸"进行集中统一管理。卷烟、雪茄烟、烟丝、复烤烟叶、烟叶卷烟纸、滤嘴棒、烟用丝束、烟草专用机械等都属于我国烟草专卖品范围。

烟草产业体量庞大，从供应角度来看，烟草产业链由烟草种植、烟叶加工、烟草制品生产和批发零售贸易组成。其中，烟叶加工是烟叶从农产品转变为工业原料的加工过程，包括烘烤、干燥、发酵等，以物理加工为主，生产过程及生产管理较为简单。烟草制品则是指以烟草为主要原料制成的嗜好性消费品，分为燃吸类烟草制品和非燃吸类烟草制品。燃吸类烟草制品包括卷烟、雪茄烟、吸用烟丝等；非燃吸类烟草制品包括无烟气烟草制品和不点燃烟丝的特种卷烟等。

本节以卷烟生产的典型工艺路线为例，分析其生产管理特点。卷烟生产过程是指从原料进入制丝工艺环节到卷包工艺环节结束入库的整个生产流程，包括烟叶初烤、打叶复烤、烟叶发酵、卷烟配方、卷烟制丝、烟支卷制、卷烟包装、卷烟入库等工艺流程，如图 3-8 所示。

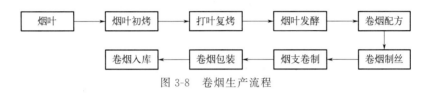

图 3-8　卷烟生产流程

烟叶经过初烤、复烤、发酵后，形成片烟、烟梗、再造烟叶等原材料。制丝工艺环节从原材料进入车间至制成烟丝并储存为止，具体包括片烟预处理、制叶丝、制梗丝、制膨胀丝、白肋烟处理、配比加香和储存等生产工段。制丝的工艺流程长、工序最繁杂，设备种类也最多。卷包工艺环节从烟丝输送、卷接、包装、封装箱到送入成品库为止，具体包括烟丝供应单元、卷接包装工段、封装箱工段、烟用材料供应单元等。卷烟卷制工艺的目的是充分发挥设备效率，将合格的烟丝按照制造规格及质量标准，将卷烟原辅材料制造成滤嘴烟支或无滤嘴烟支。在卷烟厂的卷制生产车间，通常有许多台卷接机组，可以同时完成不同牌号与规格的卷烟卷制生产任务。

卷烟制造企业通常属于资金密集型的大规模生产，从以上工艺流程可以看出，卷烟生产属于流程型生产，工艺过程较长，自动化设备众多，生产中存在多个关键控制环节，关乎产品品质和安全。因此，在卷烟的生产过程中，必须实现生产全过程的有效管控，实现从原材料到成品的质量控制，以及实现对生产设备的有限监控与维护。尽管烟草行业细分存在差异，但总体上烟草行业的生产管理通常存在以下特点：

① 生产资源和产出水平由国家统一管控。由于卷烟产品的特殊性，卷烟的生产严格受控于国家，卷烟生产企业只能将产品卖给烟草公司，卷烟产品要有国家下达的码段才能生产。此外，卷烟生产企业的产量不能超过国家下达的计划，但是生产的品种可自行决定。

② 生产计划制订较复杂。通常卷烟生产企业根据上级公司的计划进行生产，可适当调整各品牌的计划量。由于卷烟的生产提前期长，生产计划制订流程多，销售与预测不准确，卷烟产品多品牌、多型号，因此基于固定提前期的生产管理模式较难适应生产计划的多变性需求，尤其是随着烟草行业的发展，卷烟生产运作模式由按指标组织生产向按订单生产转变，当市场需求变化时可能造成大量的在制品不易处理和生产准备时间紧张的问题。

③ 生产采用大规模连续生产方式。由于卷烟的产量及规模非常大，因此对生产过程中的调度和控制要求十分严格，从制丝、卷接、包装到成品入库的生产过程要求各环节在高速生产的情况下保持稳定可控与连续。

④ 生产工艺过程复杂，生产周期长。卷烟从烟叶的处理到制丝、卷包的全部环节时间跨度可达数年，各环节又包括多个工艺段的生产，由于生产设备不同、工艺路径不同，使得各环节生产方式差别较大，过程复杂，资源调度管理较难。

⑤ 配方管理需求高。卷烟生产中，配方数据管理非常重要，包括各定量配比、各种香料、辅料的准备和添加，以及在生产过程中各生产参数（如润叶的漏度、湿度，切丝的宽度）设置管理等，需要对配方数据进行统一的管理。同时，由于卷烟的原料生产周期长，生产辅料多，且都是专用辅料，各品牌规格之间基本无通用件，并且有版本号的限制，当卷烟生产的品牌型号发生改变时剩余辅料只能报废处理，因此，实现对各类物料及辅料的管控也十分重要。

⑥ 产品质量要求严格。卷烟产品特性决定了卷烟生产过程中对原料、中间产品、产成品的质量管控要求非常严格，批次追踪的要求也非常高。在卷烟生产过程中，如果质量管控不到位，可能发生使用清洁剂、添加剂等与卷烟生产质量要求不符的现象，污染卷烟的生产原料及半成品等，因此需要建立相应的质量管控机制，实现从投料到产出的全过程的质量管控。

⑦ 自动化、信息化应用程度普遍较高。相比其他行业，卷烟生产企业在制丝、卷包等生产车间中，普遍应用了大量自动化设备和工控系统，并且已广泛通过信息化系统辅助生产，ERP系统的实施与应用较为成熟，而MES的实施应用则起步较晚。

⑧ 设备管理要求高。卷烟的生产过程应用有大量的自动化设备，种类繁多且投资巨大，一旦设备停机，将对生产产生极大的影响。因此，该行业设备管理要求非常高，设备维护、检修工作量巨大。

(2) 烟草行业 MES 需求分析

结合卷烟生产企业的生产特点，烟草行业在实施 MES 时，对 MES 的需求主要集中在数据采集、生产管理、数据采集与生产监控、生产工艺与配方管理、质量管理、设备管理与报表分析等方面。

① 数据采集。

实现与自动化设备的集成，采集生产设备运行状态、生产数据、物料消耗数据、设备停机故障数据、产品质量数据、机器性能数据、I/O 状态数据、工艺参数数据、人员行为数据等。

② 生产管理。

生产管理是卷烟生产企业 MES 的核心部分，通过 MES，可以提高对生产过程的控制能力，主要包括生产计划管理、计划排产、生产调度、生产批次跟踪等。

a. 生产计划管理。根据计划体系中下达的工厂年度计划、月度生产计划，分解、编制及下发各个关键生产环节的生产作业工单，并监控计划执行情况。根据生产执行反馈情况，实现计划管理的无缝衔接，形成企业级按订单组织生产的计划体系。

b. 计划排产。基于生产计划，针对不同的约束条件，充分考虑产量、设备能力及运行状况、物料、生产工艺和配方等要素，通过生产计划分解和生产能力平衡测算，自动生成各车间可执行的生产计划，并将计划传输给相应的过程控制系统。同时，通过对生产过程的实时监控，支持一定时间内的计划重排，实现滚动排产。

c. 生产调度。根据车间生产作业计划制定各工序的作业任务，实现任务派发和协同调度等，指导生产，并对生产状态进行跟踪监视，以工单关联生产过程中的产、质、耗及过程工艺等关键信息，为现场管理以及生产进度跟踪提供依据。

d. 生产批次跟踪。基于生产计划，实现对批次的生成、批次的开始、批次在各个工序的跟踪、批次的完成等环节的跟踪，实现对生产执行进度的全面跟踪。通过批次编号与生产过程中的质量、设备、物料等管理有效关联，从而实现批次生产的产品跟踪。

③ 数据采集与生产监控。

通过自动化设备的集成，实现对生产过程、产品质量、设备状态数据采集与在线监控，实时监控各工序生产情况，跟踪制丝、卷包等车间生产计划的进度情况，存储并记录生产现场工艺参数、质量参数、设备参数、物料数据等信息，并对现场采集的数据进行实时过滤、分析和统计。建立预警机制，对过程数据进行抽查，与设定的阈值进行比较，分析该段加工过程是否正常，并建立异常提醒机制，如制丝车间叶丝水分过高时，自动启动生产监控报警系统，以便工作人员及时响应处理。

④ 生产工艺与配方管理。

实现对生产工艺配方的配置和管理，通常工艺配方的管理包括组成成分比例的管理和生产过程重要参数管理。对于卷烟生产来说，配方数据是生产过程的重要生产依据，其管理内容通常包括检查备料情况、生产过程中各定量配比、各种香料、辅料的准备和添加，以及在生产过程中各生产参数（如润叶的温度、湿度，切丝的宽度）设置等。

⑤ 质量管理。

质量管理主要包括质量标准、制丝质量业务、卷包质量业务的管理，通过生产过程质量信息的采集、分析和统计，对不同批次的产品实现质量的控制，将质量控制由事后检验向过程控制转变，实现从投料到产出整个过程的原辅料半成品、成品的正、反向质量追溯，使生产相关各环节数据能够反映成品、半成品、在制品质量实时状态，并实现预警、报警。

⑥ 设备管理。

通过对设备维保的规范化、标准化管理，实现生产过程中设备点检、保养润滑、检维修、设备检查等业务标准化、规范化作业管理。以设备管理绩效评价为主线，构建设备运行指标库，通过数据采集，全面监控设备运行状态，实现对设备的综合评价，建立预防维修的设备管理机制，提高设备的综合效率。

⑦ 报表分析。

根据数据的采集与分析，形成生产数据、计划执行情况、生产效率、物料消耗、质量统计、批次分析等报表，并通过车间大屏进行展示。

(3) 小结

烟草行业 MES 应用的重点及目标主要在于通过实时数据的采集，实现生产调度与指导、生产过程监控、智能化的设备运维、全程可追溯的质量控制，为企业生产决策提供有力支撑，实现烟草生产企业的精细生产，提高工厂快速反应能力。

第4章

MES的系统架构

4.1 MES的管理思想与要素

制造过程管理是制造管理的核心，制造执行系统的目标是能够为企业提供一体化的数字化管理平台，以及 MES 数字化平台的核心系统。通过 MES 与 SCMMS、APS、LIMS（实验室信息管理系统）能源管理系统等协同，使企业的物流、信息流、资金流变得准确高效，实现绿色减排，全面提高质量、降低成本，实现产品生产过程追溯，全方位地执行降本增效的管理方针。

MES 制造执行系统面向业务管理层和车间作业执行层，充分满足以数字化为核心的制造业务管理需求。系统通过生产计划、生产执行、物料管理、质量管理、维修管理、设备管理、数据采集、可视化管理、异常管理等层面的信息化、数字化，实现对制造过程的全面管理。

MES 管的核心是围绕"人、机、料、法、环、测"展开的。通常这六大要素在 MES 中的体现如下：

人：人是工厂的统筹者、执行者，也是监督者，MES 除了有人员的权限管理、班别管理、绩效管理、技能管理、作业管理等之外，还包括对现场的维护和改善。

机：主要是生产过程中的设备和工具，MES 通常对设备的状态、异常、点检、保养、预测性分析、维修及工装工具等进行管理。

料：针对料的管理比较复杂，料通常包括原材料、半成品、产品等，对料的管理包括物料的识别、物料批次追溯、物料消耗与拉动物料的冻结、半成品的加工、产品的生产过程等，还包括针对料的完整的质量管理。

法：在制造执行过程中，MES 需要管控相应的规则和规范，它们可以被称为 MES 的 "法"，不仅包括工艺指导书、标准工序指引生产图纸、生产计划表、产品作业标准、检验标准、各种操作规程，还包括有效期验证、冲突性验证、唯一性验证、漏站及跳站验证预警的规则等。

环：指环境。如一些产品（计算机等高科技产品）对环境的要求很高，通过对工厂车间温度、湿度、防静电等的管理和控制，结合能耗环境系统，可以为制造高品质产品提供保障。

测：主要指测量时采取的方法，以及测量工具、仪器的校准、记录等是否标准、正确。MES 会通过功能模块去管控测量的规则、方式方法及结果等，管控过程与生产过程的质量信息关联。

4.2 MES 的系统集成

MES 系统集成涉及如下几个方面：MES 与 ERP 系统集成、MES 与高级计划与排程（Advanced Planning and Scheduling，APS）系统集成、MES 与决策支持系统（Decision Support System，DSS）集成、MES 与 PLM 系统集成、MES 与质量管理系统（Quality Management System，QMS）集成、MES 与远程计量管理系统（Longdistance Measurement Management System，LMS）集成、MES 与设备管理系统（Equipment Management System，EMS）集成、MES 与仓储管理系统（Warehouse Management System，WMS）集成、MES 与数据采集与应用系统（Data Acquisition and Application System，DAS）集成、MES 与人力资源管理系统（Human Resource Management System，HRMS）集成、MES 与 PCS 系统集成等。

4.2.1 MES 与 ERP 系统集成

ERP（企业资源计划）系统通过使用一个共享的数据库和统一的软件平台，将不同部门（如采购、销售、财务、人力资源等）的数据和业务过程整合在一起。它提供了一个全面的视图，允许企业管理者和员工轻松地共享和获取关键业务信息。

从生产计划的角度看，ERP 在生产计划的前端，MES 在生产计划的后端。ERP 的生产计划一般是以订单为对象制订的无限产能计划。MES 则是以执行为导向，考虑约束条件，生成以生产物料和生产设备为对象的生产排程，即基于时间的有限产能计划。MES 需要得到 ERP 生成的"粗"计划作为其计划的源头和基础。车间任务开工前，MES 需要根据现场任务的进度安排到 ERP 系统中领料；车间任务完成后，MES 需要将完工信息反馈给 ERP 进行入库登记，ERP 自动关联到相应订单并进行完工处理，从而实现计划的闭环控制管理。

车间工作订单信息、物料编码基本信息、产品 BOM 信息、配套加工领料单信息、物资库存及质量信息、配套单据及配套结果等基础信息存储在 ERP 中。车间领料信息、在制品信息、车间完工反馈信息等在生产车间的信息存储在 MES 中。

MES 与 ERP 系统集成主要包括如下功能：

① ERP 系统向 MES 提供车间生产任务数据，作为 MES 排程计划的依据。

② MES 向 ERP 系统提供领料需求及领料请求，以实现系统自动领料。

③ ERP 系统向 MES 提供零件领料的详细信息，使车间及时了解生产准备情况。

④ MES 向 ERP 系统提交完工信息、半成品/成品入库信息，以实现自动入库。

⑤ ERP 系统接收 MES 提供的零部件完工信息后自动反馈到生产计划，使生产管理人员及时掌握车间任务进度。

4.2.2 MES 与 APS 系统集成

APS（高级计划与排程）系统通常被用来制订车间作业计划，是一套基于优化生产原理的生产排程软件，旨在帮助企业有效管理和优化其生产计划和资源利用。

APS 系统利用数学算法和优化技术，结合实时数据和业务规则，以支持企业制订准确、可行的生产计划，并实现最佳的资源分配和调度。它可以考虑多种约束条件，如设备容量、人力资源、原材料供应、交付期限等，以生成最优的生产计划。

对于高级计划与排程系统，最重要的是基础数据的准确及业务管理需求的明确。

APS 系统需要的基础数据如下：

① 物料信息，包括生产提前期、采购提前期、最大/最小库存量、现存量、可用量、在途量、安全库存量、经济批量等。

② BOM，包括 BOM 版本、材料消耗定额、替代件等。

③ 工艺信息，包括工艺路线、替代工序、工序优先级、工序制约关系、工序加工、准备时间、转移时间等。

④ 工作中心信息，包括设备能力、设备效率、替代设备、瓶颈设备等。

MES 输入 APS 的信息包括：

① 生产任务，即 MES 向 APS 系统提供车间的生产任务信息。

② 加工工艺，由 MES 或者其他系统向 APS 系统提供工艺规程上要求的内容，至少包括加工工序、各工序所需要的工装工具及其他物料、各工艺的加工工时和所需工种、所需加工设备组（工作中心），以及图样、加工说明等辅助性内容。

③ 库存数据，即由 MES 或者其他系统向 APS 系统提供制订计划时的物资库存、可用工装工具、刀具库存、近期计划、可用入库等信息。

④ 设备信息，即由 MES 或者设备管理系统向 APS 系统提供可用设备能力、时间模型、设备所属设备组（工作中心）等内容。

⑤ 工人信息，即由 MES 或者人力资源管理系统向 APS 系统提供各工人加工技能、时间模型及所属班组等信息。

APS 系统向 MES 输出的信息包括：

① 排程仿真及结果对比分析。APS 系统引擎内置大量的排程策略，采用不同的排程策略将得到不同的排程结果。因此，要将得到的不同排程结果进行对比分析，方可得到需要的结果。

② 排程结果。准备下达给车间的排程方案可细化到某时某工人在某设备上加工某工序，同时需要配备何种工装工具及刀具，准备哪些物资辅料。比较完备的排程结果还包括该工序的详细制造指令。

4.2.3 MES 与 DSS 集成

DSS（决策支持系统）以应用平台化和场景移动化为原则，以数据资产化为目标，通过对企业过程数据和业务数据的提取和处理，形成宝贵的数据资源库，并通过数据挖掘和优化决策等方法，形成企业有力的工具资源库，最终通过工具资源和数据资源的动态匹配，解决企业运营中的核心关注问题，为企业系统化降本增效提质提供引擎，真正实现以数据驱动高质量发展。

DSS 主要关注数据分析、模型建立和决策推荐，通过对大量数据进行处理和分析，为决策者提供洞察力和决策支持。它可以从多个数据源获取实时生产数据、质量数据和其他相关数据，并利用分析技术进行数据挖掘、预测和模拟，以帮助管理者做出战略性决策和运营决策。

MES 则更专注于生产过程的执行和监控。它与生产设备、机器人、传感器等硬件设施连接，在生产现场实时收集和监控生产数据。MES 可以跟踪物料流动、工艺参数、质量检测等信息，并提供实时的生产状态和报告。它还可以协调和控制生产活动，确保生产计划的执行和生产效率的提高。

MES 与 DSS 的集成可以实现更高级别的生产决策支持和优化。DSS 可以利用 MES 提供的实时数据，结合历史数据和先进的分析模型，进行更准确的预测和决策推荐。同时，DSS 可以将决策结果和指令传递给 MES，以实现实际生产过程的调整和控制。

通过 DSS 与 MES 的集成，制造企业可以更好地应对变化、优化运营，并做出基于数据和分析的决策。这种集成可以提高生产效率、质量和灵活性，帮助企业实现更可持续和竞争力强的制造。

4.2.4　MES 与 PLM 系统集成

PLM 是管理产品数据和产品研发过程的工具，PLM 系统保存了结构化工艺文件数据。MES 和 PLM 系统的集成，需要保障 MES 能够按照产品 BOM 结构和总生产任务的要求展开工艺级别的生产计划进行排产和调度，集成的主要工艺数据包括工艺过程信息（包括各工序）BOM 结构、配料清单等。

PLM 系统向 MES 提供的信息包括产品的加工图样、产品的工艺信息、每道工序的作业指导文件等。MES 收集生产现场各类数据，对后期产品的生产工艺、产品装配指导等进行优化，并反馈至设计部门，进行改型和设计变更。

4.2.5　MES 与 QMS 集成

MES 虽然包括部分质量管理功能，但与 QMS（质量管理系统）的侧重点有所不同。QMS 是为生产提供质量标准，并进行质量标准及相关内容的管理，其重点是针对产品及车间关键点的检查。MES 主要是对车间生产的每个工位、工序进行质量跟踪，其重点是针对每个工位、工序，实时性要求更高。

QMS 向 MES 提供质量标准信息，以实时呈现工位、工序的质量检验结果及合格状况。MES 向 QMS 提供关键点的质量检测结果。

4.2.6　MES 与 LMS 集成

MES 和 LMS（远程计量管理系统）通过以下方式进行集成：

① 数据共享。MES 负责监控和控制生产过程中的各种参数和数据，而 LMS 负责监测和管理计量设备的运行和数据。两个系统通过建立数据接口或使用标准化的数据格式来实现数据的交换和共享。

② 实时通信。为了实现即时的数据传输和命令交互，MES 和 LMS 之间需要建立实时通信机制，可以通过网络连接、消息队列或者 WebSocket 等技术来实现。实时通信确保两个系统之间的数据同步和即时响应。

③ 控制命令传递。当 MES 系统需要操作计量设备时，它可以向 LMS 发送相应的控制命令。这些命令可以包括设备的启动、停止、调整参数等信息。LMS 收到命令后，会执行相应的操作，并将执行结果反馈给 MES。

④ 数据分析与报告。集成后的系统可以对生产过程和计量设备进行综合的

数据分析和报告生成。MES 提供生产过程的数据,而 LMS 提供计量设备的运行数据。通过综合分析这些数据,可以得出生产效率、质量控制等方面的指标,并生成相关报告。

综上所述,MES 和 LMS 可以通过数据共享、实时通信、控制命令传递以及数据分析与报告等方式进行集成,以实现生产过程的优化和自动化管理,并确保计量设备的准确运行和数据采集。

4.2.7　MES 与 EMS 集成

MES 包括部分设备管理功能,但 EMS(设备管理系统)的功能更全面。

EMS 是一种用于监控、管理和维护设备的软件系统。它旨在提高设备的可靠性、可用性和维护效率,以确保生产过程的顺利进行。它可以跟踪设备的状态、维修历史、运行参数等信息,并提供实时的设备监控和报警功能。通过采集设备传感器数据和其他监测手段,EMS 可以检测设备的健康状况、性能指标和故障情况。

EMS 还可以帮助制订设备维护计划和预测设备故障。它可以根据设备的使用情况和维修历史,生成维护任务和工单,并安排维护人员进行维修和保养。此外,EMS 还可以进行设备维修记录的跟踪和分析,以改进维护策略和提高设备的寿命。

EMS 存储设备的基础信息和各类计划信息。设备基础信息主要包括设备台账信息,设备操作、日检、保养、维修规程信息,设备技术精度信息等;计划信息主要包括各类保养计划、维修计划、润滑计划等。

MES 向 EMS 提供的信息主要有作业实施信息、生产调度信息、设备状态信息和设备运行信息。通过对这些信息的统计分析,可以获取设备管理的决策信息,如设备故障频率、设备能力数据等。

4.2.8　MES 与 WMS 集成

WMS 向 MES 传递物料供应商信息、仓库流转信息以及准确精细的仓库库存信息,用以指导 MES 的生产计划及执行;MES 向 WMS 传递生产计划和作业调度,并向 WMS 及时反馈物料耗用及成品下线状况,以指导仓储物流按需配送及成品库存自动统计。

4.2.9　MES 与 DAS 集成

DAS(数据采集与应用系统)是构建透明工厂的基础,是整个 MES 体系的主要数据源。系统以实时数据库技术为核心,通过网关隔离技术,利用

OPC Server 实现对各个产线及部门的数据采集与上传，实现各产线设备状态的监视与分析，覆盖范围涉及生产过程的相关数据。数据采集与应用系统通过外部设备对需要的数据进行数据采集、数据处理、数据控制以及数据管理，进而对各产线生产活动进行综合的一体化管理。在生产过程中，对工艺参数进行采集、检测，为提高产品质量、安全化生产、降低生产成本提供可行的信息支持。

DAS 负责收集生产现场的数据，包括设备状态、工艺参数、质量指标等。采集到的数据需要被传输到 MES 进行处理和分析。可以通过设置适当的网络连接和数据传输规则来确保数据安全和稳定性。

在 MES 中，采集到的原始数据需要进行解析和转换，以满足 MES 的数据格式和要求。将转换后的数据存储到 MES 系统的数据库中，以便后续的分析和应用。

一旦数据存储到 MES 系统中，就可以进行各种数据分析和应用，包括生产过程监控、报表生成、异常检测、质量分析等功能。MES 系统通过对数据进行实时分析和建模，提供生产计划、排程优化和决策支持，帮助企业实现生产过程的可视化和智能化。

基于分析结果，MES 系统可以向生产线发送指令或调整参数，实现对生产过程的实时控制和调节。这可以通过 MES 系统与自动化设备或执行器之间的集成来实现。

MES 与 DAS 的集成是通过数据采集、传输、解析、存储和分析等环节来实现的。这种集成使实时数据能够进入制造执行系统，并在生产过程中发挥作用，从而提供准确的生产信息和智能化的决策支持。

4.2.10　MES 与 HRMS 集成

HRMS（人力资源管理系统）向 MES 提供人员的基本信息、岗位信息、技能信息和技能等级信息等。MES 反馈给人力资源管理系统的信息主要是产线人员的精细化考勤数据和排班数据，以便清晰地了解产线人员的工作状况和技能状况，并为统计分析企业的人员绩效提供基础信息。

4.2.11　MES 与 PCS 集成

MES 向 PCS 提供执行指令，PCS 向 MES 反馈执行结果及 MES 需要实时采集的工艺参数、设备性能参数等。

PCS 或 SCADA 系统将设备编号、设备状态、设备运行参数、任务单号、产成品数、生产过程信息等反馈给 MES。

4.2.12　MES 与 CAPP、PDM 系统集成

CAPP 系统保存了结构化工艺文件数据。CAPP 和 MES 的集成，需要保障 MES 能够按照产品 BOM 结构和总生产任务要求展开工艺级别的生产计划进行排产和调度，集成的主要工艺数据包括工艺过程信息（包括各工序）、BOM 结构配料清单等。

PDM 是管理产品数据和产品研发过程的工具。PDM 系统向 MES 提供的信息包括产品的加工图样、产品的工艺信息、每道工序的作业指导文件等。

MES 收集生产现场各类数据，对后期产品的生产工艺、产品装配指导等进行优化，反馈至设计部门，进行改型、设计变更。

此外，MES 与 CAPP、PDM 三系统之间的集成还包括 CAPP 与 PDM 之间的集成，实现工艺文件在 PDM 中的流程审批和归档管理，即 CAPP 与 PDM 的审批流程统一。

4.2.13　MES 与自动控制系统（SCADA、DNC、PLC）集成

MES 向自动控制系统提供执行指令，自动控制系统向 MES 反馈执行结果及 MES 需要实时采集的工艺参数、设备性能参数等。

PLC、DNC、MDC 等自动控制系统或数据采集与监控系统 SCADA 将设备编号、设备状态、设备运行参数、任务单号、产成品数、生产过程信息等信息反馈给 MES。

4.3　MES 系统框架设计思路

4.3.1　基于改进 C/S 结构的 MES 3 层系统架构

MES 软件系统一般由 3 大部分组成，即用户界面部分、业务逻辑部分和数据存储部分。对于早期的专用 MES 系统，上述 3 大部分是紧密结合、密不可分的；集成化 MES 系统为了保障系统各功能之间的数据集成性，可将数据集中到服务器上实现数据共享，形成了具有两层结构的服务器/客户机（Client-Server，C/S）架构；发展到可集成 MES 阶段，为了实现系统的可集成性与可重构性，分别将 3 大部分独立，并进一步与组件技术相结合，形成了如图 4-1 所示的基于改进 C/S 结构与组件技术的 MES 3 层系统架构。其中，表示层用于界面引导，接收用户输入，并向应用服务器发送服务请求，显示处理结果；业务逻辑层用于执行业务逻辑，向数据库发送请求；数据存储层用于执行数据逻辑，运行 SQL

或存储过程。

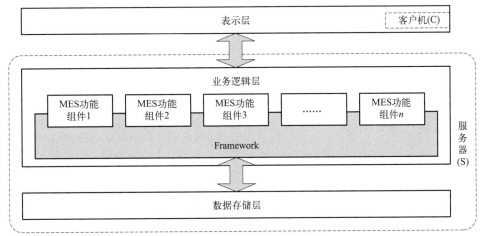

图 4-1　基于改进 C/S 结构与组件技术的 MES 3 层系统架构

上述基于改进 C/S 结构与组件技术的 MES 3 层系统架构的最显著优点是实现了 MES 业务逻辑与表示层的分离，并可实现功能组件的重用，从而大大提高了 MES 系统的开发效率。基于组件技术开发的 MES 具有良好的可配置性、可重用性、可扩展性和可集成性，可以较好地满足现代制造企业对 MES 的需求。但上述 C/S 架构也有其明显的局限性。首先，该系统架构下的 MES 组件是面向功能的，粒度较小，不能实现系统与制造业务的良好对应。其次，MES 系统客户端与服务器端的实现必须采用相同的构件体系，且组件须是同构技术，从而制约了系统自由扩充的实现。再次，基于该系统架构的 MES 系统往往只能部署在局域网中，无法跨网运行，限制了异地制造协同的实现。最后，基于该架构的 MES 系统虽然更新业务逻辑或数据变得容易，不需要在客户端机器上重新安装新版本的用户界面，但是客户端跟业务逻辑的关系仍较紧密，如果表示层软件发生变动，仍需要重新安装客户端。鉴于上述不足，出现了基于浏览器/服务器（Browser/Server，B/S）结构的 MES 分布式系统架构。

4.3.2　基于 B/S 结构的 MES 分布式系统架构

B/S 是 Web 兴起后的一种网络结构模式，Web 浏览器是客户端最主要的应用软件。在某些制造业的生产车间，生产现场条件相对比较恶劣，如果采用 C/S 结构的 MES 系统，对系统硬件的配置要求较高，成本会大幅增加。相比 C/S 结构而言，采用 B/S 结构的 MES 不用像 C/S 结构的 MES 那样在安装和升级时，需要到每个客户端进行客户端配置，只须在服务器上进行一次安装升级即可。在客户端只需浏览器，无需额外的配置，对客户端计算机配置要求低，客户无须再投入资金购买配置高的计算机。这样使得软件的维护和升级较为方便，可实现系统的无缝升级，大大降低了系统的维护成本。此外，由于 B/S 结构操作性强，用户可以在任何一台装有浏览器的主机上使用系统，而不需要专门的客户端软件，克服了传统 C/S 结构安装和维护困难的问题。而且，B/S 结构实现了 C/S 结构不能实现的很多功能，如远程操作和分布式操作等。如此，用户可在外网访问到 MES 系统而不必局限于内网，从而大大提高了办公效率。

基于 B/S 结构的 MES 分布式系统架构如图 4-2 所示。该架构亦由 3 层组成。第一层是表示层，由基于 Web 浏览器的标准客户端和基于专用软件的专业客户端组成，用于实现用户请求与人机对话。第二层是应用逻辑层，由 Web 服务器采用 HTTP（超文本传输协议）处理表示层发送过来的用户请求，由相应的功能组件来实现客户的具体应用要求。在应用逻辑层，MES 的功能组件以软构件的形式集成在系统框架（软总线）中，并通过应用服务器对外提供 MES 应用服务。第三层是数据库层，包括存储历史数据的关系数据库和存储实时数据的实时数据库。该层也可以是一个抽象的数据层，包括各种数据资源、数据库文件、XML 文件以及图标程序文件等。应用逻辑层在执行业务逻辑的过程中，向数据库层发送数据请求，由数据库层执行数据逻辑，运行 SQL 或存储过程。

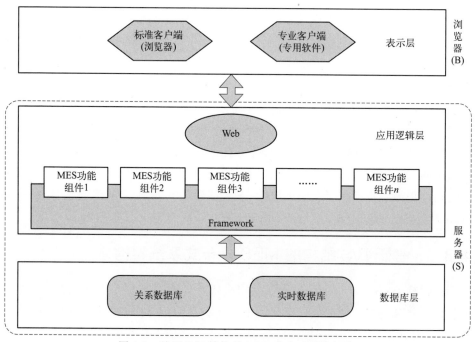

图 4-2 基于 B/S 结构的 MES 分布式系统架构

基于 B/S 结构的 MES 分布式系统架构的特点包括：

① 基于 Web 技术，采用 HTTP 与 HTML，使得表示层得以集中控制，并

使用客户端显示数据、与用户互动，软件变更时只需在服务器上进行一次升级安装即可，而不需要重新安装整个客户端应用软件。

② 允许更灵活地部署表示层、应用逻辑层与数据库层。允许将业务逻辑跨不同服务器分布，将表示层与应用逻辑层混合在一起，或将应用逻辑层与数据库层相结合。

③ 系统可扩展性好。

④ 系统硬件成本低。

⑤ 支持外网访问、远程操作和分布式操作。

B/S 结构存在通信开销较大、安全性差和响应速度慢等不足，但随着互联网技术的高速发展和服务器性能的显著提高，B/S 结构的性能和速度也有了很大改善，使得这种 MES 架构的应用也越来越广泛。

4.3.3 基于 SOA 的 MES 系统架构

SOA（面向服务架构）是一种企业应用体系架构，该架构提供了一种软件系统设计方法和编程模型，使得部署在网络上的服务组件能够通过已经发布和可发现的接口被其他应用程序或服务发现和调用。如图 4-3 所示，SOA 中的服务需求者可以是一个应用程序、一个软件模块或需要服务的另一个服务。它发起对注册中心中服务的查询，通过传输绑定服务，并且执行服务功能。服务使用者根据接口契约来执行服务。服务提供者是一个可通过网络寻址的实体，它接受和执行来自使用者的请求，将自己的服务和接口契约发布到服务注册中心，以便服务使用者可以发现和访问该服务。服务注册中心则是服务发现的支持者，包括一个可用服务的存储库，并允许感兴趣的服务使用者发现和访问该服务。

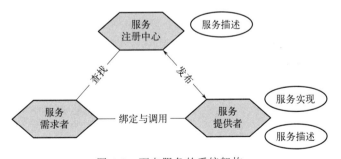

图 4-3 面向服务的系统架构

"服务"是 SOA 中的关键概念，成功实现 SOA 的关键是为可重用库中的每个服务确定正确的设计与功能，且确保可重用的软件服务与业务流程完全一致。SOA 是基于面向对象技术和组件技术之上的更高级别的抽象。基于 SOA 的系统将系统功能打包成一个可互操作的服务套件，这种服务套件可用于多个不同的系统或多个业务领域。服务之间具有松散耦合、粗粒度、位置和传输协议透明等特性。

企业服务总线（ESB）是构建基于 SOA 解决方案时所使用基础架构的关键部分，它是由中间件技术实现并支持 SOA 的一组基础架构功能。简而言之，ESB 提供了连接企业内部及跨企业间新的和现有软件应用程序的功能，它以一组丰富的功能启用管理和监控应用程序之间的交互。在 SOA 分层模型中，ESB 用于组件层以及服务层之间，它能够通过多种通信协议连接并集成不同平台上的组件，将其映射成服务层的服务。

SOA 的实现可以基于 CORBA、Web Services 等技术。目前，Web Services 是实现 SOA 的重要手段，其信息可以被不同形式的客户端所使用。Web Services 是基于网络的、分布式的模块化组件，它执行特定的任务，遵守具体的技术规范，这些规范使得 Web Services 能与其他兼容的组件进行交互操作。Web Services 建立在开放标准和独立于平台的协议之上，通过 HTTP 使用 SOAP（简单对象使用协议）以便在服务提供者和消费者之间进行通信。服务通过 WSDL（Web 服务描述语言）定义的接口来公开，WSDL 的语义用 XML 来定义。UDDI（一种用于描述、发现、集成 Web Service 的技术）是一种与语言无关的协议，用于与注册中心进行交互和查找服务，通过 Web 服务的组合和编排可以实现企业的业务流程。

图 4-4 所示为基于 SOA 的 MES 系统架构。基于 SOA 的架构设计以服务为关注点，在传统的 MES 3 级分层架构模型基础上主要增加了服务层，通过服务化的封装把 MES 系统内部具体的业务逻辑进行屏蔽，仅以服务的形式暴露用户可用的业务活动的集合，从而提高服务及服务内部业务逻辑的重用，通过对粗粒度、松散耦合的服务进行组合和部署就能构造出复杂的系统逻辑。结合 MES 系统功能模块的定义，将 MES 各功能模块封装成系统服务放置于系统应用逻辑层，每个服务均由服务层、业务逻辑层和数据访问层组成。

综上所述，基于 SOA 的 MES 系统架构具有如下特点：

① 服务化。在 SOA 架构下，服务是构建 MES 的基本单元，服务的请求、查找、组合运作是 MES 统的基本运作模式。车间所有制造资源、软硬件条件、制造知识都被封装成服务。车间生产运作或 MES 运行程具体体现为制造服务的匹配、选择、组合、执行、监控和重构。

② 集成化。基于语义 Web 服务，采用基于语义网关的系统集成框架，消除系统之间集成对象在语法结构和语义层面的异构性，实现系统的无缝集成。

③ 功能扩展。MES 系统的应用范围从单一车间扩展为网络环境下多车间制造过程的协同运作管理（支持网络化协同制造）。

④ 开放性。MES 系统的构建基于面向服务技术，服务之间的松散耦合性使系统具有良好的可扩展性，各类制造服务和功能能够方便地按需加入 MES 系统。

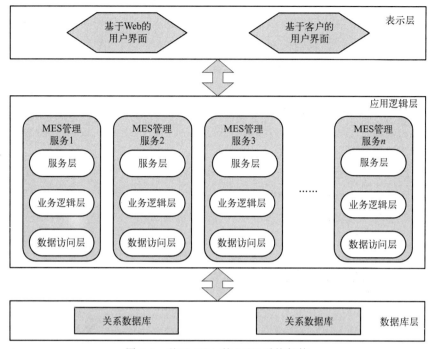

图 4-4 基于 SOA 的 MES 系统架构

基于 SOA 的 MES 系统的物理架构如图 4-5 所示，它描述了系统中软件和硬件的物理架构。

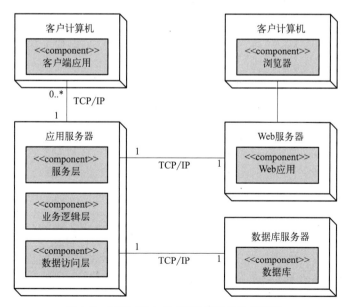

图 4-5 基于 SOA 的 MES 系统的物理架构

① 客户计算机：部署客户端应用程序，提供用户访问系统服务的界面接口，用户通过预装浏览器访问远程服务器上的 Web 应用，或者使用智能客户端应用程序与远程应用服务器进行交互。

② Web 服务器：用于部署 Web 应用或 Web Services。Web 服务器是可以向发出服务请求的浏览器提供文档的程序。当 Web 浏览器（客户端）连接到服务器上并请求文件时，服务器将处理该请求并将文件反馈到该浏览器上，附带的信息会告诉浏览器如何查看该文件（即文件类型）。服务器使用 HTTP 与客户机浏览器进行信息交流。

③ 应用服务器：系统的服务层、业务逻辑层和数据访问层都部署在该节点服务器之上，用于处理核心业务逻辑。

④ 数据库服务器：使用独立的数据服务器部署数据库应用，为系统提供数据的存储功能，保存系统中产生的数据信息。

4.3.4 MES 微服务架构

传统的服务应用的开发方式是将整个服务应用的数据库、接口、页面等进行分层设计、统一开发，然后逐层实现。在这些模块或接口中，只要有一个没有完成开发，那么整个应用系统将无法正常运行。SOA 提出在对软件进行架构设计时，把整个应用服务根据业务细化成多个独立的小服务，即低耦合及面向服务流程的设想。但是在 SOA 的架构中，企业服务总线（ESB）仍处于非常重要的位置，致使各系统的 SOA 架构很难实现完全的面向服务以及完全的组件化，SOA 的应用存在一定的局限性。

微服务架构（Micro-Service Architecture，MSA）是在 2012 年被提出的，其思想本质上和 SOA 是一脉相承的，是 SOA 的变体，只是 MSA 把 SOA 的理念进行了升华。MSA 的核心思想是在系统设计开发阶段将单个应用划分为一系列微小服务来实现系统的所有功能。MSA 是一种云原生架构方法，其中单个应用程序由许多松散耦合且可独立部署的较小组件或服务组成，这些服务通常有自己的堆栈，包括数据库和数据模型，它们通过 REST API、事件流和消息代理的组合相互通信。此外，它们是按业务能力组织的，分隔服务的线通常称为边界上下文。相比于 SOA，MSA 有如下特点：

① MSA 强调去 ESB 去中心化、分布式，所以 MSA 能带来更大的灵活性，为开发系统提供更加轻量级、效率更高的设计模式。SOA 还是以 ESB 为核心，MSA 则使用轻量级协议，如 HTTP、REST 等。在数据存储层面，SOA 是共享数据存储，MSA 则是每个微服务有独立的数据存储。

② 从划分服务粒度来看，MSA 侧重于服务划分的细粒度、可重用性，每种方法都可以成为一个独立的微服务，每个微服务负责明确的任务，并且将处理任

务的结果以轻量级 API 的形式返回外部。相比之下，SOA 对服务的划分没有这么细致，主要是根据 MES 功能来划分服务、减少服务数量、简化服务调用以及服务管理。

③ 在软件开发模式上，SOA 注重共同治理和标准，MSA 则更注重团队协作和自由选择，团队可以为不同的组件使用不同的堆栈，可以更轻松地更新代码。SOA 的目标是最大化应用程序服务的可重用性，重点关注业务功能重用，当系统改变时需要修改程序；MSA 则专注于解耦，更关注边界上下文，系统的改变是创建一个新的服务。MSA 的组件可以彼此独立地进行缩放，从而减少了因必须缩放整个应用程序而产生的成本。

④ 从部署方式上看，MSA 应用 Docker 技术，不依赖于任何服务器和数据模型，是一个可自动化部署的全栈应用，每个微服务都运行在自己的进程里。而 SOA 则通过不同层进行打包，如展现层打包为 war 包、业务层打包为 jar 包等。

MES 微服务架构如图 4-6 所示，主要由表示层、微服务管理层、微服务层和数据库层组成。

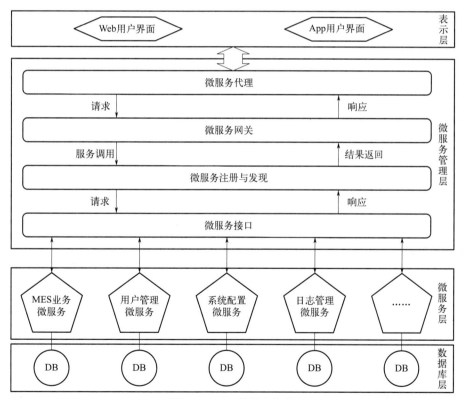

图 4-6 MES 微服务架构

① 微服务层：主要提供 MES 业务功能所需要的所有独立的微服务，包括制

造过程管理微服务(即 MES 各类业务微服务)、用户管理微服务、日志管理微服务等。每个微服务可以有自己的数据库或者多个微服务共用一个数据库。每个微服务需要对外提供轻量级 API 接口。

② 微服务管理层:完成对微服务的管理以及处理逻辑,包括微服务代理、微服务网关、微服务注册与发现、微服务接口等。当微服务启动时,会自动将其信息注册到服务注册表中,如每个服务的 IP 和端口。当微服务客户端表示层发出请求时,将请求发送到微服务网关中,微服务网关读取请求数据,并从服务注册表中获取对应服务的信息(IP 与端口)。最后,微服务网关主动调用下面对应的微服务。

③ 表示层:主要是通过微服务管理层中相应的 MES 业务模块服务代理向微服务端发送请求,经过微服务管理层内部处理后再将请求传递给相应模块服务的服务接口进行 MES 服务端处理,完成后将相应的信息按照相反的顺序依次传递给 MES 客户端,这种传递一般是通过调用 API 来实现的。

相比于传统的单体架构,基于微服务架构的 MES 实现了功能服务化,在系统设计开发、应用与维护等方面具有明显的优势,其设计开发模式是对现有复杂大型单体应用架构以业务为单元进行拆分,每个拆分的微服务应用都可以单独部署和测试,可以采用单独的技术架构、独立的数据存储、独立的开发运营团队支撑,快速以微服务应用为单位进行弹性扩展,通过降低各个业务单元之间的耦合关系来简化开发过程,降低开发成本。此外,MES 微服务架构支持工业云商业新模式,并提供广泛的移动化支持。

4.3.5 基于 MOM 的 MES 设计

制造运营管理(Manufacturing Operation Management,MOM)指通过协调管理企业的人员、设备、物料和能源等资源,把原材料或零件转化为产品的活动。它包含管理那些由物理设备、人和信息系统来执行的行为,并涵盖了管理有关调度、产能、产品定义的信息,以及生产信息、设备信息、相关的资源状况信息的活动。

MOM 由于被部分国际先进企业所采用和实践,逐渐被业界所关注。MES 向 MOM 进行扩展,增加安全管理、能源管理、环境管理、质量管理等一系列功能模块,打造集成软件平台,为全面提升制造企业整体管理体系提供综合解决方案。如今,MOM 已经成为西门子、罗克韦尔等数字化企业战略中不可或缺的重要组成部分。

基于 MOM 架构的 MES 拓展了 MES 的边界,能更好地为智能制造、智能工厂的构建集成化应用平台。

4.3.6 基于 MES 云 + ERP 云的"云·边·端"架构

云端架构是一种灵活、可扩展、高效且安全的架构方式,适用于各种规模和类型的应用程序和业务。近年来,随着云计算等相关技术取得显著发展,在制造业中也开始更多地将管理系统架构于云端,以提高效率,降低成本。

图 4-7 所示是一种基于 MES 云和 ERP 云的"云·边·端"架构。该架构大致分为三层:云端部署层、边缘计算层以及终端设备层,各层之间通过工业物联网络实现连通,并且具备安全防护能力。

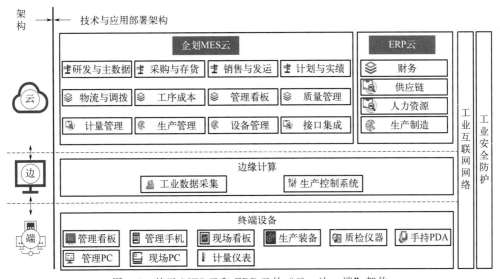

图 4-7 基于 MES 云和 ERP 云的"云·边·端"架构

部署在云端的 MES 云主要包括以下功能:研发与主数据管理、采购与存货管理、销售与发运管理、计划与实绩管理、物流与调拨管理、工序成本管理、可视化看板管理、质量管理、计量管理、生产管理、设备管理、接口集成等功能。通过 MES 云与 ERP 云的集成,MES 云将生产过程中的数据传输到 ERP 系统中,以便企业更好地跟踪和管理生产过程,实现生产计划和物料控制等功能。同时,ERP 云也可以将企业销售订单、库存和财务等信息反馈给 MES 云,以协助生产计划和调度,提高生产效率和产品质量。

在边缘计算层中可以进行工业数据采集并发送往云端,供 MES 和 ERP 进行分析和使用,同时接收来自云端的指令对生产过程进行控制。

终端设备层包含各类接入工业互联网络的设备,除生产设备、质检设备及各种计量仪表之外,也包含现场看板、管理看板、管理手机/PC、手持 PDA(掌上电脑)等用于接收云端信息以及向云端发送指令的设备。

第 5 章

MES的功能模块

根据现行国家标准 GB/T 25485—2010《工业自动化系统与集成 制造执行系统功能体系结构》的相关描述与规定，图 5-1 详细描述了制造执行系统的功能体系结构模型。

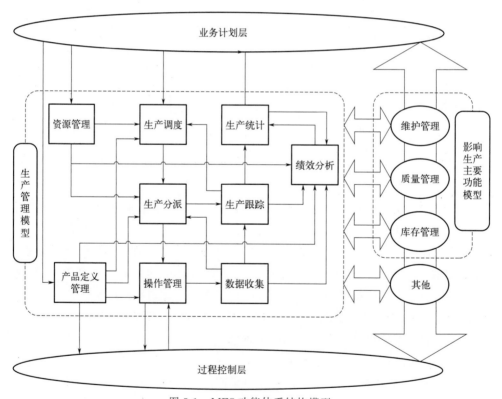

图 5-1　MES 功能体系结构模型

该模型定义了 MES 的基本功能体系结构，以"生产管理"为中心，对制造执行层进行了功能结构的划分，给出了制造执行层内部的主要功能以及功能之间传递的信息流，具体划分为以下三部分模型。

生产管理模型（图 5-1 中左侧虚线框内表示的部分）：是制造执行系统的核心部分。它又进一步细分为 9 个相对独立的子功能，分别是产品定义管理、资源管理、生产调度、生产分派、操作管理、数据采集、生产跟踪、绩效分析、生产统计。同时，本模型给出了这 9 个子功能间的信息交互关系，以及特定功能模块与上层业务计划层和下层过程控制层之间的信息交互，明确地定义了信息流的走向。

影响生产的主要功能模型（图 5-1 中右侧虚线框内表示的部分）：定义了维护管理、质量管理、库存管理。它们都是制造类企业的制造执行层中必不可少的组成部分，它们对制造类企业的生产运行会产生极为重要的影响，有时甚至是决定性的影响。本模型通过信息流的定义来表达它们之间，及它们与生产之间的相互影响关系。

影响生产的其他功能模型（图 5-1 中制造执行层中的右下方）：它们并不是对所有的制造类企业都是必需的，但是有时它们对生产也将会产生非常重要的影响，或是可以对生产的管理提供非常有益的帮助。同时，对于不同的行业和不同企业的实际情况，功能扩展也将会有所区别。

5.1 生产管理模型

5.1.1 生产管理概述

"生产管理"可定义为一组满足成本、质量、数量、安全性和实时性要求的活动，这组活动对关于利用原材料、能源、设备、人员和信息来制造产品的诸多功能进行协调、指导、管理和跟踪。包括：

① 收集和保存关于产品、库存、人力、原材料剩余部分和能源使用的数据。

② 实现必需的人员管理功能，如工作时期统计表（时间、任务等）、休假时间表、劳动强度统计表、工艺路线的进展，以及内部培训和人员资格认证。

③ 为所辖区域内的维护、运输，以及其他与生产有关的请求建立及时的详细生产调度。

④ 在完成业务计划层制定的生产调度的同时，对个别产品区域进行本地成本优化。

⑤ 在职责范围内，修改生产调度，来补偿可能发生的生产中断行为。

⑥ 提交含可变制造成本的生产报告。

⑦ 按工程功能的要求进行数据采集和离线分析，包括基于统计学的质量分

析以及相关控制功能。

图 5-2 详细描述了生产管理内部的 9 个子功能，并给出了各功能之间，以及特定功能模块与上层业务计划层和下层过程控制层之间传递的信息流，对应图 5-1 中左侧虚线框内所表示的部分，是制造执行系统的核心。

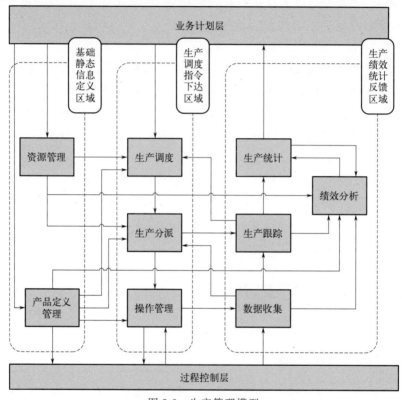

图 5-2　生产管理模型

图 5-2 中的三个虚线框表示了三个不同性质的区域。通过这三个区域的功能划分，可使生产管理模型形成一个完整的逻辑闭环，从而可以有效控制整个生产运行的全过程。这三个区域分别是：

① 基础静态信息定义区域：包括产品定义管理模块和资源管理模块，主要功能是管理企业生产运行过程中必备的产品定义类信息和基础资源类信息。如：产品生产规则（含 SOP、SOC 等）的确定与维护；生产方案、资源清单及物料清单的定义与维护；人员、设备和物料等基础信息的定义与维护；企业产能利用情况的信息管理等。

② 生产调度指令下达区域：包括生产调度模块、生产分派模块和操作管理模块。主要功能是将业务计划层传递下来的生产计划调度信息通过生产调度模块细化为详细生产计划调度信息，再经生产分派模块转化为生产分派清单，最后经

过操作管理模块转化为操作命令下达给过程控制层，从而指导实际的生产运行过程。

③ 生产绩效统计反馈区域：包括数据采集模块、生产跟踪模块、绩效分析模块以及生产统计模块。主要功能是将过程控制层中的生产和资源的过程数据通过数据采集模块采集上来，传递给生产跟踪模块和绩效分析模块进行跟踪、分析和处理，再将处理好的数据传递给生产统计模块，最终整理成为生产绩效统计信息反馈给业务计划层。

5.1.2 MES 中的生产管理功能

(1) MES 中的产品定义管理功能

产品定义管理定义为：制造执行层中管理所有关于制造所必需的产品信息的功能模块，包括产品生产规则。

产品生产规则、物料清单和资源清单共享产品定义信息。产品生产规则包含了用于指导制造工人如何生产产品的信息。在具体企业中，这可被称为通用配方、现场配方或主配方，是标准运行程序（SOP）、标准运行条件（SOC）、生产路线安排或基于生产策略使用的集中步骤。产品定义信息的制定使制造执行层的其他功能和过程控制层的功能按要求实现。

产品定义管理包含产品生产规则分配的管理。生产规则的某些部分可能存在于过程控制层设备中。在某种情形下，为了避免影响生产，此类信息的下载可以与其他功能相配合。当下载的是某操作管理活动的一部分时，这类信息可以是操作指令的一个部分。

如图 5-3 所示，产品定义管理模块的信息流传递包括：

① 产品定义信息：由上层的业务计划层传递给产品定义管理模块的信息。

② 设备和过程的生产规则：由产品定义管理模块传递给过程控制层的信息。

③ 产品生产规则和生产路线：由产品定义管理模块分别传递给生产调度、生产分派和操作管理模块的信息。

④ 生产 KPI 定义：由产品定义管理模块传递给绩效分析模块的信息。

产品定义管理的任务包括：

① 管理文档，如制造说明书、配方、产品结构图、制造清单和产品变量定义。

② 新产品定义的管理。

③ 产品定义变化的管理，包括路线设计和制造清单在批准过程中的可修改性、翻译管理、跟踪修改和信息的安全性控制。

④ 向工作人员或其他活动提供产品生产规则。

⑤ 制造步骤、主要配方、机器设置规则和过程流程图的形式。

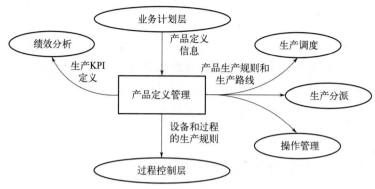

图 5-3　产品定义管理模块的信息流交互

⑥ 维持产品可行而详细的生产安排。

⑦ 在制造运行必需的细节上为制造运行提供产品的分割路线。

⑧ 在业务运行必需的细节上对产品定义管理的信息与业务计划层的功能之间的交流进行管理。

⑨ 基于过程分析和生产绩效分析的产品生产规则的优化。

⑩ 生成和维持与产品间接相关的本地生产规则集，如清洁、启动和关闭。

⑪ 与产品和生产有关的关键性能指示器的管理。

（2）MES 中的资源管理功能

资源管理定义为：一系列有关生产运行所必需的信息的资源管理的活动。这些资源包括机器、工具、劳动力（经过专门技术培训）、原料和能源。对这些资源进行直接控制是为了满足完成其他活动的生产要求，如生产分配和生产执行管理。

资源信息的管理可以由计算机系统完成，但也可能部分或完全由手工替代。

资源管理可以包含为未来使用的本地资源预留系统的信息管理。每种重要资源的管理应该有独立的预留系统。每种资源都有独立的活动，或者一批资源有相互结合的活动。在某些特定时期，资源信息必须为特定资源维持和提供承担的、可利用的、难以达到的活动信息。

如图 5-4 所示，资源管理模块的信息流传递包括：

① 生产能力信息：由上层的业务计划层传递给资源管理模块的信息。

② 资源能力信息：由资源管理模块传递给生产调度模块的信息。

③ 资源可用性信息：由资源管理模块分别传递给生产分派和绩效分析模块的信息。

资源管理的任务包括：

① 提供人员、物料和设备资源的定义，这些信息以需求量或详细进度表的形式提供给人、应用软件或其他活动。

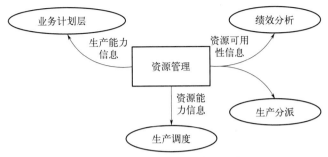

图 5-4　资源管理模块的信息流传递

② 提供关于资源（物料、设备、人员）能力（承担的、可利用的、难以达到的）的信息，这些信息基于当前状况、未来预留和未来需求（生产计划和详细生产调度中确定的），并且针对不同的资源、不同的时间范围和过程，包括当前产品消耗损失的账目平衡，以需求量或详细进度表的形式提供给人、应用软件或其他活动。

③ 确保获得的资源满足未来操作能力的启动。

④ 确保分配任务的设备是可用的；工作许可证是合适的；分配的人员是接受过培训的。

⑤ 提供资源所在地和分配给生产的资源所在地的信息。

⑥ 收集人员、设备和物料资源的当前信息，以及资源产能和能力的信息。基于事件、需求量和既定进度表收集，也可从设备、人和应用软件中收集。

⑦ 收集未来需求，如从生产计划、当前生产、维护时间表或者休假表收集。

⑧ 维护人员资格测试结果的信息。

⑨ 维护设备能力测试结果的信息。

⑩ 未来使用资源的预留管理。

(3) MES 中的生产调度功能

生产调度定义为：一组满足生产要求的生产路线安排和最佳利用本地资源的活动。它基于业务计划层中生产计划的要求、产品定义信息和资源能力信息，来解决生产的约束性和可用性；同时利用生产跟踪模块的信息来解决过程中的实际工作。包括对最少设备设置或清洗的要求进行排序，对设备最佳利用要求的协调，以及由于批量和有限产率所引起的拆分请求。生产调度会考虑本地资源的情况和可用性。

如图 5-5 所示，生产调度模块的信息流传递包括：

① 生产计划调度信息：由上层的业务计划层传递给生产调度模块的信息。

② 产品生产规则和生产路线：由产品定义管理模块传递给生产调度模块的信息。

③ 资源能力信息：由资源管理模块传递给生产调度模块的信息。

④ 在制品信息和工作完成信息：由生产跟踪模块传递给生产调度模块的信息。

⑤ 详细生产调度：由生产调度模块传递给生产分派模块的信息。

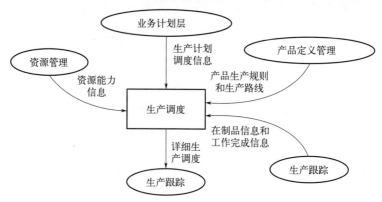

图 5-5　生产调度模块的信息流交互

生产调度的任务包括：

① 创建和维护详细的生产进度表。

② 生产实际与生产计划的比较。

③ 确定生产资源管理功能使用的每项资源的可靠性。

④ 从维护管理、质量管理和库存管理获取信息。

⑤ 执行假设分析仿真。包括：为业务计划层提出的生产计划要求计算产品交货期和最终完成时间；为每个周期确定资源瓶颈；以及保证未来生产的可用时间。

⑥ 处理突发异常事件。比如设备损耗、劳动力资源改变、原料物性变化，生产调度需要重新进行计算、修改生产进度表。

(4) MES 中的生产分派功能

生产分派定义为：一组管理把生产任务分派给设备和人员的生产流的活动。

如图 5-6 所示，生产分派模块的信息流传递包括：

① 详细生产调度：由生产调度模块传递给生产分派模块的信息。

② 产品生产规则和生产路线：由产品定义管理模块传递给生产分派模块的信息。

③ 资源可用性信息：由资源管理模块传递给生产分派模块的信息。

④ 实际生产和设备状况：由数据采集模块传递给生产分派模块的信息。

⑤ 生产分派清单：由生产分派模块传递给操作管理模块的信息。

⑥ 生产和资源的分派清单：由生产分派模块传递给生产跟踪模块的信息。

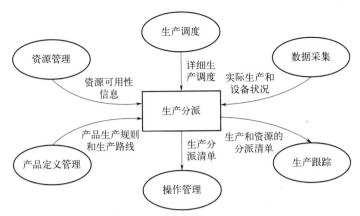

图 5-6　生产分派模块的信息流交互

- 生产分派的任务包括：

① 按照生产进度表发送生产的工作顺序。

② 分配本地资源，这些没有被确定为生产调度的一部分。

③ 发布本地资源，来开始工序。

④ 处理生产调度中未预知的情形，可以包括管理工作流程和缓冲中的判断。这些信息必须与维护管理、质量管理、库存管理，以及生产资源管理相一致。

⑤ 维持工序状况。

⑥ 确保在调度下的过程制约和调整来满足生产。发生在调度创建之后，元素执行之前。

⑦ 当突发的异常事件导致无法满足调度要求时，及时通知生产调度。

⑧ 从质量管理模块获取信息，以显示可能与调度事件有关的未曾预料的情形。

⑨ 从资源管理模块获取关于与预定事件有关的不曾预料的未来资源可用性的信息。

⑩ 发送或创建可用的生产分派名单来指明将要执行的生产活动。

(5) MES 中的操作管理功能

操作管理定义为：一组指导生产执行的活动，对应生产分派名单所列出的内容。操作管理的活动包括：通过产品生产的操作次序的合理安排，来选择、启动和移动工作单元（如批次、子批次，或批量）。实际的操作工作（手工或自动）则是过程控制层的一部分。

操作管理可以使用来自先前的生产运转、生产跟踪所捕获的信息，来进行本地最优化和提高效率。操作管理的活动通常包括在某个地点或区域的手动和自动过程的协调，通常需要自动控制设备效率，具有良好的信息交互通道。

如图 5-7 所示，操作管理模块的信息流传递包括：

① 生产分派清单：由生产分派模块传递给操作管理模块的信息。

② 产品生产规则和生产路线：由产品定义管理模块传递给操作管理模块的信息。

③ 操作命令：由操作管理模块传递给下层的过程控制层的信息。

④ 操作响应：由下层的过程控制层传递给操作管理模块的信息。

⑤ 生产信息和生产事件：由操作管理模块传递给数据采集模块的信息。

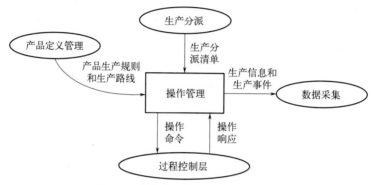

图 5-7　操作管理模块的信息流交互

操作管理的任务包括：

① 指导生产操作的执行，以及过程控制层中活动的初始化。

② 确保生产中使用的是恰当的资源（设备、物料和人员）。

③ 确认操作是按照公认的质量标准执行的，包括从质量管理活动获取信息。

④ 确保资源对于分配的任务是有效的。

⑤ 在当前控制运行时间下分配资源。

⑥ 当突发的异常事件使得不能满足工作要求时，通知其他的活动。

⑦ 从资源管理模块获取关于无法预料的未来资源可用性的信息。

⑧ 为生产操作提供生产信息和事件，如定时、出产、劳动力和物料的使用、运转启动，以及运转完成。

（6）MES 中的数据采集功能

数据采集定义为：一系列为特定工作过程或特定生产要求采集、编辑和管理生产数据的活动。制造执行系统主要处理诸如数量（重量、单位等）和有关参数（比率、温度等）的过程信息，以及诸如控制器、传感器和执行器状态的设备信息。处理的信息包括传感器读取、设备状态、事件数据、操作员登录数据、交互数据、操作行动、消息、模型计算结果，以及其他产品制造的重要信息。数据采集是基于固定时间或事件的，按时间或事件添加数据把收集的信息联系起来。

如图 5-8 所示，数据采集模块的信息流传递包括：

① 设备和过程数据：由下层的过程控制层传递给数据采集模块的信息。
② 生产信息和生产事件：由操作管理模块传递给数据采集模块的信息。
③ 生产和资源历史数据：由数据采集模块分别传递给生产跟踪模块和绩效分析模块的信息。
④ 实际生产和设备状况：由数据采集模块传递给生产分派模块的信息。

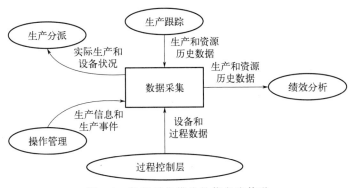

图 5-8　数据采集模块的信息流传递

数据采集的任务包括：

① 采集、恢复及存储那些与生产请求的执行或者设备的使用情况有关的信息，也包括生产人员加入的信息。

② 向基础过程或生产线管理系统、实验室信息管理系统，以及生产管理系统提供接口，来实现信息的自动收集。

③ 提供关于生产数据的报告。

④ 为本地生产过程和生产分析，以及向上层系统报告进行信息维护。

⑤ 为产品跟踪的实现，以及保证跟踪能力，如跟踪产品特定的物料、设备和操作者，进行跟踪的信息维护。

⑥ 提供顺从监控和管理功能报警（事件日志和时间序列）。

⑦ 为规范比较提供收集的产品质量信息。

(7) MES 中的生产跟踪功能

生产跟踪定义为：一系列根据生产和资源的历史数据跟踪生产过程的活动。它向生产调度模块提供信息，使得生产调度可以根据当前情况进行更新；同时，它也向生产统计模块提供产品生产过程中详细的人员设备的实际使用情况、物料的消耗、物料的生产等信息。

如图 5-9 所示，生产跟踪模块的信息流传递包括：

① 生产和资源历史数据：由数据采集模块传递给生产跟踪模块的信息。

② 生产和资源的分派清单：由生产分派模块传递给生产跟踪模块的信息。

③ 质量和绩效数据：由生产跟踪模块传递给绩效分析模块的信息。

④ 在制品信息和工作完成信息：由生产跟踪模块传递给生产调度模块的信息。

⑤ 生产物料和消耗品信息：由生产跟踪模块传递给生产统计模块的信息。

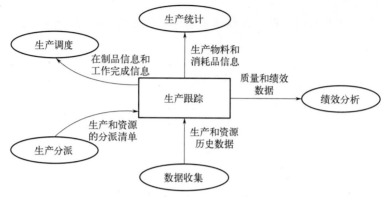

图 5-9　生产跟踪模块的信息流传递

生产跟踪的任务包括：

① 通过维持特定时期内每个容器中物料的描述，以及跟踪生产区域内所有物料的路径，来追溯生产装置的物料移动。

② 记录移动的启动和终止，采集关于批次和分批次的数量和位置的更新信息。

③ 从数据采集和绩效分析获取信息。例如，一组关于生产物料消耗的信息（产品跟踪和追溯的重要组成部分）；一组关于生产过程中生产装置的运行环境状况的信息。

④ 把过程事件，包括生产和物料移动事件，转换为产品信息。

⑤ 为跟踪（记录）和追溯（分析）提供信息。

⑥ 产生生产物料和消耗品的信息。

⑦ 产生关于生产过程的报告。包括调整或质量管理所要求的报告。

某企业生产进程跟踪查询界面如图 5-10 所示。

(8) MES 中的绩效分析功能

绩效分析定义为：一系列为业务系统分析和汇报绩效信息的活动。包括对装置生产周期、资源利用、设备使用、设备性能、程序效率以及生产可变性等信息的分析。

这些分析可被用于完善关键绩效指标（KPI）报告，以及进行生产和资源利用的最优化。这些信息可以按计划提供，可以在生产运行结束或批次结束时提供，或者依据需求提供。绩效分析的过程是在线的。一旦优化开始，并且强制实施约束，其他系统约束就会产生。另外，市场条件和产品组合的变更可能会引起

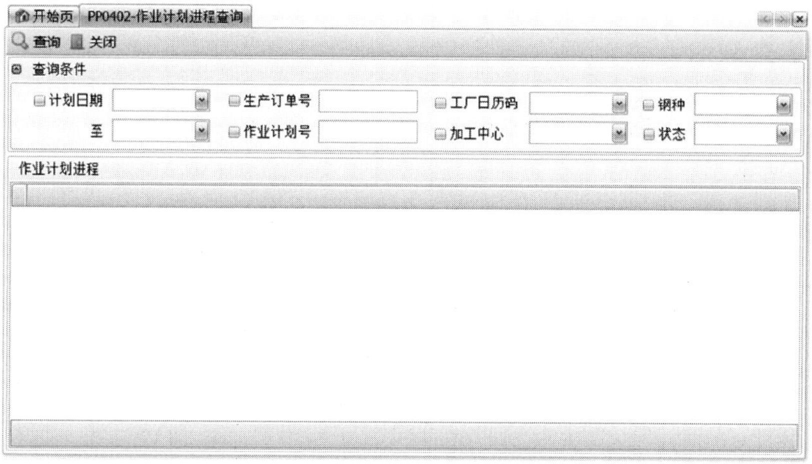

图 5-10　某企业生产进程跟踪查询界面

优化标准和系统约束的改变。在多变的环境里，绩效分析活动有规律地重新检查当前的产量、政策及预期情形，使系统的生产量最大化。

如图 5-11 所示，绩效分析模块的信息流传递包括：

① 生产 KPI 定义：由产品定义管理模块传递给绩效分析模块的信息。
② 资源可用性信息：由资源管理模块传递给绩效分析模块的信息。
③ 生产和资源历史数据：由数据采集模块传递给绩效分析模块的信息。
④ 统计信息：由生产统计模块传递给绩效分析模块的信息。
⑤ 质量和绩效数据：由生产跟踪模块传递给绩效分析模块的信息。同时，经绩效分析模块处理后，再传递给生产统计模块。

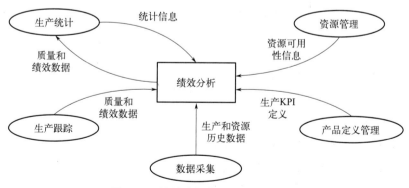

图 5-11　绩效分析模块的信息流传递

绩效分析的任务包括：
① 评估产能和质量的约束力。
② 执行决定产能所必需的性能测试。

③ 不同生产线之间的比较；与制造平均水平的比较，或者与目标运行要求的比较。

④ 一个运转与另一个的比较和对比。

⑤ 生产运转与公认的"最佳运转"的比较。

⑥ 找出"最佳运转"不同寻常的原因。

⑦ 运转与定义的"最佳运转"的比较。

⑧ 基于连续过程改进的分析结果，改变过程和程序。

⑨ 根据当前和过去的绩效，预测生产运转的结果，包括生成生产指标。

(9) MES中的生产统计功能

生产统计定义为：一系列为业务计划层作出生产响应准备的活动。包括总结和汇报关于产品生产过程中人员和设备的实际使用情况、物料消耗、物料生产，以及其他诸如成本和绩效分析结果的有关生产数据的信息。

如图 5-12 所示，生产统计模块的信息流传递包括：

① 生产物料和消耗品信息：由生产跟踪模块传递给生产统计模块的信息。

② 质量和绩效数据：由绩效分析模块传递给生产统计模块的信息。

③ 生产绩效统计信息：由生产统计模块传递给上层的业务计划层的信息。

④ 统计数据：由生产统计模块传递给绩效分析模块的信息。

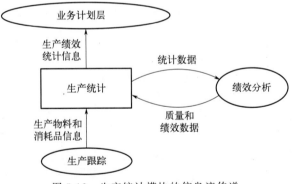

图 5-12 生产统计模块的信息流传递

生产统计的任务包括：

① 收集、汇总详细生产跟踪的数据。

② 将详细生产跟踪数据转换为物料分类汇总信息。

③ 对生产物料进行投入产出平衡统计。

④ 为生产绩效提供物料统计平衡的信息。

⑤ 产生关于生产物料的报告。

⑥ 产生生产装置绩效与生产成本的报告。

5.2 影响生产的主要功能模型

对于制造类企业的制造运行过程,维护管理、质量管理、库存管理是必不可少的组成部分,它们对生产将会产生极为重要的影响,有时甚至是决定性的影响。

5.2.1 MES 中的维护管理功能

维护管理可以定义为一组协调、指导和跟踪设备、工具及相关资产的维护功能的活动,该功能保证了设备、工具及相关资产的制造可用性,并且保证反应性的、周期性的、预防性的,或者先发性的维护调度得以顺利执行。维护管理支持以下 4 个主要的维护类别:

① 提供设备故障响应的维护。
② 基于时间或周期的循环维护的调度和实施。
③ 提供基于状态的维护,源于从设备或从设备推断获得的信息。
④ 资源运行绩效和效率的优化。

维护管理的主要功能包括:

① 提供纠正性的、预防性的和基于状态的维护。
② 向预期故障,包括设备自检和诊断活动,提供设备监测功能。
③ 生成维护成本和绩效的报告。
④ 协调和监测已指定的维护工作。
⑤ 监督维护请求。
⑥ 维护完成报告,包括配件的使用、维护工作,以及维护成本。
⑦ 与操作员和生产装置管理人员协调既定工作。
⑧ 做出生产设备的绩效证明。
⑨ 支持产品转变需求,包括设备的变更。
⑩ 监测和更新维护历史文档。

某企业的维护管理界面如图 5-13 所示。

5.2.2 MES 中的质量管理功能

质量管理定义为协调、指导和跟踪质量测量和报告的功能的活动集合。广义的质量管理同时包括质量操作和那些以保证中间和最终产品质量为目的的操作管理。MES 通过采集车间生产过程信息,跟踪、分析和控制加工过程的质量,实现从原材料入车间到成品出车间的制造全过程的质量管理。

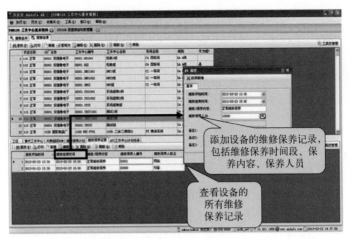

图 5-13　某企业的维护管理界面

从产品研制、生产的质量信息流动的纵向来看,在生产过程中质量管理分为三层,即决策层、管理层、执行层。其中,决策层制定质量管理的相应标准和执行规范,管理层负责监督产品生产过程的质量管理条例的执行情况,执行层负责产品加工、生产、装配、调试及交付等过程中对质量管理条例的贯穿和执行。从横向来看,要实现从总体单位设计任务书输入到产品交付的售后服务的全生命周期的质量管理。在此结构中,下一层接受上一层下达的计划和执行标准、规范,对出现的现实问题进行反馈,并向上一层反馈质量信息,实现对质量管理标准和规范的持续改进。

(1) 质量管理所需采取的措施

1) 生产过程的质量管理措施

① 强化标准化组织生产。标准化工作是质量管理的重要前提,是实现管理规范化的需要。在产品生产过程中,对于军用标准、企业标准中的规定需要按标准执行,对于标准中禁限用工艺,必须按要求强制要求车间工人禁用。

② 加强质量检验机制。质量检验指在生产过程中需要对原材料、元器件、组件、半成品等进行检验、鉴别、分选,并剔除不合格品;在产品装配过程中,需要对产品的外观、静电电气性能等进行合格性检验,确保每次装配工序完成后的产品均合格,防止不合格工序流向下道工序,导致产品故障排查难度加大。质量检验机制的严格把关,保证了不合格的原材料不投产,不合格的半成品不转入下道工序,不合格的产品不出厂。

③ 合理运用质量管理工具。产品在研制、生产过程中,需要借助一系列仿真工具和数据记录、统计工具,使用可视化工具对产品生产中元器件的检验参数、产品调试参数等数据进行可视化呈现。通过可视化工具对生产过程中的人

员、机器、原料、方法、环境进行实时监控，当出现异常情况时，可以在短时间内对出现的异常点进行整改。

2）元器件质量管控

适用于产品元器件全寿命周期的各阶段，包括方案论证阶段、工程研制阶段、定型阶段、售后使用阶段，应满足其功能、性能、环境适应性、安全性、质量与可靠性要求。在生产过程中，元器件质量管控工作主要包括元器件采购、监制、验收、复验、补充筛选。

3）生产过程的质量保证措施

① 严格贯彻执行工艺规程，保证工艺质量。组织技术检验，把好工序质量关，实行全面质量管理。

② 全面、准确、及时地掌握制造过程中各环节的质量现状和发展动态。

③ 加强不合格品管理。不合格品管理工作要做到三个"不放过"，即没有找到责任和原因不放过，没有找到防患措施不放过，当事人没有受到教育不放过，强化制造过程的各工序检测。

4）产品质量数据管理及分析

根据产品生产过程中的质量数据进行采集、记录存储，并使用合理的分析工具对数据进行分析，将元器件检验、产品生产、装配、调试、交付及售后的数据进行采集，形成完整的产品质量数据，为产品再生产、产品衍生型号的研发等提供数据支撑。

（2）质量管理模块

质量管理模块的主要功能包括：

① 测试和检验物料质量（原料、成品和中间产品）。

② 测量和报告设备能力以满足质量目标。

③ 保证产品质量。

④ 设置质量标准。

⑤ 设置人员资格和培训质量标准。

⑥ 设置质量的控制标准。

1）质量测试管理

质量测试管理是质量管理的一个必需的部分。其主要功能包括：

① 原料评价：

a. 在与设置标准一致的情况下，以利用为目的测试原料的引入和批准；

b. 为质量控制分析收集和维持质量控制文件数据；

c. 测试过程中未消耗的物料，如催化剂。

② 产品评价：

a. 中间和最终产品测试以及分类报告结果；

b. 为质量控制分析收集和维持质量控制文件数据；

c. 与顾客要求核对产品数据来保证出货前的质量；

d. 使用在线过程分析，基于过程数据实现产品的实时释放或部署。

③ 分类和证明测试：

a. 在与设置标准一致的情况下进行成品质量和道具的分类；

b. 汇报完成的产品库存控制的 QA 结果和分类；

c. 保证产品按标准过程条件生产；

d. 使用在线过程分析核对过程一致性。

④ QA 认证：

a. 与标准核对样本结果；

b. 利用统计学质量控制方法进行测试分析；

c. 维持每个连续质量控制研究核对过的项目的质量统计。

⑤ 实验和自动分析：

a. 指导样本产品公制的、化学的和物理的测试，为进行中的质量控制测试获取数据；

b. 向分析设备和质量控制系统传递测试数据来保证产品的未来质量；

c. 基于在线模型推断物料属性。

2) 质量测试方式

质量管理的一个重要方面是测试和检查。测试的一些方式包括：

① 物料、供应商、设备或其他资源的测试：以确定使用的资源满足定义的质量要求。

② 环境测试：用于核对环境和生产对环境的影响。例如，装备或消耗品（如水或溶剂）的污染；生产设备里的空气或排放物的污染。

③ 参考分析测试：由发送到不同实验室的已知样品组成，以核对特定实验室里的绩效。

④ 资产可靠性测试：预防性的维护测试指导提供产品和过程的一致性。

3) 质量测试时间地点

测试可以发生在制造过程的不同时间和地点。例如：

① 在线测试：在线测试是操作管理的一部分，其中测试设备是过程的一部分。

② 半在线测试：半在线测试时，测试物料离开生产运转，但测试在生产线上执行。

③ 离线测试：离线测试时，测试离开操作管理，在实验室里进行。

4) 质量测试支持工具

针对不同的企业，有不同类型的工具支持质量管理。典型的包括实验室信息管理系统（LIMS）、历史信息系统、批管理系统、SPC（统计过程控制）或 SQC（统计质量控制）系统，或者 OEE（全局设备效率）。

某企业的质量测试方案定义界面如图 5-14 所示，质量测试计划编制界面如图 5-15 所示。

图 5-14　某企业质量测试方案定义界面

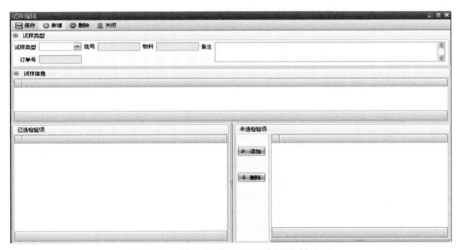

图 5-15　某企业质量测试计划编制界面

5.2.3　MES 中的库存管理功能

库存管理可以定义为制造设施在企业生产运行过程中协调、指导、管理、跟踪库存和物料移动的活动。

库存管理的主要功能包括：
① 管理和跟踪产品和物料的库存。
② 履行周期性和按要求的库存周期计算。

③ 管理工作中心之间物料的移动。
④ 测量和报告库存和物料的移动能力。
⑤ 协调和控制物料移动中利用的人员和设备。
⑥ 指导和监测物料与生产管理、质量管理或维护管理之间的进出传递。
⑦ 生产管理活动汇报库存。
⑧ 追溯原料在贮藏库的进出。
⑨ 确定拆包调度。
⑩ 运输和监控贮藏库中物料的移动。

5.3 基础功能模块的具体化延伸

前两节介绍了制造执行系统中主要的功能模块，本节将分别介绍隶属于各主要功能模块之下的更加具体的一些功能模块，以便读者对制造执行系统的功能有更全面深入的了解。

5.3.1 MES中的设备管理功能

(1) 设备管理的含义与重要性

设备管理以设备为研究对象，以提高设备综合效率、追求设备使用寿命周期费用经济、实现企业生产经营目标为目的，运用现代科学技术、管理理论和管理方法对设备使用寿命周期的全过程，从技术、经济、管理等方面进行综合研究和科学管理。

随着智能制造的不断发展，人们对工业自动化程度的要求也越来越高，设备向多元化、高速化、大型化、自动化及智能化发展。2004年，欧洲维修国际会议指出，21世纪的企业是设备依赖型企业，即现代化企业的计划、生产、质量、技术、财务等方面的管理和企业效益的好坏，无不取决于设备这一物质技术基础。设备管理在企业管理中的地位日益突出，设备管理的重要性表现在以下几个方面：

① 设备管理是保证企业顺利生产的前提。随着生产的发展和科学技术的进步，生产过程的机械化程度越来越高，而且日趋自动化、连续化、精密化和大型化。设备对生产活动所起的作用和影响越来越大，流水生产线或联动机组中如果有一台设备发生故障，就会造成一条生产线乃至整个生产系统停产。因此，加强设备管理，使设备经常处于良好的技术状态，是保证企业生产正常进行的前提条件。

② 设备管理是提高企业经济效益的重要条件。机械设备在现代工业企业固

定资产总值中的比例占 60% 以上,随着生产的现代化发展,企业投资在设备方面的费用(如能源动力费、维修保养费、保险费等)越来越多,搞好设备的经济管理、提高设备技术水平和利用率、减少在用设备台数,对提高企业经济效益的意义巨大。

③ 设备管理是工业企业安全生产的有力保障。在工业生产中意外发生的设备故障和人身事故,不仅会使个人、企业甚至国家蒙受重大损失,还会扰乱企业的生产秩序。因此,在实际生产中怎样更加有效地预防设备事故,保证安全生产,避免人身伤亡,已成为现代设备管理的一项重要内容。

④ 设备管理是保证产品质量的基础和前提。设备是影响产品质量的主要因素之一,产品质量直接受设备精度、性能、可靠性和耐久性的影响,高质量的产品依靠高质量的设备来获得。在某些情况下,发挥操作者的技能可以在精度差的机器上加工出质量高的零件,但是往往质量不稳定,并且效率不高,不是最合适的方法。所以搞好设备管理,保证设备处于良好的技术状态,也就为生产优质产品提供了物质上的必要条件。

⑤ 设备管理对技术进步、工业现代化有明显的促进作用。科学技术进步的过程是劳动手段不断提高和完善的过程,科学技术的新成就往往被迅速地应用在设备上,如 19 世纪电动机的应用和现代计算机技术在设备控制上的应用等,所以从某种意义上讲,设备是科学技术的结晶。同时,新型劳动手段的出现又进一步促进了科学技术的发展,新工艺、新材料的应用,新产品的发展都靠新设备来保证。可见提高设备管理的科学性,加强在用设备的技术改造和更新,力求每次修理和更新都使设备在技术上有不同程度的进步,对促进技术进步、实现工业现代化具有重要作用。

(2) 设备管理的内容

设备管理的内容总体上包括三个方面:设备的技术管理、设备的经济管理和设备的综合管理。设备的技术管理表现为对设备实物形态的管理,目的是使设备的技术状况最佳化,确保设备的技术状况不下降或得到改善,确保设备在定修周期内无故障运行。设备的经济管理表现为对设备的价值形态的管理,目的是使设备使用寿命周期全过程经济效益最大化。以上两个方面经常是矛盾的,找到它们的平衡点是设备管理追求的目标。设备的综合管理是实现设备的技术管理和设备的经济管理的重要保证。

设备管理的三个方面的内容都是紧紧围绕设备使用寿命周期全过程开展的,既相对独立又相互交织。从时间的角度,设备管理的内容又可分为设备前期管理、设备运行管理、设备改造与更新管理等。

① 设备前期管理。

设备前期管理是从规划到设备运行初期这一阶段的管理工作,包括设备规划，设备选型，设备安装、调试与验收，以及设备前期管理中的经济性评价。设备前期管理的内容丰富，几乎占整个设备管理全过程的1/2。设备前期管理的重要性也越来越突出，成为企业发展和竞争的关键环节。所以，越是大型、规范的企业，对设备前期管理越重视。

a. 设备规划。设备规划是设备前期管理遇到的首要问题，其重要性也是显而易见的。设备规划失误往往会造成资金的巨大浪费，甚至会导致企业破产。设备前期管理的其他内容（如设备选型、安装、调试、验收及初期管理不善）虽可能会对企业造成不良影响，但不一定是致命的，一般是可以补救的；而规划的错误对企业的影响往往是战略性的。

b. 设备选型。设备选型是设备规划之后又一个重要的环节，一般应由企业的设备管理部门负责。对于重要、大型、流程型设备，设备管理部门应组织机械、电气、仪表等各方面专家成立专家小组进行选型订货工作。选型以规划的要求为目标，对不同厂家、不同品牌、不同规格性能的同类设备进行比较筛选，一般通过强制评分法进行定量分析计算，最后在多方案中选优。

c. 设备安装、调试与验收。按照设备工艺平面布置图及有关安装技术要求，将已经到货并开箱检查的外购设备或大修、改造、自制的设备安装在规定的基础上，进行找平、稳固，达到安装规范的要求。设备安装完成后，必须通过调试、运转、验收，使之满足生产工艺的要求。安装调试对确保一次试车成功和今后设备的长期稳定运行起着至关重要的作用。

d. 设备前期管理中的经济性评价。企业在选购设备时要进行经济性评价，其目的是通过对几个设备选择方案的投资费用、使用费用、设备投入运营预期收益进行对比分析，选择技术性能好、经济性佳的方案。经济性评价的方法很多，如投资回收期法、年费法、现值法等。

② 设备运行管理。

设备运行管理指设备在正常使用过程中进行的设备管理。设备运行管理的主要内容是企业运用管理手段管理操作者如何用好和维护好设备。设备运行管理主要包括以下几个方面。

a. 建立合理的设备运行制度。建立岗前技术培训和上岗凭证操作制度，操作工人使用设备前必须接受技术培训，学习设备的结构、操作、维护和安全等基本知识，了解设备的性能和特点，同时进行操作技术学习和训练。理论学习和实际操作技术考核合格后，颁发操作证，凭证上机操作。

b. 建立严格的设备操作规程。做到设备使用、维护和保管的职责落实到人，这是一条行之有效的设备管理措施。具体做法：单人使用的设备由操作者个人负责，多人使用的设备由班长或机长负责，公用设备指定专人负责。

c. 建立设备使用管理规章制度。主要包括设备使用守则、设备操作规程、设备维修规程、操作人员岗位责任制等，建立健全的规章制度并严格执行，是合理使用设备的重要措施。

d. 配备设备管理人员。设备管理人员的职责是负责拟定设备使用守则、设备操作规程等规章制度；检查、督促操作工人严格按使用守则、操作规程使用设备；在企业有关部门的配合下，负责组织操作工人进行岗前技术培训；负责设备使用期内信息的存储、传递和反馈。

③ 设备改造与更新管理。

设备改造与更新直接影响企业的技术进步、产品开发和市场开拓。因此，从企业产品更新换代、发展品种、提高质量、降低能耗、提高劳动生产率和经济效益的实际出发，进行充分的技术分析，有针对性地利用新技术和改造现有设备，是提高企业素质和市场竞争力的一种有效方法。

a. 设备改造：应用现有技术成果和先进经验，以满足生产需要为前提，改变现有设备的结构，为旧设备安装新部件、新装置、新附件，以改善现有设备的技术性能，提高设备的技术含量，使之达到或局部达到现代化设备的水平的过程。设备改造是克服现有设备的陈旧、局部更新设备的方法。

b. 设备更新：采用新的设备替代技术性能落后、经济效益差的原有设备。设备更新是设备综合管理系统中的重要环节，是企业走内涵型扩大再生产的主要手段之一。

(3) 智能化设备管理模式

目前，在传统运营模式下企业的设备管理往往面临以下问题：

① 设备基本信息不完善：产线设备众多，都有哪些设备，什么时间购置，处于什么状态，价值如何等不清楚。

② 设备突然故障停机：一台设备出现故障都会造成全线停机，对生产造成极大损失。

③ 设备维修成本居高不下。

④ 备件库存成本高，占用资金大，管理模式不够合理。

⑤ 采购精准度低：采购哪些备件，采购多少估算不准确，经常造成需要的备件无库存，不需要的备件堆积如山。

⑥ 备件周转率低：许多备件长时间没有移动过。

在智能化的设备管理模式下，MES 的设备管理功能模块将基于先进的设备管理理念提出改善以上问题的解决方案。

通过搭建"设备树"结构对整个企业的每一台设备进行全面管理，通过该管理架构，在设备资源管理器可以查询公司的所有设备、维修计划、维修历史、技术参数、图纸、备件等信息，设备个数没有限制，树状结构层深没有限制。在该架构中主要包含位置（表明设备间的逻辑关系）、维护对象、备件、图纸文档、技术参数、巡检点以及供应关系等，大致如图 5-16 所示。图 5-17 则是某企业设备实时数据管理界面，图 5-18 是产线设备运行状态监控界面。

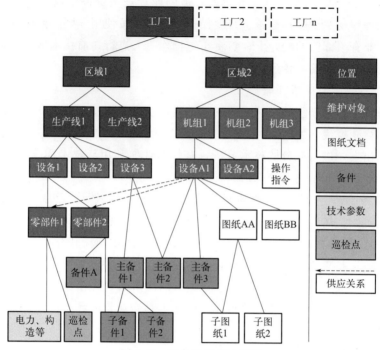

图 5-16　设备树结构示意图

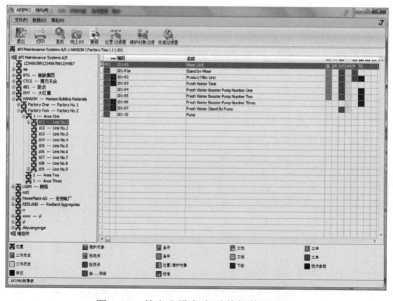

图 5-17　某企业设备实时数据管理界面

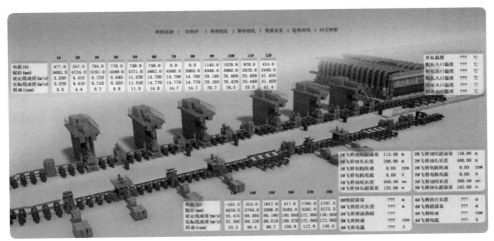

图 5-18 某企业产线设备运行状态监控界面

使用 MTTR（Mean Time to Repair，平均修复时间）、MTBF（Mean Time Between Failure，平均故障间隔时间）、MWT（Mean Waiting Time，平均等待时间）结合设备实时运行信息，对设备运行状态进行分析，实现基于设备状态的预测性维护，并进一步建立起以可靠性为中心，以基于状态的预防性、预测性维修为主的 TPM 全员生产维修管理体系，提高设备使用寿命，减少设备维修成本，保证生产正常运行。

对于巡检工作，首先通过 MES 与 HRMS 的集成，实现对人力资源的高级计划，进行诸如巡检人员排班计划、可用工时、考勤管理、工时统计等操作，充分高效且合理地最大化利用人力资源。其次，搭建灵活的点巡检控制系统，建立合乎逻辑的巡检路线，提高效率并达到巡检要求。

对于备件管理工作，首先对备件进行 ABC 分类，对 ABC 类物资分别设置经济订货量和订货点。其次，建立备件安全库存、最低最高库存，并根据采购提前期及库存情况给出备件采购建议，避免需要的备件无库存，不需要的备件过多积压，徒增不必要的成本。最后，对备件周转率进行分析，对于长期未移动备件进行报警，提高备件周转率，降低备件库存积压水平。

5.3.2 MES 中的计量管理功能

在传统业务模式下，计量管理往往存在以下痛点：

① 很多小型企业合同审批、称重管理、价格管理、质检管理、结算管理的数据没有做到数据对接；

② 质检采用人工质检，数据不流通，数据易修改，质检不严会造成公司资金流失；

③ 经常存在物料种类繁多且价值昂贵，客户分散不易管理的问题，这也使得财务人员和计量人员工作量增加；

④ 客户合同审批流程复杂，很多小型工厂、企业仍然采用纸质单据传递，使得工作效率低下；

⑤ 目前很多企业采购的原材料和产成品仍为人工质检，质检流程漏洞较大；

⑥ 例如在化工行业，采购业务车辆较多，并且都是危险品车辆，对现场计量人员和厂区巡检人员存在安全隐患，危化车辆多不利于厂区人员走动；

⑦ 由于物料种类价值非常高，计量时司磅员审核信息效率低，容易造成过磅堵车；

⑧ 纸质单据的流程容易造成数据不准确，容易造成数据作弊，数据没有对接极易造成数据传输缓慢；

⑨ 许多工厂存在多仓库、多运输方式的场景，每个仓库装卸货都需要现场人工确认，信息传递慢且容易造成仓库确认错误；

⑩ 需要调度的车辆多，业务复杂，采用人工称重，在调度运输中会造成数据作弊。

在智能制造场景下的MES中，计量管理功能模块采用的是无人值守远程计量模式。

无人值守远程计量，是利用自动称重、座席轮巡、视频监控、音频对讲、环境监测、数据库管理，建立集图像、数据、现场设备控制于一体的远程计量模式。可实现多个计量现场无人值守的计量方式和数据网络传输的实时计量，整个计量过程远程控制。远程计量能够实现计量业务数据的规范化、标准化、电子化和集成化，提高企业的计量管理水平。

无人值守远程计量系统的实施，实现了计量数据的规范化、标准化、电子化和集成化，颠覆了传统的计量方式，标志着企业计量水平一次质的飞跃。系统投入后可以大大提高劳动效率，物资计量水平会显著提高，可以有效堵塞计量漏洞，用现代的技术和管理手段杜绝各种计量作弊行为，为企业带来显著的经济效益和社会效益。

相较于传统计量模式，无人值守远程计量模式具有以下特点：

① 避免人为操作漏洞。全过程无须人工干预，杜绝徇私舞弊现象，数据全部自动采集，自动记录，自动上传，自动生成，数据存储安全可靠。

② 影像保留，利于回溯。视频实时记录计量过程，支持回溯查看，实时抓拍计量现场图片，方便企业随时查验。

③ 现场看板实时提醒。为现场人员提供全方位人性化提醒机制，使其能够快速熟悉理解系统运行现状。

④ 提高企业防作弊能力。例如在车辆过磅计量时，采用先进的红外光感技

术，检测车辆前轮后轮有无超出衡器范围、后车是否紧跟压秤等情况，规范计量流程。

⑤ PDA 手持终端确认。完善计量流程，保证计量过程严谨规范，保障企业计量流程顺畅运行。

⑥ 具备良好可扩展性。支持流程定制，定义角色，满足企业不同业务需求。

5.3.3　MES 中的工艺管理功能

(1) 工艺管理的内涵

工艺是加工的艺术、加工的方法，指劳动者利用各类生产工具对各种原材料、半成品进行加工或处理，最终使之成为成品的方法与过程。

工艺管理是技术管理的组成部分，是技术管理的核心，是体现企业的生产方针，实现优质、高产、低耗、高效益的保证，是衡量企业管理水平的标准之一。工艺管理工作贯穿于将原材料、半成品转换为成品的包括生产准备、加工、检验、装配、调试直至包装出厂的全过程，对制造技术工作进行科学的、系统的管理。工艺管理是解决、处理生产过程中人与人之间的生产关系方面的社会科学。

(2) 工艺管理的内容

工艺管理包含工艺调研，产品工艺性审查，工艺方案编制，工艺路线审查，工艺文件编制与管理，工装的外购、设计、制造和验证等相关内容，是产品生产的重要环节。

① 工艺调研。目的是了解市场和用户对产品的需求，了解国内外同类产品的工艺水平，了解新工艺、新材料的使用情况，了解企业在制造过程中存在的问题，为工艺准备奠定良好的基础，促进工艺水平的提高。

② 产品工艺性审查。由工艺技术员在产品设计定型前，对每张图纸进行产品工艺性审查，作为试生产和批量投产前的必要前提。在新产品设计过程中，可以设置专人进行产品工艺性审查，产品工艺性审查在设计的各阶段都应进行。

③ 工艺方案编制。工艺方案是产品进行加工处理的方案，它规定了产品加工所采用的设备、工装、用量、工艺过程及其他工艺因素；工艺方案是工艺准备工作的总纲，也是进行工艺设计、编制工艺文件的指导性文件。除单件小批生产的简单产品外，一般应编制工艺方案，且在工艺设计开始时应编制工艺方案。

④ 工艺路线审查。工艺路线又称工艺流程，指从产品的各零件的加工、装配、检验、包装、入库的全部生产过程所经过的路线；产品零部件工艺路线的正确与否，会影响其搬运的工作量、辅助时间的长短，同时与零部件的磕碰划伤有关。所以合理的工艺路线可以保证质量，减少劳动损耗，合理利用设备和厂房，从而提高生产效率。

⑤ 工艺文件编制与管理。工艺文件编制应简明易懂，避免烦琐，但必须确

保产品质量，实现安全生产，具有较好的经济效益。

⑥ 工装的外购、设计、制造和验证。实现工艺过程所必需的各种工具、夹具、模具、工位器具、料架等，称为工艺装备，简称工装。

工装分为通用工装、专用工装。通用工装一般是外购和租赁，有的部分自制、部分订购或全部自行设计制造，而专用工装则由企业自行设计制造。工装设计应以工艺方案或工艺规程为依据，设计完成后，一般要由制造和使用部门审查会签。

⑦ 工艺定额管理。工艺定额包含工时、材料、燃料、动力、工具消耗定额。制定的目的是及时地供应人力及符合规格要求的物资，为均衡生产出符合质量要求的产品做好准备。

⑧ 适宜的生产环境条件创造。根据工艺要求创造适宜的生产环境条件，主要是对温度、湿度、光照、噪声等采取措施。要通过技术手段和管理手段对环境的各项因素进行控制，保证产品在适宜的环境中进行生产。

⑨ 人员培训。各种操作都是由人来进行的，所以应明确其培训需求，实现全员岗前培训，尤其是作业人员的培训。

⑩ 工序质量控制点设置。生产过程的质量管理是保证产品质量的关键，因而应积极地对制造过程实行工序控制，保证生产出用户满意的合格产品。

某企业工艺基本信息管理界面如图 5-19 所示，工艺 BOM 管理界面如图 5-20 所示。

图 5-19　某企业工艺基本信息管理界面

5.3.4　MES 中的物料管理功能

(1) 物料管理的含义与内容

物料管理是对企业在生产中使用的各种物料的采购、保管和发放环节进行计划与控制等管理活动的总称。物料管理是企业生产执行的基础，它接收来自生产

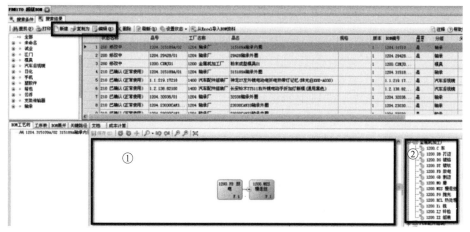

图 5-20　某企业工艺 BOM 管理界面

执行层的物料请求，通过一系列物料管理活动的执行，对生产执行层进行及时的物料响应，生产执行层再根据物料响应结果做进一步的生产执行决策。

物料管理的基本任务是：搞好供、产、销平衡，按质、按量、配套、及时、均衡地供应企业所需要的各种生产资料，并监督和促进在生产过程中合理地、节约地使用物料。

物料管理的工作内容包括：编制和执行物料采购供应计划；制定合理的、先进的物料消耗定额；确定正常的物料储备定额，积极组织货源，搞好物料订货、签订合同、采购、调剂、运输、调度等工作；搞好物料市场调查、预测，制定合理的、先进的物料储备定额，控制物料的合理库存量；提高仓库管理工作水平，做好物料的验收、保管、维护、发放和账务处理等工作；确定合理的、先进的物料消耗定额，综合利用，提高物料利用率，建立和健全各项规章制度等。

(2) 物料管理的原则

通常意义上，物料管理部门应保证物料供应适时（Right Time）、适质（Right Quality）、适量（Right Quantity）、适价（Right Price）、适地（Right Place），这就是物料管理的"五适"原则，是对任何公司均适用且实用的原则，也易于被人们理解和接受。

① 适时。

适时原则要求供应商在规定的时间内准时交货，防止交货延迟和提前交货，供应商交货延迟会增加成本，主要表现在以下两个方面：

a. 由于物料延迟，车间工序发生空等或耽搁，会打击员工士气，导致效率降低，浪费生产时间。

b. 为恢复正常生产计划，车间需要加班或在法定假期出勤，导致工时费用增加。

因此，应尽早发现可能的交货延迟，从而防止增加工时费用；同时，也应该控制无理由的提前交货，否则会增加成本。主要原因有：交货提前会造成库存加大，库存维持费用提高；占用大量流动资金，导致公司资金运用效率恶化。

② 适质。

适质原则要求供应商送来的物料和仓库发到生产现场的物料，质量应是适当的、符合技术要求的。最适当的并非品质第一，过分追求品质会导致成本增加。因此，适质指物料符合其品质规范的均匀品质，低于规范品质和过分高于规范品质均应被视为不合规范而拒收。保证物料适质的方法如下：

a. 公司应与供应商签订质量保证协议。

b. 设立来料检查职能，对物料的质量做确认和控制。

c. 必要时，派检验人员驻供应商工厂（一般针对长期合作的、稳定的供应商，且该供应商的订单达到其产能的30%以上）；同时，不应将某个检验人员长期派往一个供应商处，以防其间关系发生变化。

d. 必要时，定期对供应商质量体系进行审查。

e. 定期对供应商进行评比，促进供应商之间形成良性、有效的竞争机制。

f. 对低价位、中低质量水平的供应商制订质量扶持计划。

g. 必要时，邀请第三方权威机构做质量验证。

③ 适量。

采购物料的数量应是适当的，即对买方而言是经济的订货数量，对卖方而言是经济的收订数量。在物料管理中所称的适量有下列两层含义：一是采购的经济批量，二是最适当的存量。唯有尽量采用经济批量，对应的物料成本才会尽可能降低。适量指在存量不短缺的情况下的最低存量。

确定适当的订货数量应考虑以下因素：

a. 价格随着采订货数量变化的幅度。一般来说，订货数量越大，价格越低。

b. 订货次数和采购费用。

c. 库存维持费用和库存投资的利息。

④ 适价。

适价指最适当的价格，即采购物料的价格应该在保证适当的物料品质、交货期和其他交易条件的前提下达到最低；采购价格的高低直接关系到最终产品或服务价格的高低，在确保满足其他条件的情况下力争取得最低的采购价格是采购人员最重要的工作。采购部门的职能包括标准化组件、发展供应商、发展替代用品、评估和分析供应商的行为。

为了达到这一目标，采购部门应该在以下领域拥有决策权：

a. 选择和确定供应商。

b. 使用任何一种合适的定价方法。

c. 对物料提供替代品。采购部门通常能够提供目前在用物料的替代品，而且也有责任提请使用者和申请采购者关注这些替代品。当然，是否接受这些替代品最终要由使用者或设计者作出决定。

d. 与潜在的供应商保持联系。采购部门必须与潜在的供应商保持联系。如果使用者直接与供应商联系，而采购部门又对此一无所知，将会产生"后门销售"，即潜在的供应商通过影响使用者对物料规格方面的要求成为唯一的供应商，或是申请采购者私下给供应商一些许诺，从而使采购部门不能以最低的价格签订理想的合同。如果供应商的技术人员需要和公司技术人员或生产人员直接交换意见，采购部门应该负责安排会谈并对谈判结果进行审核。

⑤ 适地。

原料产地的地点应适当，与使用地的距离越近越好。距离太远，运输成本大，无疑会影响价格，且沟通协调、处理问题不方便，容易造成交货延迟。

高科技行业普遍对产品质量要求很高，致使各企业对生产制造环节管理越来越精细，但对产品的物料管理环节依旧保持粗放的管理风格，使物料在很大程度上占用了企业资金，无形中导致成本增加，利润下降。物料管理是企业内部物流各环节的交叉点，衔接采购与生产、生产与销售等重要环节，是关乎企业成本与利润的生命线。不仅如此，物料管理还是物资流转的重要枢纽，甚至关系到企业的存亡。

物料管理的目标是降低成本，提高周转率，缩短生产周期、交货期，以提升市场竞争优势；提高物料人员效率，以此降低物料人员的薪资成本；建立优良的供应商关系，以维持物料供应的持续性。

某企业采购订单管理界面如图 5-21 所示，采购到货物料管理界面如图 5-22 所示。

图 5-21　某企业采购订单管理界面

图 5-22 某企业采购到货物料管理界面

5.3.5 MES 中的仓库管理功能

(1) 仓库管理的含义

仓库管理（Warehouse Management）也称为仓储管理，指对仓储货物的收发、结存等活动的有效控制。仓库管理的目的是使企业保证仓储货物完好无损，确保生产经营活动的正常进行，并在此基础上对各类货物的活动状况进行分类记录，以明确的图表方式表达仓储货物在数量、品质方面的状况，以及所在的地理位置、部门、订单归属和仓储分散程度等情况的综合管理形式。

(2) 仓库管理的内容

仓库管理活动主要是在商品流通过程中货物储存环节的经营管理，其管理的内容既有属于技术方面的，也有属于经济方面的，主要包括以下几个方面：

① 仓库选址与布点：包括仓库选址应遵循的基本原则、考虑的基本因素及技术方法，多点布置时还要考虑网络中仓库的数量和规模大小、相对位置和服务的客户等问题。

② 仓库规模的确定和内部合理布局：包括仓库库区面积及建筑物面积的确定，库内道路和作业区的平面布置及竖向布置，库房内部各作业区域的划分和作业通道布置的方式。

③ 仓储设施和设备的选择及配备：包括如何根据仓库作业的特点和储存商品的种类及理化特性，合理地选择和配备仓库设施、作业机械及如何合理地使用和管理。

④ 仓储资源的获得：包括企业通过什么方式来获得仓储资源。通常，企业获得资源的方式包括使用自有资金、使用银行借贷资金、发行企业债券、向企业内部职工或社会公众募股等。归结起来，仓储资源的获得包括两种途径：一是企业内部资金，二是企业外部资金。不同的资源获得方式的成本不同。

⑤ 仓储作业活动管理：仓储作业活动随着作业范围和功能的不同，其复杂程度也不尽相同。仓储作业活动管理是仓储管理的重要内容，不仅涉及仓储作业组织的结构与岗位分工、作业流程的设计、仓储作业中的技术方法和作业手段，还包括仓储活动中的信息处理等。

⑥ 库存控制：库存是仓储的基本功能，企业为了能及时满足客户的需求，就必须经常保持一定数量的商品库存，存货不足会造成供应断档，存货过多会造成商品积压、仓储成本上升。库存控制是仓储管理中复杂的内容，是仓储管理从传统的存货管理向高级的存货系统动态控制发展的主要标志。

⑦ 仓储经营管理：从管理学的角度来看，仓储经营管理更加注重企业与外部环境的和谐，仓储经营管理是企业运用先进的管理方式和科学的管理方法，对企业的经营活动进行计划、组织、指挥、协调和控制，其目的是获得最好的经营效果。

⑧ 仓储人力资源管理：人在社会生活中是最具有主观能动性的，任何一个企业的发展和壮大都离不开人的参与，仓储企业也不例外。仓储人力资源管理主要涉及人才的选拔和合理使用、人才的培养和激励、分配制度的确立等。此外，仓储人力资源管理还涉及仓储安全管理、信息技术的应用、仓储成本管理和仓储经营效果评价等方面的内容。

某企业库存管理界面、入库管理界面、出库管理界面如图 5-23～图 5-25 所示。

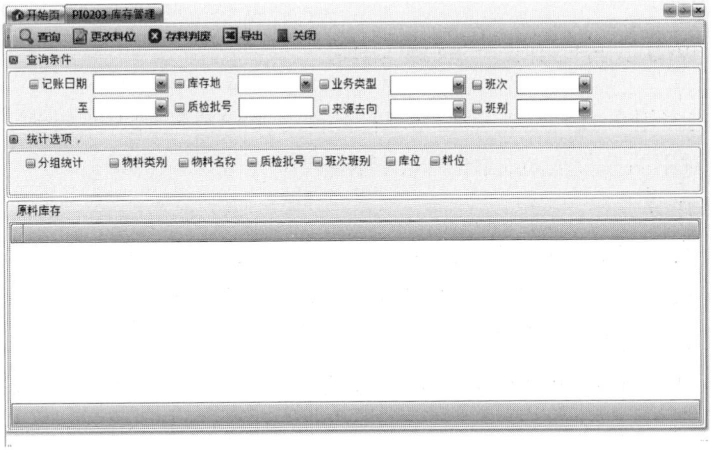

图 5-23　某企业库存管理界面

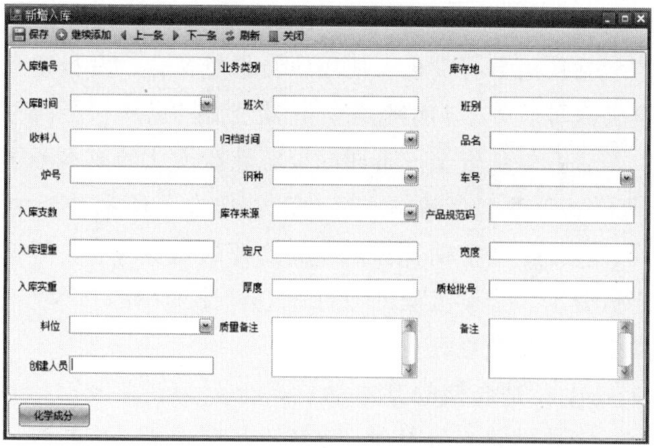

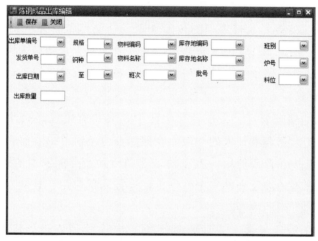

图 5-24　某企业新增入库信息管理界面

图 5-25　某钢铁企业成品出库管理界面

5.3.6　MES 中的账户管理功能

MES 是多用户的生产管理系统，它允许多个用户同时登录系统。账户管理指 MES 针对不同岗位人员分配不同的管理权限。

（1）账户分类

账户分类指在了解账户功能的基础上，研究账户体系中各账户之间存在的共性，进一步探索账户的用途结构及其在整个账户系统中的地位和作用，更正确地运用账户对企业的业务进行反映。

MES 账户按照功能分类可以分为管理型账户、应用型账户、查看型账户。管理型账户的权限最高；应用型账户针对不同的岗位人员分配不同的权限；查看型账户只有查看系统部分许可内容的权限，权限最低。

管理型账户主要用于其他类型账户的创建、修改、删除、系统权限分配、系统维护、系统功能扩展等高权限操作。

应用型账户按照车间分工分为生产人员账户、维保人员账户、质检人员账户、仓库人员账户、工艺技术人员账户等子账户，但是应用型账户不局限于以上几种分类，不同的工厂车间根据生产需求不同可能会针对具体岗位另设单独账户进行管理。

查看型账户用于展示系统数据，无法对系统进行配置及修改，根据系统管理员分配的不同权限展示不同的内容，一般用于生产看板登录展示。

（2）账户权限管理

权限管理是应用系统中不可缺少的一个部分，系统用户很多，系统功能也很多，不同用户对系统功能的需求不同。出于安全性考虑，关键的、重要的系统功能需限制部分用户使用；出于方便性考虑，系统功能需要根据不同的用户定制。MES一般可以分为系统管理员、生产工艺员、生产计划员、生产调度员、维保人员、生产操作人员、质检人员等。

① 系统管理员。主要管理维护系统基础数据，并且在系统出现异常情况时，通过后台数据库、基础数据配置等方式进行系统的维护及异常排除，主要涉及基础数据管理模块。

② 生产工艺员。主要涉及BOM（Bill of Material，物料清单）管理模块，负责物料基础数据维护、生产单元维护、BOM结构、工艺工序等信息维护。

③ 生产计划员。

a. 主要涉及计划签收与计划管理模块：计划员通过MES接收生产计划，制订车间月、周计划，协调监控计划执行，统计并汇报计划执行情况。

b. 协同的生产资源准备与集中监督：当投产计划下达后，计划员通过MES向相关人员发送并行准备任务，如物料、设备等，实时跟踪各项工作的准备情况。

④ 生产调度员。主要涉及调度管理模块，接收计划后负责计划的派工，根据现场实际的生产能力及状态将生产任务下发给合适的工人及设备，并实时跟踪计划执行进度。

⑤ 维保人员。主要涉及现场设备及生产线维护，主要任务是通过MES接收车间生产操作人员下发的设备维护信息，对生产设备进行系统的维护和保养等。

⑥ 生产操作人员。主要涉及现场任务模块，主要负责现场生产信息反馈，包括相关生产过程信息的输入（加工开始、结束及生产异常的反馈等），以及各种生产异常信息的反馈。

⑦ 质检人员。主要涉及质量管理模块，负责班组内检验任务的二次派工及工序间的制品检验（包括首检、巡检、工序完工检验等）；另外，在零件加工的过程中，还需要对各种加工的检验信息进行录入等，具体工作如下：

a. 通过系统接收检验组组长下发的检验任务，并通过系统查看相关加工信息；

b. 负责工序间的在制品检验，包括首检、巡检、工序完工检验；

c. 在零件加工的过程中，对各种加工的检验信息进行录入。

因为企业管理组织结构问题，每个岗位的业务管理内容是不同的，所以，每层的管理执行权限也是不同的，在生产制造组织中也是如此，一般可以分为企业、工厂、车间、生产线、机床、工人等。在 MES 的实施过程中，通过 MES 权限管理对每个生产管理层级的 MES 应用操作权限进行分配和管理，让每层可以执行相应的管理权限，可以保证管理的有序性和规范性，同时可以有效避免泄漏新信息，保证生产信息的安全，这一点对于生产工艺、生产配方保密性来说至关重要，所以 MES 权限管理非常重要。

某企业账户权限划分情况如图 5-26 所示。

权限组-用户　权限组--Grid权限

查找　添加　删除　刷新

	GridID	Grid名称	权限ID	权限名称	创建时间
1	av_mo_tmp_import_grid	生产单Excel导入	admin_column_edit	列管理(管理员)	2020/7/8 18:00
2	av_mo_tmp_import_grid	生产单Excel导入	report_manage	管理报表	2020/7/8 18:00
3	av_mo_tmp_import_grid	生产单Excel导入	run	运行	2020/7/8 18:00
4	av_mo_tmp_import_grid	生产单Excel导入	search_project_delete	搜索方案删除	2020/7/8 18:00
5	av_ps_mo	生产订单总控台	admin_column_edit	列管理(管理员)	2020/7/8 18:00
6	av_ps_mo	生产订单总控台	copy_as	复制为	2020/7/8 18:00
7	av_ps_mo	生产订单总控台	delete	删除	2020/7/8 18:00
8	av_ps_mo	生产订单总控台	edit	编辑	2020/7/8 18:00
9	av_ps_mo	生产订单总控台	execute_server_exe		2020/7/8 18:00
10	av_ps_mo	生产订单总控台	execute_sql	执行SQL	2020/7/8 18:00
11	av_ps_mo	生产订单总控台	export_all_row	导出所有行	2020/7/8 18:00

图 5-26　某企业账户权限划分情况

5.3.7 MES 中的能源管理功能

能源管理通常是一种企业的业务功能，它对于企业的生产管理和能耗控制等关键问题都可能会产生重要的影响。能源管理的主要作用是节约能源，提高能源利用效率，保护和改善环境。能源管理的主要功能包括能耗统计和能源优化。

能耗统计是以能源介质为基本对象，构建能源拓扑网络，进行能源核算和能源平衡管理。在一个能源拓扑网络中，能源的供给、能源的消耗以及能源的损失都需要遵循能源平衡的规则。能源优化是基于生产计划和能源产耗预测数据，利用优化技术，从能源计划、能源调度到能源实时监控各个时间尺度上实现能源的优化利用和控制，从而实现降低消耗、减少损失和污染物排放、制止浪费，有效、合理地利用能源。

能耗统计自下而上综合整理能源管理需要的数据，能源优化从上至下控制和优化能源的使用，共同组成了能源管理的完整功能。

5.3.8 MES 中的生产安全管理功能

生产安全管理通常是一种企业的业务功能，可能会对企业的生产管理产生重要的影响。它基于企业业务流程和企业安全生产规范，针对企业资产、人员、边界的安全需求，构建包括安全评估、安全检查、教育培训、上岗管理、风险源管理、作业管理、应急响应等在内的企业生产安全管理体系；并且可通过企业生产过程、消防、安防以及环保、气象监测等实时信息，构建企业综合预警、防灾系统。

生产安全管理系统可将企业安全管理流程从以人工干预为核心转变为以自动化处理为核心，横向渗透于 MES 其他业务模块的各流程中，为各业务环节增加生产安全的子流程和检查项，主动指导企业人员在各自的业务工作中符合安全生产的要求，以减少企业的业务过程中由于人为疏忽而导致安全问题的概率。将企业的安全管理模式从"事前检查＋事发应急"转变为"事前预警＋隐患排除"，提高企业的安全等级。

5.3.9 MES 中的文档管理功能

文档管理通常是一种企业的业务功能，可能对企业的生产管理产生重要的影响。企业的生产运行需要管理广泛的文档，包括许多条款，如 SOP（标准操作程序）、工作说明、诀窍、控制系统程序、图表、批记录、工程变更通知、警报日志以及突发事件报告。它有时还包括对环境、健康、安全等方面的规定，以及与 ISO 标准信息的控制和整合，如校正行为程序、存储历史数据等。对这些信息的管理通常是企业能够更好运转所必需的。一般地，企业准备了一套程序、方针以及软件工具来管理所有的文档。

文档管理还应包含灾难恢复方面的相关工作。许多制造系统依赖于传输系统。然而自然或人造的灾难可能会延迟物料的传输、产品的传输，并可能使制造工具临时性或者永久性地无法操作。大多数企业通常会产生一个灾难恢复计划，包含有关生产的信息。还应该包含有关核心制造过程的文档。除了恢复数据，可能还要根据机器、自动系统、物理设计、生产顺序，以及局部库存系统重新创立完整的业务过程。当灾难发生后，信息必须是可以利用的，这样操作员就可以在无法预料的灾难发生后，重建企业的生产线。

5.3.10 MES 中的系统仿真功能

系统仿真常常用于生产装置的物流建模和过程变化响应的评价。它可以模拟过程中的变化、产品线的变化，或者制造流程的变化。还可以基于当前运行过程状况来预测物料特性。仿真可以在装置的生命周期中用于性能的跟踪和过程变化的跟踪，以及操作员的训练。

系统仿真虽然不是对于所有制造类企业都是必需的组成部分，但它可以为制造执行系统提供以下帮助：

① 在没有新设备、机器，或者劳动力显著增加的情况下，增加额外的生产量；

② 提高现有系统的效率和效力；

③ 排除瓶颈，更好地利用现有资产；

④ 评估提高质量和产量，或者降低成本的可行性；

⑤ 提高能力，以满足最终期限、顾客委托，以及顾客要求的变更；

⑥ 在不使人员、环境、物理系统或生产制造冒风险的情况下，训练操作员。

系统仿真通常可以通过可视化的方式呈现。可视化的方法一般可分为虚拟现实和信息可视化两类。虚拟现实可视化一般采用沉浸感、交互性和构想性的虚拟现实技术对工业现场进行呈现。而信息可视化针对生产现场中部分数据高维和抽象的特点，运用可视化技术来呈现现场的生产报表数据和层次信息。无论使用哪种可视化方法，可视化平台都需要通过数据库与系统仿真平台交互，实现系统可视化仿真的功能。

5.3.11　MES中的可视化看板功能

可视化看板功能是指在制造执行系统中通过图表、数据统计等方式呈现制造生产过程中的数据，以便管理者和员工更好地了解生产进度、问题发现和改进机会。可视化看板功能可以帮助用户更好地监控生产过程、提高生产效率和质量，并且发现改进机会，从而提高企业竞争力。

可视化看板功能可以包括以下内容：

① 生产进度：显示当前正在进行的工作以及已完成的工作，员工可以通过看板快速了解生产进度。

② 质量控制：显示产品的质量指标、检测结果等信息，帮助员工更好地了解产品质量状况。

③ 库存情况：显示原材料和成品的库存状况，帮助员工及时补充原材料并且避免废品堆积。

④ 效率统计：显示生产线的效率、周期时间、停机时间、故障时间等数据，帮助管理员识别可能存在的瓶颈并及时调整。

⑤ 设备状态：实时显示设备的使用状况、维修记录等信息，帮助管理员及时发现设备故障并做出应对。

⑥ 绩效报告：排名最高的产品或生产线、异常事件分析等，用于员工间的激励，以及帮助管理层做出更好的决策。

⑦ 节能减排：显示能源消耗、环保数据等信息，帮助企业更好地管理资源和环境。

某企业的客户看板、生产管理看板、质量看板如图 5-27～图 5-29 所示。

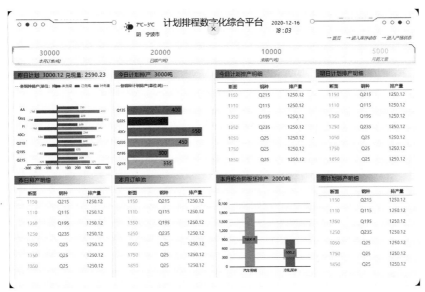

图 5-27　某企业客户看板

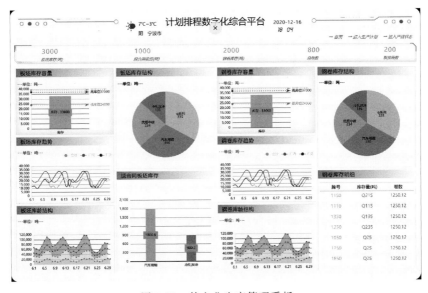

图 5-28　某企业生产管理看板

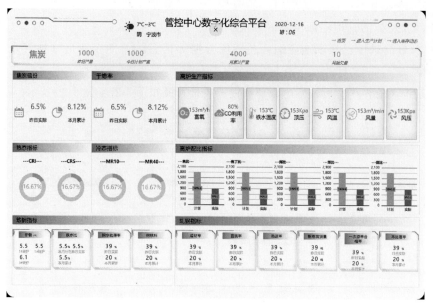

图 5-29　某企业质量看板

第 6 章

MES的技术与理论支撑

6.1 硬件环境支撑

6.1.1 数据采集

生产现场数据采集方式必然是多种数据采集技术的综合应用。目前,生产现场数据采集方式主要有两种:自动化采集和人工采集。自动化采集往往依托于通信条件比较好的生产设备及各种传感器;人工采集大多是作为自动化采集的补充方式或替代方式,多用于自动化采集实现难度较大、经济成本较高的现场。

常见的数据采集方式如下:

① RFID采集方式:通过RFID(射频自动识别技术)来采集人员、物料设备、工装等的编码、位置、状态信息,类似于条码扫描方式,需要在人员物料、设备、工装上绑定RFID芯片,并事先将信息写入RFID中。

② 设备控制系统采集方式:目前绝大多数设备都开发有专用的设备类接口,该接口利用外部计算机进行远程监控和设备管理,可以采集到设备各类生产过程信息及报警信息。目前部分MES供应商提供底层的设备控制系统,如DCS、人机界面(Human Machine Interface,HMI)、数据采集与监视控制系统(Supervisory Control And Data Acquisition,SCADA)等,辅助实现设备的控制。

③ PLC类数据采集:是工业现场常见的数据采集方式,包含I/O(Input/Output,输入/输出)、信号采集、模拟量信号数据采集,这些数据经过PLC内部的逻辑运算用于设备控制或传输给MES。PLC的采集对象包含开关、按钮、温度传感器、压力传感器等设备,分布于现场各处的设备数据通过各种现场总线传输到PLC中。现场总线根据PLC品类不同而不同。常见的现场总线主要有PROFINET、RS-485、CAN、EtherNet/IP、CC-Link等。PLC获取这些数据后

通过 OPC(OLE for Process Control) 服务、S7 服务（S7 系列通信协议）再次将数据传输至 MES。

④ 组态软件类数据采集：组态软件又称为组态监控软件系统软件，指一些数据采集与过程控制的专用软件。对于非数控类的采用 PLC 控制类的设备可以采用组态软件，直接读取 PLC 中的相关信息，包括在 PLC 中保存的各种状态的 I/O 点信息和模拟量信息（如温度、压力等，只要在 PLC 中保存即可），然后采用计算机采集、处理数据，可实时输出各种曲线，从而提高设备的监控效果。

⑤ 测量设备数据采集：在生产过程中常常需要对工件的加工精度、板料厚度、零件间隙等数据点进行检测，只有符合要求的零件才被允许进入下一工位，这些检测数据会一直跟随零件完成各生产流程，每个零件的数据也会被记录到 MES 中，生成曲线图用以历史查询、加工优化。常用的测量设备有如下几种：称重类、长度/厚度/直径检测类、视觉检测类、刚/硬度检测类、弹性检测类等。在检测设备检测完成后，检测数据有两种去向：一是数据通过现场总线传输至 PLC 系统，PLC 系统根据这些结果进行合格或不合格判定，然后将数据传入 MES；二是将数据直接传输至 MES 系统进行分类汇总。

⑥ 手持终端采集方式：利用专用的手持终端，输入机床运行及生产的状态等信息，并通过以太网传递给数据库，该种方式可以应用在没有数控系统的老旧设备上。

⑦ 条码扫描采集方式：将常用信息（操作员、产品批号、物料批号、运输设备编号、加工设备编号、异常类别等）进行分类并编码处理，转化成条码，现场使用条码扫描器就可以直接读取。其中，二维条码的纠错能力较强，只要条码破损面积不超过 50%，因沾污、破损等原因所丢失的信息一般都可以读出。

⑧ 手工录入方式：即人工信息录入，包括人工触发、人工记录等方式。操作员在控制面板上，输入特定的触发程序，得到设备端的信息，从而实现对设备的监控；或操作员在系统中手工录入，实现相关信息的填写上报。

⑨ 其他采集方式：可通过智能传感器、录像监控等方式进行采集。通过采集外置的智能传感器数据，实时获取生产现场的部分数据。

6.1.2 现场总线技术

现场总线是应用于现场的控制系统与现场检测仪表、执行装置之间进行双向数字通信的串行总线系统，也有人把它称为应用于现场仪表与控制室主机系统之间的一种开放的、全数字的、双向的、多点的串行通信系统。国际电工委员会的 IEC 61158 对现场总线的定义为：安装在制造或过程区域的现场装置与控制室内的自动控制装置之间的数字式串行、多点通信的数据总线。

现场总线的特点主要体现在两点：一是在体系结构上成功实现了串行连接，

克服了并行连接的不足；二是在技术上成功解决了开放竞争和设备兼容量大的难题，实现了现场备的高度智能化、互换性和控制系统的分散化。

以下为常见的几种现场总线。

(1) PROFINET 现场总线

PROFINET 是开放的、标准的、实时的工业以太网标准。作为基于以太网的自动化准，它定义了跨厂商的通信、自动化系统和工程组态模式，支持创建端到端、集成过程并可配置的网络接口，实现所有层级的自动化生产，并最大化利用资源。

PROFINET 借助 PROFINET IO 实现了一种允许所有站随时访问网络的交换技术。PROFINET IO 是用于实现模块化、分布式应用的通信概念，通过多个节点的并行数据传输可以更有效地使用网络。PROFINET IO 以交换式以太网全双工操作和 100Mb 带宽为基础，基于 PROFIBUS DP 的成功应用经验，并将常用的用户操作与以太网技术中的新概念相结合，确保 PROFIBUS DP 向 PROFINET 环境的平滑移植。

PROFINET 的特点如下：

① 基于工业以太网建立开放式自动化以太网标准。尽管工业以太网和标准以太网组件可以一起使用，但工业以太网设备更加稳定、可靠，因此更适合被用于工业环境（温度抗干扰等）中。

② 使用 TCP/PP 和 IT 标准。

③ 实现有实时要求的自动化应用。

④ 全集成现场总线系统。

PROFINET IO 分为 IO 控制器、IO 设备、IO 监控器。PROFINET IO 控制器指用于对连接的 IO 设备进行寻址的设备。这意味着 IO 控制器将与分配的现场设备交换输入和输出信号。PROFINET IO 控制器通常是运行自动化程序的控制器。PROFINET IO 设备指分配给其中一个 IO 控制器（如远程 IO、阀终端、变频器和交换机）的分布式现场设备。PROFINET IO 监控器指用于调试和诊断的编程设备、PC 或 HMI（Human Machine Interface，人机接口）设备。

(2) RS-485

智能仪表是随着 20 世纪 80 年代初单片机技术的成熟而发展起来的，现在世界仪表市场基本被智能仪表垄断。究其原因就是企业信息化的需要，企业在进行仪表选型时考虑的一个必要条件就是要具有联网通信接口。最初是数据模拟信号输出简单过程量，后来仪表接口是 RS-232 接口，这种接口可以实现点对点的通信方式，但这种方式不能实现联网功能。随后出现的 RS-485 解决了这个问题。RS-485 的特点如下：

① RS-485 的电气特性：采用差分信号正逻辑，逻辑"1"以两线间的电压

差为+(2~6)V表示；逻辑"0"以两线间的电压差为-(2~6)V表示。接口信号电平比RS-232-C降低了，就不易损坏接口电路的芯片，且该电平与TTL（Time To Live，生存时间）电平兼容，可方便与TTL电路连接。

② RS-485的数据最高传输速率为10Mb/s。

③ RS-485接口是采用平衡驱动器和差分接收器的组合，抗共模干扰能力增强，即抗噪声干扰性好。

④ RS-485最大的通信距离约为1219m，最大传输速率为10Mb/s，传输速率与传输距离成反比，传输速率越低，传输距离越长，如果传输比RS-485最大通信距离更长的距离，需要加装RS-485中继器。RS-485总线一般最多支持32个节点，如果使用特制的RS-485芯片，可以达到128个或者256个节点，最多可以支持400个节点。

(3) CAN总线

CAN(Controller Area Network，控制器局域网络)是由以研发和生产汽车电子产品著称的德国BOSCH公司开发的，并最终成为国际标准，是国际上应用广泛的现场总线之一。在北美和西欧，CAN总线协议已经成为汽车计算机控制系统和嵌入式工业控制局域网的标准总线，并且拥有以CAN为底层协议、专为大型货车和重工机械车辆设计的J1939协议。

CAN总线的特点如下：

① 多主控制。在总线空闲时，所有的单元都可以发送消息（多主控制），最先访问总线的单元可以获得发送权。多个单元同时开始发送时，发送高优先级ID消息的单元可以获得发送权。

② 消息的发送。在CAN协议中，所有的消息都以固定的格式发送。在总线空闲时，所有与总线相连的单元都可以开始发送新消息。两个以上的单元同时开始发送消息时，根据标识符（Identifier, ID）决定优先级。ID并不是表示发送的目的地址，而是表示访问总线的消息的优先级。两个以上的单元同时开始发送消息时，对各消息ID的每个位进行逐个仲裁比较，仲裁获胜（被判定为优先级最高）的单元可以继续发送消息，仲裁失利的单元则立刻停止发送而进行接收工作。

③ 系统的柔软性。与总线相连的单元没有类似"地址"的信息。因此，在总线上增加单元时，连接在总线上的其他单元的软硬件及应用层都不需要改变。

④ 通信速度可调。根据整个网络的规模，可以设定适合的通信速度。在同一网络中，所有单元必须被设定成统一的通信速度。即使有一个单元的通信速度与其他的不一样，此单元也会输出错误信号，妨碍整个网络的通信。不同网络间则可以有不同的通信速度。

⑤ 可以远程请求发送数据。可以通过发送"遥控帧"，请求其他单元发送

数据。

⑥ 拥有错误检测功能、错误通知功能、错误恢复功能，所有的单元都可以检测错误（错误检测功能）。检测出错误的单元会立即同时通知其他所有单元（错误通知功能）。正在发送消息的单元一旦被检测出错误，会强制结束当前的发送。强制结束发送的单元会不断反复地重新发送此消息，直到成功发送（错误恢复功能）。

⑦ 故障封闭。CAN 总线可以判断出错误的类型是总线上暂时的数据错误（如外部噪声等），还是持续的数据错误（如单元内部故障、驱动器故障、断线等）。通过此功能，当总线上发生持续的数据错误时，可以将引起此故障的单元从总线上隔离出去。

⑧ 多单元连接。CAN 总线是可以同时连接多个单元的总线。可连接的单元数理论上是没有限制的，但实际上可以连接的单元数受总线上的时间延迟及电气负载的限制。降低通信速度，可以使连接的单元数增加；提高通信速度，可以使连接的单元数减少。

（4）EtherNet/IP

EtherNet/IP 是四个开放式网络标准（CompoNet、DeviceNet、ControlNet 和 EtherNet/IP）之一，它们都使用一个相同的应用层，即控制与信息协议。这种通用的应用层和开源软件及硬件接口允许实现从控制层之上的现场总线级到企业级的自动化组件的通用连接。除了带 I/O 模块、阀门、编码器、驱动器和控制器（PLC）的工厂自动化，EtherNet/IP 的主要应用领域是控制和企业层的联网。在 CIP 网络家族内，EtherNet/IP 覆盖的应用场合包括在网络中需要在平均周期时间（10~500ms）内实现中等到大量的数据交换，以及在运动控制应用中所见的低于 1ms 的短周期时间内记录中等的数据量。

EtherNet/IP 的特点：EtherNet/IP 支持 10Mb/s 和 100Mb/s 的数据传输速率。通常情况下，内置使用合适的（管理的）开关的星形拓扑结构，带有支持嵌入式开关的设备，也可以实现线形和环形拓扑结构。连接到 EtherNet/IP 网络的设备的数量仅取决于可用的 IP 地址空间。

（5）CC-Link

CC-Link(Control&Communication Link，控制与通信链路系统）可以将控制和信息数据同时以 10Mb/s 高速传送至现场网络，具有性能卓越、使用简单、应用广泛、节省成本等优点。CC-Link 不仅解决了工业现场配线复杂的问题，还具有优异的抗噪性能和兼容性。CC-Link 是一个以设备层为主的网络，也可以覆盖较高层次的控制层和较低层次的传感层。

CC-Link 的特点如下：

① 便于组建价格低廉的简易控制网。作为现场总线网络的 CC-Link 不仅可

以连接各种现场仪表，还可以连接各种本地控制站 PLC 作为智能设备站。在各本地控制站之间通信量不大的情况下，采用 CC-Link 可以构成一个简易的 PLC 控制网，与真正的控制网相比，价格极为低廉。

② 便于组建价格低廉的冗余网络。一些领域对系统的可靠性提出了很高的要求，这时往往需要设置主站和备用主站构成冗余系统。虽然 CC-link 是一个现场级的网络，但是提供了很多高等级网络所具有的功能。例如，可以对其设定主站和备用主站，因为其造价低廉，所以性价比较高。

6.1.3　自动物料输送与存储设备

对于大批大量生产组织形式，生产过程一般采取自动化的物料输送与存储设备。数字化制造系统的物料输送与存储设备是在生产全过程中担负运输、储存和装卸物料的自动化设备。与传统的物流设备相比，数字化制造系统的物流设备的突出特点是自动化程度高、由计算机管理、整体集成和系统性强。

① 自动化输送设备是物流系统中起"流动"作用的重要设备，其主要功能是通过装卸和搬运物料，把生产各环节合理地衔接起来。目前比较适合数字化制造系统应用的自动化输送设备有三种：传送带、运输小车（有轨和无轨）和搬运机器人。

② 自动化存储设备的主要功能是把生产过程中的毛坯、在制品、成品、工具和配套件等暂时保存起来。数字化制造系统中的物料存储设备主要有三种：自动化仓库（包括堆垛机）、托盘站和物料进出站。

6.1.4　数字化检测设备

检测和监控的数字化是数字化制造系统高效、正常运行的基础支撑，虽然不同生产系统对检测与监控的内容和精确度要求不同，但是检测与监控设备的服务对象一般都集中于工件、刀具、加工设备、工件储运系统及工作环境等方面。下面重点对工件自动检测进行描述。

(1) 在线检测装置

在线测量装置可以实现在加工过程中对工件加工质量的自动检测任务。在生产过程中，一般情况下测量装置均安装在机床上，以实时测量的结果补偿控制机床运行。常见的在线测量方式分为两种：不停机测量和停机测量。不停机测量的常用测量装置有摩擦轮式、光电式和气动式等，多用于大批量生产时精密磨削加工过程中的定尺寸测量。停机测量多属于工序间在线检测或加工后在线检测，这种测量装置多数是可以安装在数控机床主轴或刀架上的三维测量头，由数控机床的控制计算机直接控制测量。这种测量方法可以依据测量结果直接进行机床和刀具补偿,既节省了工件重新安装和运输时间,又避免了工件安装误差。需要说明的是,采用三维测量头虽然不需要单独购买测量机,但是在线测量会损失机床的加工时间,所以常用于单件、小批量的复杂精密零件加工过程中的测量。

(2) 线外测量装置

对于制造企业而言,其工件种类及测量内容繁多,一般都需要配备功能丰富、易于扩展的计算机数控坐标测量机。坐标测量机通常实现三个坐标测量,可以自动检测工件尺寸误差、形状误差和轮廓形状误差,并能自动提供误差修正补偿值。企业可以根据测量效率和柔性等方面的特殊需要,为坐标测量机配备回转工作台、托盘交换系统和测量头交换系统等附件。

(3) 其他数字化测量装置

服务于批量生产的数字化测量装置的类型很多,按工件的测量表面分为内表面测量装置、外表面测量装置、平面测量装置、齿形测量装置及曲面测量装置等。例如,光电塞规可以准确测出孔径尺寸,孔的圆度、锥度、圆柱度,喇叭口、腰鼓肚和孔内局部凹凸等;圆度仪可以精密测量圆度、同心度、同轴度、平面度、垂直度、轴线直线度、跳动和波度测量;轮廓测量仪可将测得的工件轮廓以数字量存入存储器中,并能显示工件轮廓,计算选定轮廓段的圆弧半径、两圆弧中心距、两直线间的夹角、直线的倾角、两点间坐标差和距离等几何参数。

6.2 系统集成技术

6.2.1 系统集成方式

MES 系统的集成方式主要有 API 函数调用基于中间件技术以及基于 XML 的信息集成等,这些集成方式主要适用于 MES 与其他软件系统的集成。

(1) 封装调用集成模式

封装就是指对象的属性和操作方法同时封装在定义对象中。用操作集来描述界面独立于对象的内部表达,接口作用于对象的操作集上是对象唯一可见的部分。用户看不到对象的内部结构,但可以通过调用的方式来使用对象。封装以后通过接口调用就可以有效实现系统的集成,比较典型的调用方法是基于 API 的函数调用方法,如 JDBC(Java 数据库连接)/ODBC(开放数据库互联)API 等。

API 目前在系统集成中使用非常普遍,而且许多软件本身具有 API 接口。两个应用系统中的数据通过设在其间的应用适配器接口进行传输,从而实现集成。该方法适合异构系统之间的信息集成。图 6-1 所示为基于 API 的 MES 系统集成模型,它通过 API 接口、数据传输与通信实现了 MES 信息集成。

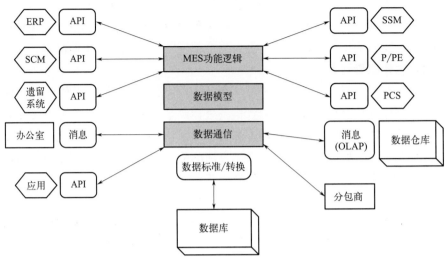

图 6-1 基于 API 的 MES 系统集成模型

(2) 直接集成模式

直接集成模式就是两个系统直接对各自的数据库进行操作，并交换数据。要实现这种集成模式，一般是将 MES 系统的数据存放在其他系统的数据库中，实现两个系统的数据库真正共享。这种方法对于开发一套整体的企业信息系统是最好的，因为这种集成的紧密度比较高。但这种方法并不适合在几个成熟的商业软件之间进行系统集成，而现今大多数企业是直接采用商业软件的，这也是此方法的局限性之一。

(3) 数据复制

数据复制应用在同构的数据库中，以保持数据在不同数据模型中的一致性。数据复制中，需要建立不同数据模型中数据转化和传输的机制及关系，以屏蔽不同数据模型间的差异。在此基础上，将数据从源数据库中抽取和导入目标数据库中，采用数据复制方式实现系统的集成。

(4) 数据聚合

数据聚合是一种将多个数据库和数据库模型聚合为一种统一的数据库视图的方法，聚合的过程可以看成构建一个虚拟数据库，而此虚拟数据库又包含了多个实际存在的数据库。这个构建的过程对于处于数据库以外的应用层的各具体用户来说是完全透明的，用户可以用访问数据库的通用方法访问企业中任何相连的数据库。但是对于企业中存在的多种异构数据源而言，有时难以构建一个良好的通用接口来访问所需的数据。

(5) 中间件集成模式

中间件集成模式主要通过中间文件、中间数据库、XML 数据流以及消息中件等来实现各种系统与 MES 系统的集成。

① 通过中间文件的集成模式。可以把 MES 系统需求的其他系统文档做成适合 MES 系统数据格式的或者统一格式的文件，通过访问中间文件库实现系统的集成。

② 通过中间数据库的集成模式。建立中间数据库实现共享数据格式统一定义，通过访问中间数据库抽取数据实现其他系统与 MES 系统的信息集成。这种集成模式的关键是多数据库集成技术的应用，比较适合完整的 ERP/MES 系统的自行开发和实施。

③ 通过消息中间件的集成模式。面向消息的中间件指的是利用高效可靠的消息传递机制进行与平台无关的数据交流，并基于数据通信来进行分布式系统的集成。通过提供消息传递和消息排队模型，它可在分布环境下扩展进程间的通信并支持多通信协议、语言、应用程序、硬件和软件平台。消息中间件常用协议有 AMQP、MQTT、STOMP、XMPP 等。常见的消息中间件产品有 IBM 的 MQ-Series、阿里旗下的 RocketMQ 等。消息中间件适用于任何需要进行网络通信的系统，负责建立网络通信通道，进行数据或文件发送。消息中间件的一个重要作用是可以实现跨平台操作，为不同操作系统上的应用软件集成提供服务。

图 6-2 所示为美国政府资助的 NIIIP-SMART 联盟提出的基于对象请求代理（Object Request Broker，ORB）的 MES 系统集成参考模型。ORB 是一个中间件，在对象间建立客户-服务器的关系。通过 ORB，一位客户可以很简单地使用服务器对象的方法而不论服务器是在同一机器上还是通过网络访问。ORB 解释

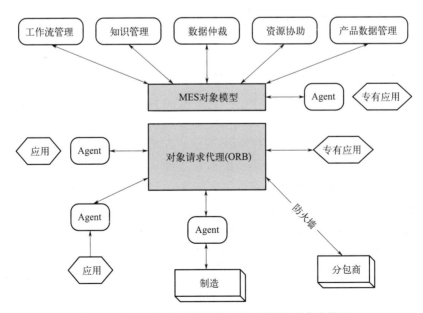

图 6-2 基于对象请求代理的 MES 系统集成参考模型

该调用，然后负责找到一个对象实现这个请求，并传递参数和方法，最后返回结果。客户不用知道对象在哪里，是用什么语言实现的，其操作系统是什么，以及其他和对象接口无关的东西。

(6) 基于 XML 的信息集成方式

可扩展标记语言（Extensible Markup Language，XML）是一种用于标记电子文件使其具有结构性的标记语言。XML 的关键特点是作为不同应用数据交换的通用格式。在 XML 技术出现之前，为了将某一数据源的数据转换到各个不同的目标数据源中，只能在每个应用系统中都实现一次数据分析处理。数据解析只是在两个点到点的系统之间产生作用，而无法用于其他系统。XML 作为一种对数据格式进行描述的通用元语言标准，目前来看是跨平台数据集成的最佳解决方案。XML 在 MES 系统集成实践中得到了广泛应用，例如在 MES 与 ERP 等系统的集成中，采用 XML 能够使不同数据库的数据通过 XML 数据流进行集成。

基于 XML 的 Web Services 技术为基于 Web 的 MES 系统集成提供了理想的解决方案。简单地讲，Web Services 就是一个应用程序，它向外界暴露出一个能够通过 Web 进行调用的 API，而 XML 正是 Web Services 平台中表示数据的基本格式。图 6-3 所示为基于 Web Services 的 MES 系统集成架构。ERP 计算机辅助工艺规划（Computer Aided Process Planning，CAPP）和分布式数控（Distributed Numerical Control，DNC）等系统各有不同的数据存储和表现格式。由于不同的系统使用层次及涉及的数据不同，其软件结构也有很大的不同，而且可能是异构系统。该架构采用基于 Web Services 的与平台无关的技术来实现 MES 与上述各应用系统的集成。Web Services 是完全与平台无关的，它定义应用程序在 Web 上的互相通信，而与各应用程序的底层实现无关，从而屏蔽了不同系统的底层实现细节。不同的系统对外提供统一的调用接口，MES 与各系统集成的底层接口分别封装成 Web Services。例如，MES 系统可以通过 Web 调用封装了 DNC 接口的 Web Services；反之，DNC 也可以调用 MES 的 Web Services，两者通过 Web 互相调用，关系是对等的。MES 系统和 DNC 系统互为 Web Services 的客户端和服务器端，客户端和服务器之间用 SOAP 协议通信。在客户端，两个系统之间采用 XML 格式进行信息交换，通过数据交换封装接口将各自的内部数据格式转换成 XML 数据格式发送请求，收到 XML 格式的数据之后，同样通过数据交换封装接口把收到的 XML 数据解析为各自的内部格式。同样，MES 系统可以与其他系统在 Web Services 平台上实现集成。

除 XML 外，JSON（JavaScript Object Notation）作为一种轻量级的数据交换格式，由于它采用完全独立于编程语言的文本格式来存储和表示数据，且具有简洁和清晰的层次结构，使其亦成为一种理想的数据交换语言。相比于 XML，

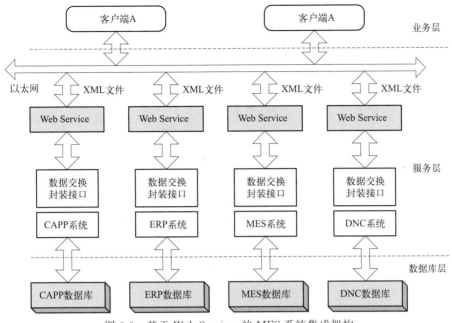

图 6-3 基于 Web Services 的 MES 系统集成架构

JSON 不仅易于阅读和编写，同时更易于机器解析和生成，并能够更有效地提升网络传输效率，因此已成为另一种主流的数据格式与信息集成方式。

目前，ESB 及面向服务的体系结构已经逐渐成为 IT 集成的主流技术。ESB 将传统中间件技术与 XML、Web 服务等技术相结合，为网络提供最基本的连接中枢，实现了复杂 IT 系统环境的应用集成。国内外对 ESB 的研究都比较活跃，IBM 的 ISV、开源的 Mule Sun 领导的 JBI 规范等，都是 ESB 的具体实现。

6.2.2 数据集成平台

MES 系统作为制造车间集成化生产管理的最佳解决方案，为生产管理信息化的实现提供了统一的平台化的数据集成（Data Integration，DI）平台；同时，MES 数据集成平台也为 MES 系统集成化的高效车间生产管理提供了强大的支撑，特别是对于流程工业的 MES/PCS 数据集成，提供了最佳的解决办法。

（1）MES 数据集成平台的产生

MES 的关键是实现整个生产过程的优化，它需要收集生产过程中的大量实时数据，并对实时事件进行及时处理。由于这些数据产生于各种底层设备，如生产设备、检测设备、物流设备等，直接导致了数据来源的多样性及复杂性，如 PLC、DCS、RFID、PDA 等的数据源。这些数据源可能具有不同的数据协议格式，如果不给数据分类并统一数据格式，MES 系统直接与 PCS 层进行信息交互，就会使得 MES 对 PCS 层支撑环境的依赖性强，造成应用系统与集成环境缺乏良好的开放性和可移植性，同时也很难解决异构信息和异构环境的集成问题，进而影响 MES 系统的整体运行效率，为此产生了基于数据平台的 MES 数据集成技术。MES 数据集成平台提供了统一的数据访问接口和数据存储格式，为上述问题的解决提供了最佳方法。

（2） MES 数据集成平台的结构与功能

MES 数据集成平台通过采用 RTDB 实时数据库，使得 MES 系统能够实现对生产现场数据的实时采集、整理、分析、报警生成、事件记录、时间同步、历史归档管理与维护，实现覆盖全工厂的集成化生产管理。同时，MES 数据集成平台也是 MES 系统的日常生产管理运行平台，为生产控制提供准确及时的指导，也为企业上层信息管理系统提供各种实时、历史数据服务。MES 数据集成平台的总体架构如图 6-4 所示。

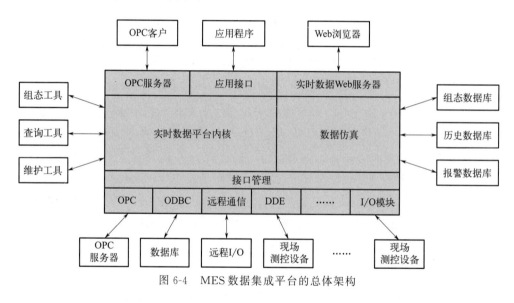

图 6-4　MES 数据集成平台的总体架构

MES 数据集成平台的主要功能如下：

① 数据通信功能。MES 数据集成平台集成了 OPC、DDE、ODBC 等数据集成接口，使 MES 系统能够轻松地将底层自动化工业控制系统、监控软件、应用程序和各种数据库中的生产数据集成到 MES 数据集成平台上，同时也能将上层生产指令快速及时地下达至底层。

② 数据录入与输出。MES 系统可以对进出 MES 数据集成平台的各种数据、信息、指令进行处理，包括数据统计、数据格式转换、量程转换、报警设定、历史数据归档等功能。

③ 网络监控与重连。为了保证数据的正常传输，MES 数据集成平台通过

RTDB 实时数据库，实现对生产信息网络和控制网络的实时监控与自动重连。当车间信息化网络出现故障时，MES 数据集成平台能够及时提示或报警；当网络恢复时，其又能够检测到并自动重连。

④ 在线数据维护与查询。为保证数据的连续性，MES 数据集成平台提供在线维护功能，并能根据用户的不同要求提供数据查询与组态功能。

⑤ 数据安全保证。由于 MES 系统处在连接上、下层的信息枢纽位置，MES 数据集成平台需要与上、下控制系统及互联网相连，且 MES 系统中的信息关系到企业的生产信息，必须保证数据传输的安全性。因此，MES 数据集成平台设立了安全机制，绝对防止未经授权的操作，以保证整个信息系统的安全。

MES 数据集成平台为 MES 系统的生产信息化管理提供了一个统一的集成化平台，也为制造业智能工厂架设提供了支撑平台。

(3) MES 数据集成平台的特点

在 MES 中，PCS 层采集的生产数据具有如下特征：

① 海量的数据采集。这类数据集成无论是采集范围还是数据规模都是海量的。

② 实时的数据集成。这类数据集成面向实时计算、实时分析、实时应用，而且数据是有时效性的，因为延时的记录和存储将会导致应用的错误甚至失败。

③ 复杂的数据源。这类数据集成往往要考虑到复杂的数据源类型、异构的网络接口等因素。

④ 面向多种应用的数据集成。集成目标往往要面对 ERP、MES 甚至是控制系统的应用。

因此，支持 MES 系统的数据集成平台具有如下特点：

① 通过数据平台可以实现不同应用系统之间的数据共享和应用集成。数据平台为 MES 中的其他模块提供了统一的集成环境，便于应用开发与集成。

② 数据库能及时接纳大量实时现场数据，能够有效地集成异构控制系统，提供分布式的数据服务。高性能的数据归档系统用来有效地采集、存储和检索任何基于时间的生产相关信息。

③ 提高数据的透明性。基于平台的数据集成能够大大简化开发工作，MES 开发人员可以直接面向数据集成平台进行开发，而不必考虑下层数据的结构或通信模式，这些工作全部由数据集成平台负责完成。

④ 通过统一的 OPC 接口实现双向数据传输及可靠连接。OPC 接口是目前工业控制软件中广泛采用的一项技术，凭借其开放性、可靠性已经成为一种国际标准而得到广泛应用，各自动化厂商的产品都可以通过 OPC 接口实现无缝连接。

6.3 MES生产建模技术

6.3.1 MES生产模型

数字化生产模型是支撑MES运行与可视化生产管控的基础，MES主要业务功能的实现都是基于MES生产模型的驱动。MES生产模型正确与否，直接影响执行层功能的实现。基于生产模型，MES从工厂生产设备等资源中收集信息，建成一个随时随地可以访问的"虚拟工厂"，并根据一些关键性的指标，实现对每个生产工序的跟踪、生产绩效的实时评估和监测。

MES生产模型包括工厂模型、产品模型、事件模型和执行模型，其中事件模型和执行模型统称为过程模型。产品模型用于定义产品材料、规范配方和工艺过程。对离散型装配制造而言，产品建模主要是构建装配BOM。装配BOM包含产品的零部件组成结构和工序信息，为物料配送及在制品跟踪提供基础信息。产品模型中的装配BOM反映出产品在某一工序的装配信息、料位料架及特殊零部件厂家信息等，并描述装配零部件与料位料架的对应关系。工厂建模完成工厂、生产线的设备和相应的组织模式定义，建立MES物理工厂模型。工厂模型定义完成后可在模型的基础上定义生产过程中的生产事件。生产事件是控制生产活动的基础单元，通过生产事件模型的建立，可以描述MES系统控制生产活动的过程。生产执行模型定义生产运作规则，以此控制生产过程的物料流和信息流。MES生产建模可参照ISA-SP95标准中的相关规范。MES生产模型之间的关系如图6-5所示。

在MES生产模型的设计中，一般采用面向对象的分析与设计方法（Object Oriented Analysis and Design，OOA&D）对工厂模型、产品模型、过程模型进行建模，其建模过程主要是对工厂的资源、企业生产活动及车间业务进行抽象和分类，将其描述为一系列具有一定特性的基本语义元对象，并最终将相关模型抽象为由若干语义元对象组成的复合对象。在上述生产建模技术基础上，开发出可视化建模工具，最终将工厂资源建模为工厂模型，将生产活动建模为事件模型，将制造业务建模为执行模型。

MES生产建模完成后，生产过程的控制由各种事件触发来完成相应的后台业务处理模块，最终完成生产制造流程。以装配制造为例，基于生产模型驱动的MES平台运行机制如图6-6所示，其处理流程为：

① 建立企业的产品模型工厂模型、事件模型和执行模型；

② MES接收装配计划，下达装配生产指令；

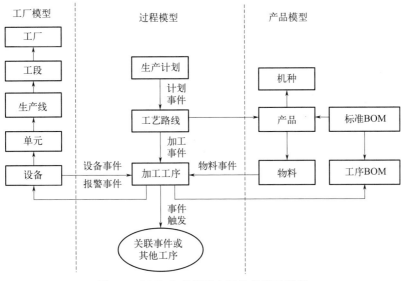

图 6-5 MES 生产模型之间的关系示意图

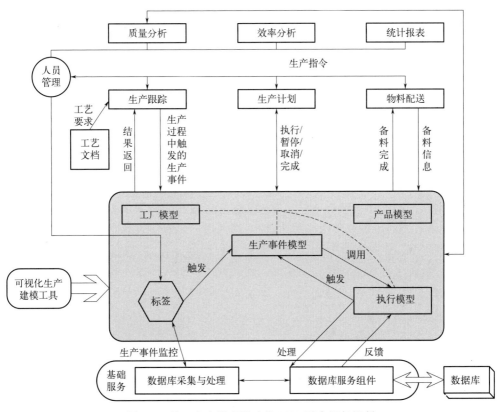

图 6-6 基于生产模型驱动的 MES 平台运行机制

③ 触发相应的生产开始事件，系统控制交给后台处理；
④ MES 执行相应的业务处理程序，完成事件发生后的业务功能；
⑤ MES 平台继续监测生产事件的发生；
⑥ 循环重复③～⑤。

事件模型是对生产过程中生产活动的一种抽象描述。生产事件可以有多种表现形式，如将物料配送到现场料架时产生的物料配送事件；也可以表示抽象的实体，如生产过程中的计划更改会产生计划变更事件；还可以基于事件对产品的生产过程进行跟踪。实际生产中，事件的发生一般以某一个或一系列数据标签的变化为触发条件。执行模型以事件模型为基础，是对事件响应业务逻辑的封装。当系统侦测到事件发生后，系统服务会调用执行模型，对产生的事件进行处理。事件模型配置在生产单元中，可根据实际需要配置不同的事件，如计划变更事件、报警事件、停机事件等，并将事件同触发标签相关联。执行模型主要是针对在生产单元中配置好的事件编写业务流程处理脚本，并与事件模型相关联。

6.3.2　基于事件驱动的 MES 生产过程建模

MES 生产过程建模就是用一种描述方式为一个特定的生产过程构造系统蓝图。生产过程模型是对生产过程系统化、结构化的描述，需采用结构化的建模方法，能够反映出生产流程以及各个流程之间的关系。该模型不仅能够根据用户生产管控的需要反映生产过程各个部分的细节，还能够展示各个部分之间的联系。生产过程模型本质上是反映工艺流程的模型，生产过程建模的目的一方面可以对系统调度策略进行仿真、验证和优化，另一方面是为了实现生产过程的可视化，进而对生产过程进行管理和控制。

事件是生产过程中生产活动的一种抽象，是描述生产过程的最基本元素。生产系统的动态过程是基于事件驱动的，生产过程中事件的发生一般以某一个或一系列数据标签的变化为触发条件。因为实际生产过程中的很多事件都与时间有关（只与时间有关的事件则称为必然事件），因此时间也是触发条件之一。生产过程事件之间存在一定的触发规则，事件和触发规则的集合就组成了生产过程模型，亦即生产过程事件的执行模型。例如，在装配生产事件中，工件在工位上的装配操作可以定义为一类生产过程事件；在流程工业中，需要按照配方定时送料，时间就是重要的事件属性。

(1) 生产过程事件模型

① 生产过程中的事件分类。

在制造行业中，一般有离散型、流程型、混合型 3 种生产类型，相应的生产过程可分为离散生产过程、连续生产过程、混合生产过程。归纳起来，可以将上述生产过程中的事件分为 6 大类：计划事件、加工事件、物料事件、设备事件、工艺事件、报警事件。

　　a. 计划事件（EP）。计划事件是外部输入事件，指详细生产计划事件。这里的生产计划是指到达每一个加工单元或工位的生产安排，是加工单元或者工位的工序级生产计划。而 MES 计划事件是指按照产品的工艺要求和生产调度，将主生产计划分解成详细的生产计划，并将生产计划分派到相应的生产单元。

　　b. 加工事件（EW）。当生产计划下达到生产单元后，原料已送达并开始进行产品生产的事件称为加工事件。加工事件需要记录相关的生产信息，包括产品名称、所属计划、所需事件、生产数量、使用的材料和人力、开始运行的时间和结束的时间等。加工事件是生产过程中的关键事件，因为生产过程中的事件大部分都是加工事件。

　　c. 物料事件（EM）。在生产过程中，当生产计划下达到生产单元，或者生产单元有物料需求时，需要将原材料送达生产单元，这类事件叫作物料事件。物料事件可能在加工事件之前发生，这时需要将原材料送达后才可以开工；物料事件也可以在加工事件之后发生，此时若在生产过程中出现废料、缺料等报警事件，就需要根据情况将物料送达。

　　d. 设备事件（EE）。生产过程中，设备需要根据生产计划进行开、停机，或者为处理紧急情况而进行停、开机，这就是设备事件。设备事件也包括设备自身的属性，如生产能力和运行情况等。在流程工业中，对设备的依赖性很高，其设备事件除了开、停机之外还包括其他事件，如设备监测等。

　　e. 工艺事件（ET）。MES 中生产不同的产品往往需要对应不同的生产过程、不同的物料、不同的设备以及不同的加工工序，在部分流程工业还需要对应不同的生产条件和生产环境。工艺事件就是将这一类约束集合在一起，进行统一管理，将生产计划分解为子生产计划，其中子生产计划的分解粒度原则为具体到加工工序和加工设备。

　　f. 报警事件（EA）。在生产过程中可能会出现一些突发事件（如缺料、废料、废品等，以及其他影响生产完成或产品质量的异常事件），需要打断或者介入生产过程，这一类事件叫作报警事件。

　　② 建立生产过程事件模型。

　　所谓生产过程，是由一系列按照一定规则联系在一起的生产过程事件组成的，它反映了一道工序或者一个工段的生产流程。将生产过程事件按照一定的事件触发规则建立连接，据此所组成的模型就是生产过程事件模型。

　　事件属性可对实际生产过程中的特定事件特性进行抽象描述。事件通常具有多个属性，这些属性构成了事件的属性集。事件属性的作用在于标记事件状态、确定事件之间的关系，从而完善模型表达。生产过程事件的重要属性有事件 ID、事件状态、事件等级、生产计划号、产品信息（如产品编号、生产序号）、设备信息（如工位 ID、生产线 ID）、时间信息（如生产时间、时间戳）、物料信息、生产优先级等。将这些重要属性进行扩展，就可以较完整地描述生产过程事件了，其中事件状态用于控制事件的生命周期。

事件触发规则可描述事件之间的触发机制。当生产过程中进行某一加工时会产生生产事件，如果该事件能成功开启另一个生产过程，则说明在满足一定的触发规则情况下，前一生产事件是后面生产事件的前驱事件，并且它们之间存在一定的触发规则，使得后一事件被触发。

实际生产过程事件模型中往往含有前驱事件和后继事件，如图 6-7 所示。设有生产事件集合 $E=\{e_1,e_2,\cdots,e_i,e_j,\cdots,e_n\}$，若有生产事件 e_i 必定在生产事件 e_j 之前发生，则称生产事件 e_i 是生产事件 e_j 的前驱事件，e_j 是 e_i 的后继事件。事件集合是有序的，e_i 及其前驱事件的集合构成了 e_j 的前驱事件集，e_j 及其后继事件的集合构成了 e_i 的后继事件集。

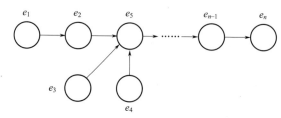

图 6-7 具有前驱事件和后继事件的生产过程事件模型

e_i 的前驱事件集为

$$E_{\text{pre}}(e_i)=\{e_m,e_{m+1},e_{m+2},\cdots,e_{i-1}\}$$

e_i 的后继事件集为

$$E_{\text{net}}(e_i)=\{e_{i+1},e_{i+2},e_{i+3},\cdots,e_{n-1},e_n\}$$

e_i 的生产过程表示为

$$OP(e_i)=\{E_{\text{pre}},\text{Details},E_{\text{nxt}}\}$$

其中，Details 表示事件 e_i 的具体细节。

根据事件中一些关键属性之间的关联，可以顺利找到任何一个事件的前驱和后继，将其连接起来就可以得到生产追踪和产品回溯模型。事件的关键属性包括生产计划号、生产序号、产品编号、设备工位号、生产事件以及时间戳等。

（2）生产过程执行模型

生产过程模型需要通过配置才能实现对实际生产过程的映射，配置的过程需要通过对生产过程事件的触发规则定义来实现。在任何类型的生产过程中，每一个生产过程事件都是通过前驱事件触发的。按照触发规则建立起来的事件模型称为生产过程执行模型，它反映了实际的生产执行流程。

生产过程事件的执行模型就是事件的处理流程模型，也是事件的关系模型，它用来描述生产过程或者事件的执行过程。通过执行模型，我们可以将产品的生产加工过程完整地描述出来。图 6-8 所示是一个典型的生产过程事件的执行流程，其具体描述如下：当生产计划下达到加工设备或者工位时，便产生相应的计划事件。在生产过程中，首先要将物料送达设备或工位，同时产生相应的物料事件。在生产进行时，产生加工事件记录生产过程的状态。在生产过程中，还可能会出现异常情况而产生报警事件，需要系统或人工进行干预。这时根据具体情况，设备可能会停机或暂停，从而产生设备事件。在有些行业或产品的生产过程中，还需要记录设备能耗、能源使用效率等数据，还有可能会按照生产工艺对应的业务逻辑关系触发其他事件。

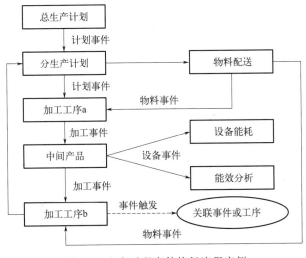

图 6-8　生产过程事件执行流程实例

生产过程事件执行模型将所有的生产过程事件按照产品的业务逻辑连接起来，从而对整个产品的生产过程建立模型。在执行模型中，所有的事件通过触发规则连接到一起。在实际生产过程中，各种各样的生产活动产生了大量不同类型的生产事件，这些生产事件相互影响、相互关联，形成一个复杂的生产系统。事件网络按照生产事件之间的触发规则，将网络中的事件联系在一起。最后会发现产品的所有生产事件形成了一张网状有向图，这就是基于生产事件的生产过程模型。

如前所述，触发规则是构成 MES 生产过程模型的重要组成部分。为了实现生产过程事件模型的可配置，需要对不同行业的生产过程事件触发规则进行定义，因为不同的触发规则可以满足不同行业的不同配置需求。在所有的触发规则中，存在着通用规则和行业特有的规则，我们可以将它们进行总结和分类，建立一个规则库进行统一管理。有些触发规则适用于相同或者类似的行业，有时甚至适用于所有的生产过程事件，所以，我们可以根据规则的适用程度将触发规则分类，以提高事件处理的效率。一般将生产过程事件触发规则库中的规则分为通用规则、行业规则、企业规则 3 类。其中，通用规则是指适用于所有生产过程的规则，行业规则是指适用于离散、流程或者混合行业中某一个生产类型的生产过程的规则，企业规则是指根据企业的生产特点单独建立的企业特有的生产过程规则。针对实际应用对象的要求，可以调用或者更改规则库中的触发规则。

基于规则库的事件触发处理机制如图 6-9 所示。当一个生产过程事件被触发时，需要在规则库中寻找对应的规则，并调用解析方法，触发执行后续的事件或者操作。生产过程事件规则库在接收到模型发送过来的事件触发消息后，首先对事件类型进行判断并从规则库中获得该类型事件的触发规则，然后进行解析，建立规则树单元，通过事件触发执行器对规则进行执行，生成新的生产过程事件。在规则的执行过程中，需要判断前驱事件和后继事件的有效性，以及它们之间规则的有效性，防止触发错误事件或者无效事件。

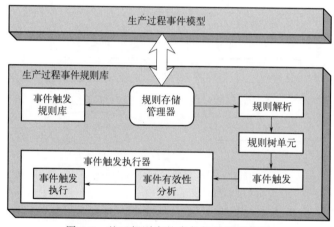

图 6-9　基于规则库的事件触发处理机制

6.4　MES 可重构平台技术

市场需求的动态多变导致现代制造环境不断变化，包括企业业务流程的变化、车间组织机构的变化、车间制造资源的变化等，这就要求 MES 能够根据制造环境的变化快速进行系统配置和调整。MES 体系结构从集成化（integrated）朝可集成（integratable）和可配置/可重构（reconfigurable）方向发展，正是为了适应制造市场变化的需求。国际主流 MES 产品的形态已由 MES 专用产品过渡到由"MES 基础平台＋行业通用构件＋企业定制化构件"构成的 MES 应用解决方案的 MES 平台化产品。

6.4.1 MES 重构要素

企业业务流程、业务目标的变更和车间环境的变化始终是实施 MES 重构的原动力。在实施 MES 重构过程中,会不同程度地涉及车间生产组织结构、制造资源及生产流程 3 大要素。

(1) 车间生产组织结构的重构

为了加强各生产部门之间的协作,提高车间的管理运行效率和车间生产的柔性,需要不断调整或精简车间各生产职能部门,重构原有的车间组织结构。如车间典型的 3 层管理模式为车间主任—工段长—班组长,随着生产能力的升级和管理效率的需要,可通过增强车间主任的向下管理职能和班组长的向上管理职能,取消工段长。组织结构的重构在 MES 系统里的最直接反映是系统用户和用户权限的变更,这在目前的 MES 系统里比较容易实现。

(2) 车间制造资源的重构

车间制造资源包括设备、工具、人员等物理制造资源,在制品信息、质量等制造过程信息资源,以及订单计划、工艺、图纸、库存信息等外部集成制造信息资源。这些制造资源在实际生产中都能发生动态变化,具体表现为:增加或减少设备、工具、人员,设备制造能力增强,增添质量跟踪信息,添加或取消与外部系统的集成等。MES 必须具备对车间制造资源重构的能力,及时反映车间制造资源的变化。

(3) 车间生产流程的重构

生产流程就是将车间各种功能性生产活动有机地组织起来完成生产制造过程,各功能性生产活动涉及相应的车间制造资源。企业业务目标的变更和车间环境的变化使得先前运行良好的生产流程会变得过时,不再适应变化的环境,MES 必须对其重构。生产流程的重构必然在一段时间内带来适应性和生产平稳性问题,如果过高频度地对关键生产流程进行重构容易使车间生产发生动荡,因此应适时、适度地对生产流程进行重构。要实现这一点,就需要在 MES 系统里建立相应的流程评价机制,通过对生产流程的评价,找到需要重构的关键点,提高流程重构的水平和效率。

6.4.2 可重构 MES 体系结构

建立可重构 MES 体系结构的主要支撑技术有组件技术、工作流技术、多智能体系统、业务流程管理(Business Process Management,BPM)等。此外,先进的 IT 架构也是实现 MES 系统可重构的重要基础。基于可重构体系结构的 MES 具有开放式、客户化、可配置、可伸缩、易集成等特性,可针对企业制造资源和业务流程的变更或重组进行系统重构和快速配置，为可重构MES系统的实现奠定坚实的基础。

（1）基于组件技术的可重构MES体系结构

MES最终要通过软件技术和软件体系来实现。从软件系统开发的角度看，MES主要运用软件复用和软件重构技术来实现重构，而组件技术是实现软件复用与软件系统重构的重要技术手段。

组件是通过抽象、封装，以统一规范接口定义和访问的独立功能单元。基于组件的软件开发方法，把软件开发分为领域工程和应用工程两类，二者既相互独立又相互促进，通过领域工程开发出可复用的领域组件，然后应用工程从中选取所需的领域组件来装配成用户需要的软件系统。通过对MES的各逻辑功能单元进行分类、抽象、提取可开发出MES的业务组件库。目前，可以参考COM、EJB、CORBA等标准组件模型来实现MES的各种组件，如计划调度组件、设备管理组件、人员管理组件、系统管理组件等，达到组件真正意义上的"即插即用"。

基于组件技术实现MES系统可重构，就是创建一个集成的、通用的和可动态配置的组件化对象模型，为制造领域开发和实施MES系统提供共享的、柔性的和易于扩展的开放环境，通过"搭积木"和软件重用来实现不同企业的各种要求，避免对每个企业重复进行需求分析、详细设计、编码、测试和运行维护等整个软件生命周期的工作。

图6-10所示是基于组件技术的可重构MES体系结构。基于组件技术的MES系统具有良好的可配置性、可重用性、可扩展性和可集成性，可以较好地满足现代制造企业对MES的需求。

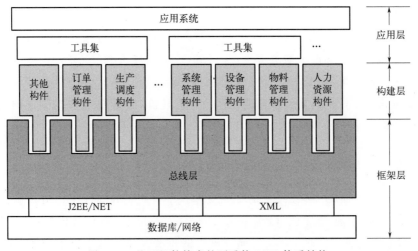

图6-10 基于组件技术的可重构MES体系结构

（2）基于工作流技术的可重构 MES 体系结构

工作流技术是一种能够有效地控制和协调复杂活动的执行，实现人与应用软件之间交互的技术手段。采用工作流技术，可以把 MES 业务逻辑从具体的业务实现中分离出来。这种方法在进行企业实际应用时具有显著的优点，它可以在不修改具体功能模块实现方法（硬件环境、操作系统、数据库系统、编程语言、应用开发工具、用户界面）的情况下，通过修改（重新定义）过程模型来完成系统功能的改变或系统性能的改进。通过工作流技术，可以有效地把企业的各种资源（人、信息、应用工具和业务流程）合理组织在一起，提高软件的重用率，发挥系统的最大效能。基于工作流的 MES 系统可以通过流程的再定义，灵活地将应用系统的功能连接在一起，快速完成企业应用系统的搭建，其体系结构如图 6-11 所示。

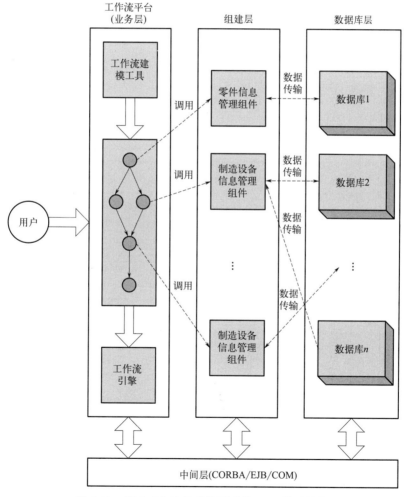

图 6-11 基于工作流技术的可重构 MES 体系结构

(3) 基于多智能体系统的可重构 MES 体系结构

多智能体系统（Multi-Agent System，MAS）被认为是未来生产系统中实现降低生产费用、生产分散化控制、自适应及处理复杂过程的关键技术之一。同时，它又是一种新的方法论，贯穿先进制造的各个领域，从企业动态联盟、ERP 规划与调度到现场控制都有 MAS 思想与技术的应用。MES 系统生产过程和控制结构本身所固有的局部控制和分布式决策特性为多 Agent 技术提供了广阔的应用空间。在 MES 中，Agent 主要指能完成某种特殊功能的分布式计算机程序，它具备如下关键属性：持续性、通信能力、自主性、可移动性、反应性、适应性和进化性、推理和规划能力等。基于 MAS 技术框架，可以在 MES 系统中建立多种 Agent 类型，如管理 Agent、加工任务 Agent、资源 Agent、监控 Agent 等，每个 Agent 可以对应一个具有分布式自主决策能力的业务功能模块，它们在分布式环境下实现信息共享和互操作，协同实现 MES 车间生产过程的管控功能。

图 6-12 所示是基于 MAS 的可重构 MES 体系结构。基于 MAS 的 MES 系统具有良好的可重构性与可扩展性，在该系统中，既可以注册业务功能组件，也可以注销业务功能组件，并且 Agent 中各业务功能组件的相互关系也随之做出相应的调整，从而达到系统重构的目的。

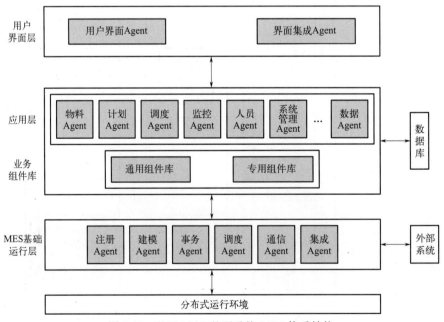

图 6-12 基于 MAS 的可重构 MES 体系结构

(4) BPM

BPM 是一种可以为流程建模、自动化管理和优化的软件技术，代表了一种新的、可以产生满足企业"随需应变"的流程应用方式,该技术的核心是通过软件来管理企业的业务流程生命周期。通过建立一个流程模式,然后实施这个流程模式,产生流程应用,使工作得以在系统和员工之间流转,并且通过这一模式来管理运转中的流程应用和在使用时对流程应用进行优化——无论是改善企业的核心流程或者是因业务条件变化做出调整。在流程生命周期的不同阶段,大部分 BPM 解决方案都支持业务部门的参与,业务人员开发出一个最初的流程模式,然后由 IT 开发人员来实施。利用 BPM 的流程管理思想,将 MES 系统的核心流程模式化,产生具体的车间流程应用,这个过程往往是由 IT 人员与车间业务人员共同完成的,以全面把握车间的核心流程。同时,通过对车间流程的全生命周期管理,监控流程的执行状况,真实评价流程水平与效率,形成行之有效的流程优化解决方案。

6.4.3 MES 配置平台

MES 配置平台是实现 MES 系统可配置与可重构的重要手段与工具。只有通过 MES 配置平台,才能够将 MES 可用资源库中的各种资源根据用户实际情况有效地整合在一起,生成符合用户需求的 MES 应用系统解决方案。图 6-13 所示是基于 Java 技术的可配置 MES 体系结构。

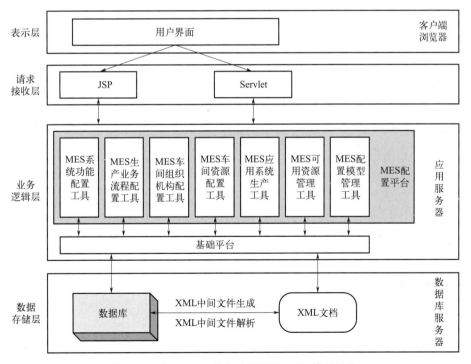

图 6-13 基于 Java 技术的可配置 MES 体系结构

该体系结构采用 Java 跨平台技术，通过 Web 服务的 4 层结构来实现。表示层是 MES 系统的用户接口部分，是用户与 MES 交互信息的窗口，并能够通过内部的通信机制向请求接收层中的 Web 服务器发出请求；请求接收层负责接收用户界面层传来的消息，并将消息转换成调用应用服务器上的相应服务指令，同时将应用服务器的处理结果以网页或控件形式传给表示层。业务逻辑层是可配置 MES 系统的核心，由基础平台层和 MES 配置平台层两部分组成。业务逻辑层通过对数据存储层中定义的各个数据对象的访问实现对数据库层的各种操作。数据存储层负责向业务逻辑层提供所要求的任何数据的持久性存储服务。

业务逻辑层中的基础平台主要由工作流引擎、系统集成引擎等组成，构成工作流管理与资源信息集成等基础性平台。MES 配置平台则封装了 MES 的相关业务逻辑，包括 MES 系统功能配置工具、MES 生产业务流程配置工具、MES 车间组织机构配置工具、MES 车间资源配置工具、MES 应用系统生成工具、MES 可用资源管理工具、MES 配置模型管理工具等。下面对其具体内容进行展开说明。

① MES 系统功能配置工具：能够通过对功能概要描述与特点描述，及智能匹配等方法对 MES 通用功能块与 MES 可选功能模块进行配置，实现不同用户的需求，构建满足用户需求的系统框架与功能模块。

② MES 生产业务流程配置工具：通过对各个生产活动的属性描述与制造流程的整体描述，配置用户所需的生产业务流程，包括计划制订流程、计划审核流程、生产准备流程、零件生产流程、检验流程、信息反馈流程、任务到期预警流程等，通过工作流技术，对流程中的各个活动进行配置。需要注意的是，生产业务流程的配置是基于 MES 生产模型的。

③ MES 车间组织机构配置工具：提供对不同车间的各种层次结构及不同职能部门的组织机构配置，并实现不同职能部门不同角色的权限配置。

④ MES 车间资源配置工具：对生产车间内的生产所需要的资源进行配置（主要是生产设备与加工工人等资源），使得系统能够及时准确地获取车间资源的实时信息，并对车间资源实现统一管理。

⑤ MES 应用系统生成工具：以 MES 配置模型为基础，对 MES 可用资源集合进行重构整合，从而构建出满足用户需求的 MES 应用系统。

⑥ MES 可用资源管理工具：对 MES 的可用资源进行分类分层管理，包括 MES 通用功能、MES 可选功能与 MES 业务流程等。该工具对每个资源的关键特性通过语言或者图形等方式进行描述，以便 MES 应用系统生成工具对其进行整合。

⑦ MES 配置模型管理工具：通过功能模块业务流程车间资源等方面的描述，实现对可配置 MES 系统生成的配置模型的管理。

6.4.4 基于配置平台的可重构的 MES 应用系统

基于配置平台的可重构 MES 应用系统解决方案包括"MES 配置平台＋MES 可用资源集合＋MES 用户定制功能"。该解决方案以用户需求为核心，通过在 MES 配置平台中生成的 MES 配置模型，应用 MES 可用资源来配置构建 MES 应用系统，并添加 MES 用户定制功能。

基于配置平台的可重构 MES 应用系统解决方案如图 6-14 所示，下面对其主要内容展开论述。

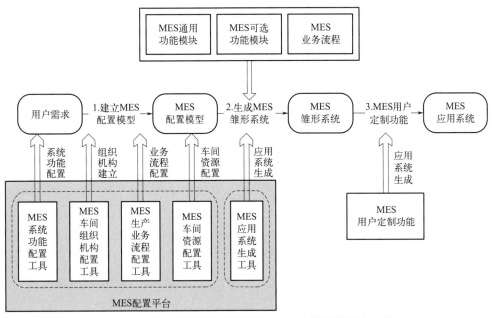

图 6-14 基于配置平台的可重构 MES 应用系统解决方案

① MES 配置平台：根据用户需求，建立 MES 配置模型并生成 MES 应用系统的一个平台系统，它是整个 MES 可配置框架的核心。在 MES 配置平台中，将用户对 MES 应用系统的需求转换为 MES 配置模型。之后，在 MES 配置模型的基础上建立 MES 应用系统。此外，MES 配置平台负责提供一个可靠的运行环境，保证系统中所有的功能组件在同一环境下良好工作，并以一个统一的运行机制管理。

② MES 可用资源集合：构建满足用户需求的 MES 功能与业务流程的资源所有的功能模块集合。MES 配置平台以 MES 配置模型为基础，通过调用 MES 可用资源集合中的功能模块与业务流程建立用户所需要的 MES 应用系统。

③ MES 用户定制功能：用户定制的功能模块可以根据用户实际的运行环

境定制开发适合企业实际情况的功能模块，保证企业具有特色的生产制造流程得以保留，让企业用户能够在自己熟悉的环境中自然地改变正在使用的信息化工具。

图 6-14 中的"MES 配置平台＋MES 可用资源集合"构成了一个在离散型制造领域具有较强通用性的解决方案。以此作为构建 MES 应用系统的基础，再配以企业定制开发的"MES 用户定制功能"，就可以完整地满足企业的实际需求，实现 MES 的快速配置与对车间生产制造环境变化的快速响应了。

根据上述基于配置平台的面向离散型制造业的 MES 应用系统解决方案，应用系统的开发人员甚至可以是用户自己，依据 MES 应用系统的具体需求，包括系统功能、业务流程、信息对象等，通过应用 MES 配置平台，一步步建立 MES 配置模型 MES 雏形系统，最终生成 MES 应用系统。具体步骤如下：

① 建立 MES 配置模型。以用户的具体需求为基础，通过 MES 配置台中的系统功能配置工具、车间组织机构配置工具、生产业务流程配置工具、车间资源配置工具等，建立包括车间的组织机构模型、功能模型、业务流程模型、资源模型、信息模型等信息的 MES 配置模型。

② 生成 MES 雏形系统。以 MES 配置模型为基础，根据配置模型中组织机构模型、功能模型、业务流模型、资源模型、信息模型等信息，应用 MES 用资源集合中的通用功能模块、可选功能模块与业务流程，生成 MES 雏形系统。该系统包括 MES 系统运行环境、MES 雏形数据库、MES 通用功能与 MES 配置模型中所包括的功能与业务流程。

③ MES 用户功能定制。由于 MES 雏形系统中所包括的功能是以 MES 可用资源集合中的功能与业务流程为基础的，如果用户的需求比较特殊，并不包含在 MES 可用资源集合中，则这些特殊的功能就需要另外定制开发了。根据用户的需求，对 MES 雏形系统中无法满足的要求，可通过 MES 用户功能定制进行个性化定制，最终生成满足用户需求的 MES 应用系统。

由此可见，基于 MES 可配置平台可以快速构建一个用户所需的 MES 应用系统解决方案，上述方法称为 MES 平台化技术。与传统的软件开发方法不同，MES 平台化技术是通过将构建 MES 应用系统所需要的各种信息（包括功能模型、业务流程模型、组织机构模型、信息模型等）整合在一起，由 MES 配置平台依据这些信息，调用 MES 可用资源集合中的资源，自动构建出 MES 雏形系统，此部分为 MES 平台化技术的核心。如有需要，再针对性地进行定制开发，此部分与传统开发过程类似。应用 MES 平台化技术构建 MES 应用系统的整个过程可以说是一个半自动化过程，大大降低了 MES 应用系统的开发成本。

6.5 MES生产调度优化技术

6.5.1 车间生产调度概述

生产调度是指按时间分配生产资源来完成生产任务，以满足某些指定的性能指标。车间生产调度问题一般可以描述为：针对某项可以分解的车间生产任务，在一定的约束条件下（如产品制造工艺规程、设备资源情况、交货期等），如何安排其组成部分（作业）所占用的资源、加工时间及先后顺序，以达到完成该生产任务所需的时间或者成本等目标最优。

生产调度的性能指标可以是成本最低、库存费用最少（减少流动资金占用）、生产周期最短、生产切换最少、"三废"最少、设备利用率最高等。实际生产调度的性能指标大致可以归结为以下3类：

① 最大能力指标，包括最大生产率、最短生产周期等，它们可以归结为在固定或者无限的产品需求下，最大化生产能力以提高经济效益。在假定存在连续固定需求的前提下，工厂通过库存满足产品的需求，因此，调度问题的主要目标为提高生产设备的利用率、缩短产品的生产周期，使工厂生产能力最大化。这类生产调度问题可以称为最大能力调度问题。

② 成本指标，包括最大利润、最小运行费用、最小投资、最大收益等。其中，收益指产品销售收入，运行费用包括库存成本、生产成本和缺货损失。

③ 客户满意度指标，包括最短延迟、最小提前或者拖后惩罚等。

车间调度问题一般可以描述为：n 个工件在 m 台机器上加工，一个工件包含 k 道工序，每道工序可以在若干台机器上加工，并且必须按一些可行的工艺次序进行加工，每台机器可以加工工件的若干工序，在不同的机器上加工的工序集可以不同。调度的目标是将工件合理地安排到各机器，并合理地安排工件的加工次序和加工开始时间，使约束条件被满足，同时优化一些性能指标。在实际制造系统中，还要考虑刀具、托盘和物料搬运系统的调度问题。

一般制造系统的调度问题采用 "$n/m/A/B$" 的简明表示来描述调度问题的类型。其中，n 为工件种类，m 为机器数，A 表示工件流经机器的形态类型，B 表示性能指标类型。

对于 A（以字母表示），常见的工件流经机器类型有：

① G——单件车间（Job-shop）调度问题；

② F——流水车间（Flow-shop）调度问题；

③ P——置换流水线（Permutation Flow-shop）调度问题；

④ O——开放式（Open-shop）调度问题。

性能指标 B（以符号表示）的形式多种多样，大体可分为以下几类：

① 基于加工完成时间的性能指标，如 C_{max}（最大完工时间）、$\overline{C}$（平均完工时间）、$\overline{F}$（平均流经时间）、F_{max}（最大流经时间）等。

② 基于交货期的性能指标，如 $\overline{L}$（平均推迟完成时间）、L_{max}（最大推迟完成时间）、T_{max}（最大拖后时间）、$\sum_{i=1}^{n} T_i$（总拖后完成时间）、n_T（拖后工件个数）等。

③ 基于库存的性能指标，如 $\overline{N_w}$（平均待加工工件数）、$\overline{N_c}$（平均已完工工件数）、$\overline{I}$（平均机器空闲时间）等。

④ 多目标综合性能指标，如最大完工时间与总拖后时间的综合，即 $C_{max} + \lambda \sum_{i=1}^{n} T_i$；提前/延迟（Earliness/Tardiness，E/T）调度问题，即 $\sum (\alpha_i E_i + \beta_i T_i)$，其中 α_i 和 β_i 为权重。

6.5.2 流水车间调度问题

流水车间调度问题（Flow-shop Scheduling Problem，FSP）一般可以描述为：n 个工件在 m 台机器上加工，一个工件分为 k 道工序，每道工序要求不同的机器加工。n 个工件在 m 台机器上的加工顺序相同，工件 i 在机器 j 上的加工时间是给定的，设为 $t_{ij}(i=1,2,\cdots,n;j=1,2,\cdots,m)$。调度问题的目标函数是求 n 个工件的最优加工顺序，使最大流程时间最小。

对 FSP 常作如下假设：

① 每个工件在机器上的加工顺序相同，且是确定的。

② 每台机器在每个时刻只能加工某个工件的某道工序。

③ 一个工件不能同时在不同的机器上加工。

④ 工序的准备时间与顺序无关，且包含在加工时间中。

如果某一给定的工件在一台或多台机器上的加工时间为 0，称为广义流水车间调度问题，否则称为纯流水车间调度问题。纯流水车间调度问题常用"$n/m/F/C_{max}$"表示，即 n 个工件在 m 台机器上加工，以最大流程时间最小化为优化目标的流水车间排序问题。

作为特例，如果 FSP 中每个工件在每台机器上的加工次序相同，则称该 FSP 为流水车间排列排序问题（或置换流水车间调度问题），可用"$n/m/P/C_{max}$"表示。

6.5.3 作业车间调度问题

(1) 一般作业车间调度问题

一般作业车间调度问题（Job-shop Scheduling Problem，JSP）可以描述为：n 个工件在 m 台机器上加工，每个工件有特定的加工工艺，每个工件使用机器的顺序及每道工序所花的时间已给定。调度问题就是如何安排工件在每台机器上的加工顺序，使得某种指标最优。这里假设：

① 不同工件的工序之间没有顺序约束。

② 某一工序一旦开始加工就不能中断，每台机器在同一时刻只能加工同一工序。

③ 机器不发生故障。

调度的目标是确定每台机器上工序的顺序和每道工序的开工时间，使最大完工时间 C_{max} 最小或其他指标达到最优。Job-shop 调度问题可简明表示为 "$n/m/G/C_{max}$"，此处 G 表示作业车间调度问题。

JSP 是一类满足任务配置和顺序约束要求的资源分配问题，是最困难的组合优化问题之一。资源和任务分别是一些机器和作业。作业可由若干称为操作的子任务组成。已知每个任务中诸项操作在机器上加工的优先顺序和所需时间，要求给出作业调度，使得目标函数值（如总的加工时间最短或机器最长加工时间最短等）达到最小。与 FSP 相比，由于 JSP 的每个工件的加工工序可以是不同的，所以 JSP 比 FSP 更加复杂。

对于作业车间调度问题，研究者们已经提出了许多最优化求解方法，如神经网络和拉格朗日松弛法，但由于 JSP 是一个非常难解的组合优化问题，多数现有的最优化算法只适用于规模较小的问题。

作业车间调度问题被证明是属于 NP 难题，在数学界公认是较困难的组合优化问题之一，目前提出了许多启发式算法来解决简单的作业车间调度问题。但迄今为止，尚未有保证性能的启发式算法，只有在一些特殊的场合才适用。很多研究表明，寻找作业车间调度问题的最优解是非常困难的，最有工程意义的求解算法是放弃寻找最优解的目标，转而试图在合理、有限的时间内寻找到一个近似的、有用的解。

作业车间调度问题是一个资源分配问题，这里的资源是设备。由于 JSP 本身的 NP 难特性，通常采用启发式算法进行求解。多数传统的启发式算法应用优先权规则，即在一个从未排序的工序特定子集中选用工序的规则。近年来，基于概率的局域搜索方法成为求取 JSP 的重要算法，如遗传算法（Genetic Algorithm，GA）、模拟退火（Simulated Annealing，SA）算法、禁忌搜索（Tabu Search，TS）算法等。

(2) 柔性作业车间调度问题

柔性作业车间调度问题（Flexible Job-shop Scheduling Problem，FJSP）是一般 Job-shop 调度问题的扩展。在一般 Job-shop 调度问题中，工件的每道工序只能在一台确定的机床上加工。而在 FJSP 中，每道工序可以在多台机床上加工，并且不同的机床上加工所需的时间不同。FJSP 减少了机器约束，扩大了可行解的搜索范围，增加了问题的复杂性。

FJSP 的描述如下：一个加工系统有 m 台机器，要加工 n 种工件。每个工件包含一道或多道工序，工件的工序顺序是预先确定的；每道工序可以在多台不同的机床上加工，工序的加工时间随机床的性能不同而变化。调度目标是为每道工序选择最合适的机器，确定每台机器上各工件工序的最佳加工顺序及开工时间，使系统的某些性能指标达到最优。此外，在加工过程中还应满足以下约束条件：

① 同一时刻同一台机器只能加工一个工件。
② 每个工件在某一时刻只能在一台机器上加工，不能中途中断每一个操作。
③ 同一工件的工序之间有先后约束，不同工件的工序之间没有先后约束。
④ 不同的工件具有相同的优先级。

在实际生产中，FJSP 常用的 3 种性能指标是：最大完工时间 C_{max}（Makespan）最小、每台机器上的最大工作量（Workloads）最小和提前/拖期惩罚代价最小（基于 JIT 生产模式中 E/T 调度问题的性能指标）。其中，最大完工时间最小是典型的正规性能指标，E/T 调度问题的性能指标是非正规性能指标中最具代表性的一种。对于 n 个工件、m 台机器的 FJSP，这 3 种性能指标的目标函数为：

① 最大完工时间 C_{max} 最小，即 $\min\{\max C_i, i=1,2,\cdots,n\}$。其中，$C_i$ 是工件 J_i 的完工时间。

② 每台机器上的最大工作量 W_{max} 最小，即 $\min\{\max W_j, j=1,2,\cdots,m\}$，其中，$W_j$ 是机器 M_j 上的工作量（或机器 M_j 上的总加工时间）。

③ 提前/拖期惩罚代价最小，即 $\min \sum_{i=1}^{n}[h_i \times \max(0, E_i - C_i) + \omega_i \times \max(0, C_i - T_i)]$，其中，$C_i$ 是工件 J_i 的实际完工时间，$[E_i, T_i]$ 是工件 J_i 的交货期窗口，E_i、T_i 分别为工件 J_i 的最早和最晚交货期，h_i 是工件 J_i 提前完工的单位时间惩罚系数；ω_i 是工件 J_i 拖期完工的单位时间惩罚系数。

相比 JSP，FJSP 是更复杂的 NP 难问题。迄今为止，比较常用的求解方法有基于规则的启发式方法、遗传算法、模拟退火算法、禁忌搜索算法、整数规划法和拉格朗日松弛法等。

FJSP 中运用较多的是基于规则的启发式方法。各种调度规则按其在调度过程中所起的作用又分为加工路线选择规则和加工任务排序规则，它们的共同特点是求解速度快，简便易行。然而，现行的调度规则大多是在一般单件车间调度甚至是单台机床排序的应用背景下提出的，它们对于柔性单件车间调度问题的解决虽然有相当的借鉴价值，但与在一般调度应用中一样，其对于应用背景有较大的依赖性。目前，尽管大量研究开展了新型规则设计、调度规则比较以及不同调度环境下各种规则的性能评估等方面的工作，但要给出一种或者一组在各种应用场合均显优势的调度规则尚有一定的困难。遗传算法操作简便，鲁棒性好，通用性强，不受限制性条件的约束，并且具有隐含并行性和全局解空间搜索能力的特点，在生产调度领域得到了广泛的应用。

6.5.4 车间动态调度问题

生产调度分为动态调度和静态调度两大类。静态调度是在已知调度环境和任务的前提下的所谓事前调度方案。在实际生产过程中，虽然在调度之前进行了尽可能符合实际的预测，但由于生产过程中诸多因素难以预先精确估计，往往影响调度计划，使实际生产进度与静态调度的进度表不符，因此需要进行动态调整。例如，由于市场需求变化会引起产品订单变化，包括产品数量的变化、交货期的变化；抑或是由于生产设备故障、能源的短缺、加工时间的变化等，都可能使原来的调度不符合实际情况。

动态调度（Dynamic Scheduling）亦称为再调度（Rescheduling），是指在调度环境和任务存在着不可预测的扰动情况下的调度方案，它不仅依赖于事前调度环境和任务，还与当前状态有关。动态调度有两种形式：滚动调度（Rolling Scheduling）和被动调度或反应式调度（Reactive Scheduling）。滚动调度是指调度的优化时间随着时间的推移在一个接一个的时间段内动态进行生产调度。被动调度是指当生产过程发生变化，原来的调度不再可行时所进行的调度修正。被动调度是在原有的静态调度的基础上进行的，因此，它的调度目标是尽量维持原调度水平，性能指标下降得越小越好。滚动调度既可以在原有的静态调度的基础上进行，也可以直接进行，其最终目的都是在当前优化区域内得到最优或者近优调度。

动态调度是把车间生产看成一个动态过程，工件依次进入待加工状态，各种工件不断进入系统接受加工，同时完成加工的工件又不断离开。引起车间调度环境变化从而需要进行动态调度的事件称为动态事件。动态事件的种类有多种，主要分为以下4类：

① 与工件相关的事件，包括工件随机到达、工件加工时间不确定、交货期变化、动态优先级和订单变化。

② 与机器相关的事件，包括机器故障、意外损坏等导致的机器停机与维修保养等。

③ 与工序相关的事件，包括工序延误、质量否决和产量不稳定。

④ 其他事件，如操作人员不在场、原材料延期到达或有缺陷、动态加工路线等。

与静态调度问题相比，动态调度问题不仅需要考虑初始状态，还经常面临紧急工件或计划工件不断加入等动态因素，因此，动态调度问题的性能指标比静态调度的更为复杂，并且多目标综合性能指标居多。譬如，在经典的 Job-shop 静态调度问题中，所有工件的释放时间（或到达时间）r_i 均为零时刻，性能指标通常采用最大完工时间 C_{max} 最小，即 $\min\{\max C_i, i=1,2,\cdots,n\}$，其中，$C_i$ 是工件 J_i 的完工时间。然而，在实际动态生产环境中工件是依次进入待加工状态，它们的释放时间 r_i 是不可预期和不相同的。由于工件只能在释放时间之后开始加工，动态调度中最大完工时间经常由最新加入工件的释放时间支配。因此，在动态调度问题中，通用性能指标一般采用工件的平均流经时间 $\overline{F}$ 最小，即 $\min\left[\dfrac{1}{n}\times\sum\limits_{i=1}^{n}(C_i-r_i)\right]$，其中，$r_i$ 和 C_i 分别为工件 J_i 的释放时间和完工时间，替代最大完工时间 C_{max} 最小。

6.6 MES 数据采集技术

6.6.1 车间制造信息及其采集方式

MES 系统中涉及的车间制造信息主要包括关键设备及工装信息、物料信息、生产过程信息、产品质量信息、人员信息等。

① 关键设备及工装信息。关键设备及工装信息由设备及工装的静态信息和动态信息组成。其中，静态信息主要是指设备编号、设备型号、工艺能力、厂商等基本属性信息；动态信息主要是指设备及工装在加工过程中不断变化的状态信息，如设备及工装的运行状态信息、维修状态信息和其他状态信息。

② 物料信息。物料信息由两部分组成：一部分是物料的基本信息，这类信息属于静态信息，一般在生产过程中不会发生变化；另一部分是物料的状态信息，这类信息属于动态信息，在生产加工中会不断变化。静态物料信息主要由物料编号、型号规格、物料种类、工艺路线、加工数量等组成。动态物料信息包括物料在加工各个环节的实际损耗和装配齐套性等信息。

③ 生产过程信息。生产过程信息直接反映车间生产计划及其实际生产加工状况，如所加工的物料、零部件、半成品所处的具体加工位置，以及实际生产任务的完工情况等状态信息，如应完成数量、未完成数量、不良品数量等信息。

④ 产品质量信息。产品质量信息主要是指在车间制造加工过程的各个环节涉及产品质量的相关信息。质量信息的采集能够改进车间生产过程的管理方式，对产品的工艺路线进行完善，同时质量信息的获取能够为提高车间生产效率提供重要依据。它包括在生产准备时对物料的质检信息、加工过程中对零部件的自检信息、完工后对成品的质检信息等。

⑤ 人员信息。制造车间的人员组织结构复杂，主要包括实际生产操作人员、车间计划人员、车间调度员以及车间质量管理员等，而每位人员的信息结构又包括人员的基本信息、人员状态信息和人员的绩效信息。

上述车间信息可以进一步归纳为基础类、资源类、运行类，绩效类4个类别的数据。表6-1归纳总结了制造车间的数据类别、信息内容、实时性要求及采集方法。

表 6-1　制造车间数据内容及其采集方法

数据类别	信息内容	实时性要求	采集方法
基础类数据	基础定义类数据,如物料信息、产品配方、产品规范、工艺路线、工艺文件、作业指导书、三维设计/工艺模型、质量体系要求、安全标准、设备维护要求、工厂布局、员工档案等	一次性录入，为静态信息	终端输入、条码扫描、系统集成等
资源类数据	来自"人、机、料、法、环、测、能"的各类资源的实时数据,如设备信息,装置信息,仪表数据,刀具、工装信息,库存信息,在制品状态,质量检测信息,能耗信息,人员信息等	实时采集，为动态信息	条码扫描、RFID、OPC接口、PLC通信、DNC网卡、SCADA、物联网、传感器、机器视觉、刷卡等
运行类数据	计划调度类信息,如生产计划、库存计划、维修计划、生产分派信息、生产进度信息等	按管理要求间歇性采集	条码扫描、终端输入、接口集成等
绩效类数据	实际制成结果,如物料消耗记录、质量档案、维修记录、成本统计、KPI关键绩效数据等	按管理要求间歇性采集	接口集成等

针对不同的车间信息采集需求，目前常用的技术手段大致分为以下几种：

① 利用传统的手工录入方式进行信息采集。当前，虽然很多企业都在进行信息化建设与改造，但传统的手工录入信息采集方式应用仍相当广泛，通过这种方式不但可以对加工工况信息进行采集，还能够将设备运行状态等信息录入指定的系统。通常，传统的手工录入有两种采集方式：一种是车间的操作人员通过加工流转单和质检单的形式手工记录，然后由车间统计人员汇总后统一进行处理，最后导入具体的管理信息系统中；另一种是车间现场生产人员通过工位上的工位控制器或连接该工位上的PC直接将信息录入。

② 利用现代数字化信息采集设备进行信息采集。综合光、电、视觉、温度等相关技术，通过采用 RFID 读写器、条码读写器以及各类手持式终端，对车间制造过程中的信息载体进行自动识别。采用 RFID 采集数据时，读卡器对 RFID 标签进行识别，然后通过采集系统内部软、硬件的处理和解析，将最终得到的信息反馈给用户。因为 RFID 标签具有存储容量较大、存储内容可变的特点，RFID 读写器不仅可以用来读写动态数据，还可以用来采集静态数据。RFID 读写器还具备读写速度快、可批量读写等优点，因此 RFID 在 MES 数据采集中的应用越来越广泛。通过条码扫描进行数据采集则具有操作灵活、成本低等优点，但存在条码一旦确定其内容就固定不变的问题，对于采集制造过程中动态数据的能力较弱，因此其主要用于成品管理。例如，将条码贴在待追踪产品的包装上，可用来自动识别其物料组成及相关信息。在某些固定的应用场合，则适合采用嵌入式终端进行数据采集，其优点是稳定性好，但也存在功能单一的不足，一般用来采集某些特定需求的数据。

③ 利用自动化生产设备进行信息采集。随着车间自动化水平的提升，制造系统采用大量的自动化设备，如数控机床、工业机器人、AGV、PLC 等。大部分自动化设备具备独立的控制系统终端，很多生产数据存储在该系统中，通过自动化设备终端提供的接口，MES 能够获取很多需要的数据。另外，自动化设备上的控制系统本身大部分集成了通信接口或配套的通信模块。根据配套的通信协议，MES 服务器端可以便捷地通过与自动化设备的控制系统通信而获取所需要的数据。

6.6.2 常用数据采集技术

数据采集是整个 MES 系统运行管理的基础，针对生产车间不同的数据采集对象，MES 需要采用具有针对性的、适当的数据采集方法。MES 系统中常见的数据采集设备有条码系统、RFID 系统、工业级触摸屏、专用工位机（智能终端机）、移动平板电脑以及智能手机等。

(1) 条码技术

① 条码技术原理。

条码自动识别技术（简称条码技术）是在计算机技术与信息技术基础上发展起来的一门集编码、印刷、识别、数据采集和处理于一身的新兴技术。其核心内容是利用光电扫描设备识读条码符号，从而实现机器的自动识别，并快速准确地将信息录入计算机进行数据处理，以达到自动化管理的目的。

条码技术是为实现对信息的自动扫描而设计的，它是实现快速、准确而可靠地采集数据的有效手段。条码技术的应用解决了数据录入和数据采集的瓶颈问题，为物流和供应链管理提供了有力的技术支持。

条码由一组排列规则的条、空和相应的字符组成，其分为一维条码和二维条码。一维条码主要有 EAN 码 39 码、库德巴（Codabar）码等。其中，EAN 码是国际物品编码协会制定的一种商品用条码，全世界通用。我们日常购买的商品包装上所印的条码一般就是 EAN 码。一维条码所携带的信息量有限，如商品上的条码仅能容纳 13 位阿拉伯数字（EAN-13 码），更多的信息只能依赖商品数据库的支持，离开了预先建立的数据库，这种条码就没有意义了，因此在一定程度上也限制了条码的应用范围。

20 世纪 90 年代，人们发明了二维条码。它具有信息量大，可靠性高，保密、防伪性强等优点，主要有 PDF417 码、Code49 码、MaxiCode 码等。二维条码作为一种新的信息存储和传递技术，现已应用在国防、公共安全、交通运输、医疗保健、工业、商业、金融、海关及政府管理等多个领域。

条码系统是一种集成式的数据存储系统。条码实际上是有唯一性的一串字符，真正的信息写在数据库里。这种识别方式的优点是成本较低、简单方便。缺点是对通信的要求很高，因为每个信息读写点必须从主机获取数据，而且所有的信息都存储在数据库里，要求有大容量的数据库和高速度的主机，此外通信线路的错误将会导致生产停止。

② 条码技术应用。

利用条码技术能有效地解决 MES 中数据录入和数据采集的瓶颈问题，可以帮助企业极大地提高生产作业效率和管理水平。条码在在制品跟踪与管理上的应用主要有以下优势：

a. 实时精确地统计和查询生产数据，为生产调度等提供依据；

b. 快速、准确地跟踪和管理在制品的生产过程，并能在计算机上显示出来，使管理者能够找到生产中的瓶颈；

c. 减轻了生产数据统计人员繁重的数据采集与统计工作；

d. 提供完整的品质跟踪手段，对检验中的不合格产品能记录是人为问题还是其他问题，提供实用的分析报告。

条码标签作为物料（外购件，自制零件、部件，成品）在生产过程中的唯一识别标识，用于生产过程中的生产报工、质量检测、在制品跟踪、信息查询等。物料条码标签作为库存物料识别标识，用于物料收发和防错等。

MES 系统可以根据不同用途的条码设置不同的条码规则，系统会根据不同的规则生成各式各样的条码。系统可将常量、日期、系统变量、流水号灵活组合形成条码，如"常量-日期-流水号"，即 SER-20140429-0000882。通过条码，可将系统所涉及的关键信息条码化，实现快速扫码报工，跟踪物料流转。同时，通过系统数据集成传输的方式，可减少由于手工输入带来的错误以及不能及时同步和更新的问题。

(2) RFID 技术

无线射频识别（Radio Frequency Identification，RFID）常被称为感应式电子晶片或接近卡、感应卡、非接触卡、电子标签、电子条码等。RFID 技术是一种非接触式的自动识别射频技术，它通过射频信号自动识别目标对象并获取相关数据，识别工作无须人工干预，可工作于各种恶劣环境。RFID 技术可识别高速运动的物体并可同时识别多个电子标签，操作快捷方便。作为一种非接触式信息采集技术，采用 RFID 进行信息采集不怕油渍、灰尘污染等恶劣的环境，在这样的环境中，RFID 可替代条码，如在危险品仓库或车间生产流水线上跟踪物体。

如图 6-15 所示，一套完整的 RFID 系统由 4 部分组成：

① 标签，由合元件及芯片组成，每个 RFID 标签具有唯一的电子编码，附着在物体上标识目标对象，俗称电子标签或智能标签。根据自身是否带有电源、是否能够主动发射某一频率的信号，将标签分为有源标签（主动标签）和无源标签（被动标签）2 种。

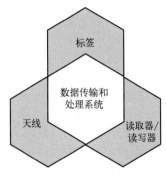

图 6-15 RFID 系统的组成

② 读取器/读写器，用于读取（有时还可以写入）标签信息的设备，可设计为手持式或固定式。

③ 天线，用于 RFID 标签和读取器间传递射频信号。

④ 数据传输和处理系统。

如图 6-16 所示，RFID 系统的工作原理为：电子标签进入接收天线的磁场射频范围后，自动接收 RFID 天线发射的电磁波信号，则标签内部生成感应电流，激活标签内置天线的工作状态，反馈出标签芯片中的产品身份信息，RFID 读写器通过读取反馈数据信息并对其进行解码操作后，将整理好的信息传送给信息管理系统进行相关数据的存储和处理。

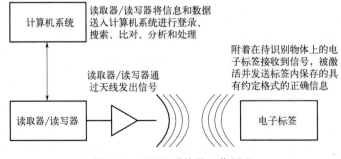

图 6-16 RFID 系统的工作原理

RFID 技术在制造业中得到了广泛应用。基于 RFID 系统可提供不断更新的实时数据流，用以保证正确使用劳动力、机器、工具和部件，从而实现无纸化生产和减少停机时间，以保证可靠性和高质量；搜集如产品标识符、物理属性、订货号等信息，自动建立支持质量保证体系所要求的质量跟踪和工作历史文档，实现复杂的批次跟踪。特别是在混合装配线生产中，能准确无误地将装配零部件送达指定区域，从而减少出错率。

RFID 在制造车间数据采集、制造过程实时跟踪与产品质量回溯等方面应用的优势日趋显著，被认为是最具潜力且在制造信息化中发挥巨大作用的技术革新。在车间生产制造过程中，RFID 主要应用于工件自动识别管理、生产过程控制、智能物件跟踪定位等。工件自动识别管理是指对于按订单生产的制造过程须及时准确地识别出生产线上的工件信息，以保证在正确的工位装配正确的零部件。生产过程控制可以细分为生产状态监控及可视化、闭环生产计划及控制车间物流控制优化等几个方面。智能物件跟踪定位是指通过 RFID 技术跟踪这些绑定 RFID 标签的智能物件的过去、现在和未来的潜在状态信息并加以利用和处理。

应用 RFID 技术能够实现产品从原材料到最终成品的全面跟踪。例如，基于 RFID 实现发动机装配过程的数据采集与监控。在汽车发动机装配线中，每一个发动机托盘上配有 RFID 存储器，每个工位配有 RFID 读写头，存储器用于记录在各工位获取的装配信息：发动机的唯一序列号（发动机号）、发动机加工生产过程中的事件及其时间、发动机各关键零部件的批次编号、发动机装配过程中的测试数据和拧紧力矩等。在发动机总成的下料工位，由读写头读出存储器中保存的信息，送入中央控制室数据管理服务器进行存储和管理。这样，RFID 系统建立的生产过程记录将为今后的查询和检索提供可靠的数据，同时也建立了每台发动机的发动机生产过程及其零部件的追溯体系。汽车总装生产中的车身识别与跟踪系统（AVI）是 RFID 技术的另一个典型应用。该系统能够自动识别每台车所包含的客户要求，以便组织生产。例如，白车身来到涂装车间时，控制系统应能够通过基于 RFID 的车辆识别确定车身被要求的颜色，自动转换喷头；当车身从涂装车间进入总装车间时，车辆识别系统应能够根据车身信息打印装车清单，提示操作工根据不同的车辆安装不同的选件；当车辆下线时，车辆识别系统将读取车辆实际被加工的信息，将其制作成报表并汇报给管理层。

根据 RFID 在 MES 中的应用模式可以归纳成以下 4 种普适的应用场景。

① 基于固定 RFID 读写器/天线的固定探测空间控制模式。在固定 RFID 探测空间内，安装于固定工位处的固定 RFID 读写器/天线探测 RFID 贴标物体的"进入/离开"事件。

② 基于固定 RFID 读写器/天线的移动探测空间控制模式。在移动 RFID 探测空间内，安装于运输小车、库存叉车等的车载 RFID 读写器/天线探测 RFID

贴标物体的"进入/离开"事件。

③ 基于固定 RFID 读写器/天线的门禁控制模式。在进出门禁或固定探测点，固定 RFID 读写器/天线探测 RFID 贴标物体的"进入/离开门禁"事件。考虑到这两个事件发生的瞬时性，可将其融合成一个"经过门禁"事件。

④ 基于移动 RFID 读写器/天线的随机探测空间控制模式。利用手持式 RFID 读写器（含天线）对 RFID 贴标物体进行随机的状态跟踪，既可以在固定 RFID 探测空间，如在固定工位通过手持式 RFID 读写器扫描获取物体的状态信息，也可以在移动 RFID 探测空间，如在仓库中通过手持式 RFID 读写器扫描定位目标物体并读取其状态信息。

(3) OPC 技术

以上介绍的数据采集方式都是针对车间生产信息方面的数据采集。MES 还有一类数据采集是针对生产现场设备装置的，即针对设备控制系统（Device Control System，DCS）的数据采集。特别是在流程型工业中，针对 DCS 的数据采集是 MES 系统运行的重要基础。而在离散型工业中，一般通过 DNC/MDC 技术实现数控设备集成与数据采集。

面向过程控制的 OLE（OLE for Process Control，OPC）是实现 DCS 数据采集的标准接口与重要技术手段。OPC 技术是指为了给工业控制系统应用程序之间的通信建立一个接口标准，而在工业控制设备与控制软件之间建立统一的数据存取规范。它给工业控制领域提供了一种标准数据访问机制，将硬件与应用软件有效地分离开来，是一套与厂商无关的软件数据交换标准接口和规程，主要解决过程控制系统与其数据源的数据交换问题，可以在各个应用之间提供透明的数据访问。OPC 诞生之前，硬件的驱动器和与其连接的应用程序之间的接口没有统一的标准，软件开发商需要开发大量的驱动程序来连接这些设备。即使硬件供应商在硬件上只做了一些小改动，应用程序也可能需要重写。在 OPC 提出以后，这个问题终于得到解决，它实现了不同供应厂商的设备和应用程序之间的软件接口标准化数据。用户不用再为不同厂家的设备数据源开发驱动或服务程序，OPC 会将数据来源提供的数据以标准方式传输至任何客户机的应用程序。

图 6-17 展示了基于 OPC 技术的 DCS 设备数据访问方式。在该方式中，任何一种设备只需要提供一种驱动程序就可以供任何软件系统使用。系统构建完成后的最终结果是：

① M 个软件要使用 N 类硬件设备，只需要开发 N 个驱动程序。

② 每增加 1 个新的应用软件，不需要另外开发硬件设备的驱动程序。

③ 每增加 1 个新的硬件设备，只需要开发 1 个新设备的驱动程序。例如，针对 4 种控制设备所完成的 3 个应用系统，一共需要开发 4 种驱动程序。新增应用软件或者硬件设备可灵活地扩展系统。

另外，基于 OPC 的数据访问方式还具有如下优点：
① 高速数据传送性能；
② 基于分布式 COM 的安全性管理机制；
③ 较低的开发成本；
④ 高可靠性。

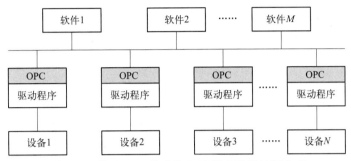

图 6-17　基于 OPC 技术的 DCS 设备数据访问方式

图 6-18 所示是一个基于 OPC 技术可以实现 MES 系统中针对 DCS 的设备数据采集、MES 内部以及 MES 与上层 ERP 系统和设备底层 PCS 的数据交互与信息集成框架。在该框架中，由 OPC 服务器向 COM 对象提供标准接口，允许 OPC 客户端以一致的方式交换数据和控制命令，以相同的方式访问 OPC 服务器，无论这些服务器是连接到 PLC、工业网络还是其他应用程序。在这个体系结构中，作为核心的 OPC 相当于一块"软件主板"，它能够直接连接现场的 PLC、工业网络、数据采集和 Windows CE 设备，通过快速有效的方式从现场获取实时数据。而 MES 等软件之间按照 OPC 协议进行通信，它们可以通过 OPC 获取现场的实时数据，可以通过 OPC 彼此交换信息。所以，OPC 为企业内部的信息交换提供了一个开放平台。这种基于 OPC 技术的信息交互不再受设备生产厂家的限制，现场设备中的实时测量控制信息被 MES 实现共享，经处理后传送至 ERP；而存放于 ERP 的产品工艺和生产计划信息则由 MES 处理后写入现场设备，实现管理与控制一体化。

为了更好地应对标准化和跨平台的数据接口与信息集成趋势，近些年来，OPC 基金会在 OPC 成功应用的基础上推出了一个新的 OPC 标准——OPC UA，即 OPC 统一架构，使数据采集、

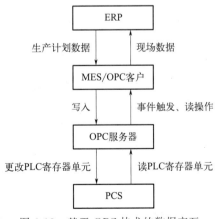

图 6-18　基于 OPC 技术的数据交互方式和信息集成框架

信息模型化以及工厂底层与企业层面之间的通信更加安全、可靠。我国已于 2021 年开始实施《基于 OPC UA 的数字化车间互联网络架构》(GB/T 38869—2020)，该标准适用于数字化车间设备层、控制层和车间层互联网络的架构设计与系统集成，为数字化车间网络的互联互通与互操作提供基于 OPC UA 的统一解决方案。

6.7 MES 生产监控技术

以离散型制造为例，MES 生产监控系统的主要目的是通过实时采集生产车间各个工序和机台的实时生产数据及状态，对产品生产过程进行监控，图形化分析和汇总生产计划达成情况，并统计分析机台的开工效率。通过生产数据的实时分析处理反映车间生产的实时状态，从而提高生产系统的可控性，改善和优化企业的生产过程管理，实现对车间生产系统的优化控制。

6.7.1 MES 生产监控系统架构

MES 生产监控系统通过对车间生产现场数据进行采集、处理及分析，实时监测和检查生产计划执行情况，发现和及时纠正生产过程出现的偏差，达到对生产进行有效控制的目的。车间生产监控系统由底层数据采集子系统、通信网络子系统、数据存储子系统和数据分析处理子系统组成。

MES 生产监控系统的基本功能包括：

① 数据采集功能。提供常见信号的输入接口，能够对生产过程数据及机台状态进行实时采集，并进行初步处理。

② 现场交互功能。生产机台现场应具有人机交互功能，以便操作人员进行机台故障报告，接收并选择生产任务。

③ 图形化监测功能。采用图形化界面，为车间管理人员提供直观方便的监测手段。

④ 现场组网功能。现场数据采集器应具备组网接口，通过其组网功能，可将车间的所有设备组成一个网络化的设备监控系统。通过适配卡连接的上位机 PC 对处于网络中的设备进行集中监控和管理。

MES 生产监控系统架构如图 6-19 所示。该系统架构在结构上分为 3 层：底层数据采集层、现场通信网络层、车间生产管理层。底层数据采集层主要通过安装在设备上的现场数据采集器实现对设备的自动化监测，属于整个系统的最底层。现场数据采集器节点对各种输入信号进行处理，根据程序的设定，对各种输出执行机构进行控制，以此完成该节点的监控任务。现场通信网络层负责系统的现场数据通信,实现设备节点间以及上位机和下位机节点间的数据通信。车间生产管理层通过企业内部网与企业 ERP 系统相连,以实现其与 ERP 系统的无缝连接。同时,车间生产管理层负责对设备的运行状况进行实时监控和数据处理,并可根据生产需求生成各种生产报表。生产现场电子看板可采用多屏显示卡或以太网扩展。

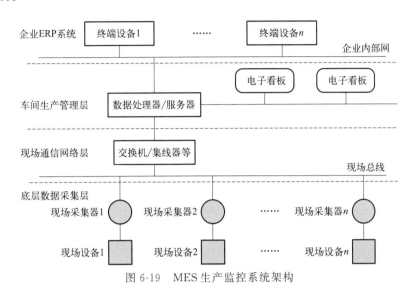

图 6-19 MES 生产监控系统架构

6.7.2 MES 生产监控系统网络技术

(1) MES 生产监控系统网络类型

MES 生产监控系统网络是将企业计划层和车间执行层以及设备层有机联系在一起的通信网络,MES 通过该网络实时采集生产现场的各类生产数据。为保障车间生产监控系统内部、车间生产监控系统与企业管理层之间具有良好的通信,MES 通信网络应具有满足系统要求的带宽,并能实现双向通信。每一个网络节点均能获得其需要的信息,同时也能将节点采集的生产信息发布出去。

MES 生产监控系统网络应具备以下功能:

① 双向性。应支持节点间的双向通信,即每一个节点在工作需要时都可以接收和发送信息。

② 多节点。应能挂载一定数量的节点。车间的特点就是机台多、人员流动大以及物料转移频繁等,这些都要求现场通信网络能够挂载足够的节点。

③ 优先级。在现场通信网络中流通着不同类别的信息,网络结构应该具有裁定各类信息优先级的功能,以保证重要的信息优先处理。

④ 可靠性和实时性。由于信息的错误或者延时都有可能带来不必要的损失,

因此应保证网络安全可靠、及时快速，并且一旦某一节点发生故障，网络还能正常工作。

⑤ 可维护性。根据企业的需要，车间的机台或生产的产品有可能发生变化，当减少节点或者有新的节点需要加入网络时，网络应不需要或者只需做很小的改动。

应用于工业现场的 MES 生产监控系统网络分为有线网络和无线网络两大类。有线网络主要包括现场总线网络（Field Bus）、工业以太网络和 RS-485 网络等。现场总线网络是基于现场总线技术组建的现场测控网络，现场总线是一种应用于工业现场的数字通信技术。现场总线有 40 余种，常用的现场总线有基金会现场总线（Foundation Fieldbus，FF）、Lonworks、PROFIBUS、控制器局域网（Controller Area Network，CAN）等。工业以太网络是以太网技术在工业领域的应用，由于其低成本和高传输速率等特性，在工业现场中常与现场总线结合使用。工业以太网标准与以太网 IEEE 802.3 标准兼容，但根据工业网络的应用需求，工业以太网应满足实时性、环境耐受性、可靠性、抗干扰性和数据安全性等要求。由于大多数仪器仪表的接口方式采用 RS-485 或 RS-232，又因其价格低廉、实施方便，因此 RS-485 网络也是工业现场应用较为广泛的网络系统之一。RS-485 是一个物理层的标准协议，可以承载多种现场总线协议。它采用平衡发送和差分接收，最大的通信距离约为 1200m（在 100kb/s 传输速率下），极限传输速率为 10Mb/s。RS-485 网络的数据通信能力相对于现场总线或工业以太网较弱，但因其具有较强的抗干扰性能，且系统价格低廉、布线操作简单，因此也广泛应用于工业现场的数据采集组网中。无线通信网络则由于有效避免了有线网络的布线难题，为布网复杂区域实施网络控制提供了解决方案。应用较为广泛的无线通信技术包括 Bluetooth（蓝牙）、WLAN（无线局域网）、UWB（超宽带）和 ZigBee 等短距离无线通信技术，以及 4G/5G 网络移动通信技术等。

(2) 基于 ZigBee 的无线传感网络

ZigBee 技术是一种成熟的应用于短距离和低速率下的无线通信技术，其特点是小范围、低能耗，适用于各类智能化控制或者远程控制。又因为其低复杂度和低成本，在小型无线联网且需要控制成本的控制系统中大受欢迎。使用 ZigBee 技术组网的两个节点之间的传输距离虽然较近（只有 70m 左右），但是在一个网络中可布置几千个节点，每个节点间可以互相传递数据。类似一个蜂窝系统，这样信息在节点间相互传递，使得节点间的通信距离可以无限扩展。ZigBee 网络以其较低的功耗、较大的网络容量以及可靠的安全性并与 RFID 结合，非常适用于 MES 车间环境。

ZigBee 网络可采用星形（Star）、树形（Cluster-tree）、网状（Mesh）等多种拓扑结构，如图 6-20 所示。

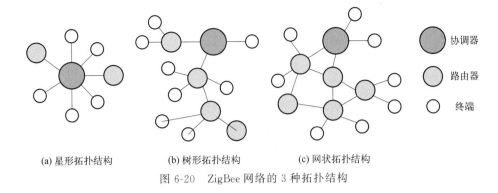

图 6-20　ZigBee 网络的 3 种拓扑结构

① 星形拓扑结构。星形拓扑结构是由一个节点呈向外散发状，子节点全部围绕在该节点周围。中间的父节点是协调器，周围的子节点通信都要通过中间的父节点。周边的子节点可以只用作接收和发送信息的终端设备，也可以是功能较为完备的路由器。星形网络的优、缺点很明显，其优点是构造简单，布点容易，维护也非常方便；缺点则是通信都要通过中心节点，中心节点压力较大，信息交流性不强。

② 树形拓扑结构。将多个简单的星形网络呈树状连接起来，最上面的中心节点被用作整个网络的协调器，其余中心节点用作路由器，这样就构成了树形拓扑网。树形网络的特点是易于拓展，寻点便宜。

③ 网状拓扑结构。网状拓扑结构较上述 2 种拓扑结构有着更加丰富的选择和变化，路由器之间可以自由通信。任意节点间需要通信时可以寻找一条最优路径，减少了通信时间，缺点是该结构需要配备足够大的存储空间。

ZigBee 网络由 ZigBee 协调器、ZigBee 路由器和 ZigBee 终端组成，协调器和路由器必须为全功能设备，网络由协调器发起，并由协调器分配 64 位网络地址。在 MES 生产监控系统中，将 ZigBee 与 RFID 技术相结合，大大扩展了 RFID 的工作范围与目标对象的读取距离。图 6-21 所示是与 RFID 技术结合的车间 ZigBee 无线网络结构。

与 4G/5G 无线网络相比，ZigBee 的最大优势在于其信号传递不需要通过通信基站，ZigBee 的每一个网络节点（不包括简单功能的设备终端节点）都具有数据转发和连接网络的功能，在 ZigBee 网络中起到了与基站类似的作用。因此，相较于 4G/5G，基于 ZigBee 的无线网络更适用于 MES 生产监控系统。4G/5G 主要用于大型网络，造价较高，在工业领域中较常用于设备异地的远程监控，或地域分布广泛的监控系统。而 ZigBee 网络可以根据使用者的实际需求，在监控车间区域灵活布点，适用于一定范围的网络设计，并且 ZigBee 更具有可靠、实时、维护简单等优势。在运行成本方面，现有的 4G/5G 网络需持续支付使用费，

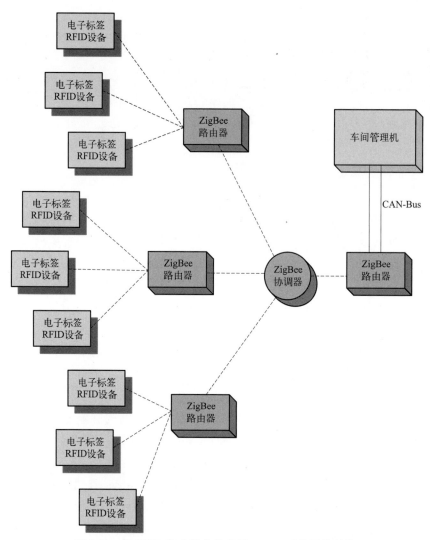

图 6-21 与 RFID 技术结合的车间 ZigBee 无线网络结构

其终端成本也不低。而 ZigBee 设备，特别是网络中的终端设备节点（只作接收和发送数据用）成本低廉。此外，ZigBee 开发技术成熟，维护更简单。

ZigBee 无线网络与传感器技术相结合就形成了基于 ZigBee 的无线传感器网络（Wireless Sensor Networks，WSN）。无线传感器网络是一项通过无线通信技术把大量传感器节点进行自由组织与结合而形成的网络形式。它实现了数据的采集、处理和传输 3 种功能，能够协作地感知、采集处理和传输网络覆盖区域内被感知对象的信息，并最终把这些信息发送给网络的所有者。无线传感器网络支持众多类型的传感器，ZigBee 无线网络与制造车间中的各类传感器结合形成的无线传感器网络可以自动采集和监测车间生产环境信息，如温度、湿度、噪声、光照、电磁、机床状态、物料位置、人员状态等，为 MES 车间生产管理与实时过程管控提供了有效支持。

6.8 车间物联网技术

6.8.1 物联网技术简介

物联网（Internet of Things，IoT）是指通过信息传感设备（如 RFID 红外感应器、GPS、激光扫描器等），按照约定的协议，把任何物品与互联网连接起来进行信息交换和通信，以实现智能化识别、定位、跟踪、监控和管理的一种网络。物联网是在互联网基础上的延伸和扩展，作为物与物相连的互联网，物联网是物体之间交换数据的平台。物联网不是互联网，但其基本理念还是来源于互联网。互联网是人与人之间的联络，而物联网则延伸到了任何物品之间进行通信和信息交换。

如图 6-22 所示，车间物联网由感知层、网络层、应用层构成。感知层用于获取网络工作所需要的信息，类似于人的五官和皮肤。在 MES 中实际应用的传感设备很多，如条码读写器、RFID、摄像头、机床振动传感器、温度传感器等。网络层是物联网中的处理器，类似于人的神经中枢和大脑，接收采集系统送来的数据之后，它的工作就是信息转发或处理。应用层是网络与使用者之间沟通的渠道，网络设计者根据分析的实际需要，设计满足用户需求的智能系统。

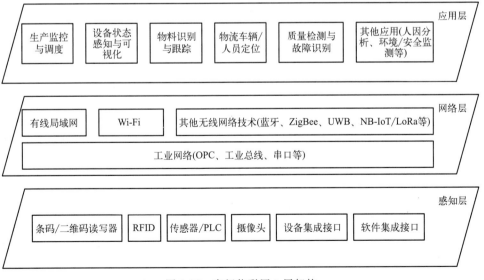

图 6-22 车间物联网 3 层架构

车间物联网的关键技术包括自动识别技术、设备集成技术、室内定位技术、网络通信技术、边缘计算技术等。

① 自动识别技术。让机器自动识别物体对于自动化车间非常重要，此类物体通常包括在制品、零配件、刀辅具、人员等，条码（包括二维码）、RFID、机器视觉是最常见的 3 种识别方式。

② 设备集成技术。常见的设备集成技术有 DNC 技术、OPC 接口技术、设备集成平台等。

③ 室内定位技术。位置服务是车间物联网的重要应用场景，车间内部有许多物体存在定位需求，如物料小车、在制品和零配件、刀辅具、人员等，常见的定位方式包括 WSNRFID 超宽带（Ultra Wide Band，UWB）等。

④ 网络通信技术。车间的数据传递通常有两种形式：一是有线局域网，二是无线网络。常用的无线网络形式包括 Wi-Fi、蓝牙、ZigBee 等。5G 技术具有更高的速率、更宽的带宽、更高的可靠性以及更低的延时，未来能够满足数字化智能车间一些特定应用场景的需求。

⑤ 边缘计算技术。边缘计算就是靠近物联网边缘的计算、处理、优化和存储。基于边缘计算技术，物联网中的许多控制将通过本地设备实现而无须交由云端，处理过程将在本地边缘计算层完成，这无疑将大大提升处理效率，减轻云端的负荷，为用户提供更快的响应服务。

6.8.2　基于车间物联网的 MES 生产监控系统

基于车间物联网可以构建一种如图 6-23 所示的 MES 生产监控系统框架。该框架由 3 层组成：数据采集层、现场操作层、数据管理层。

① 数据采集层。数据采集系统实现数据的采集，初始化之后可通过 ZigBee 路由器对外置式电子标签的数据进行读写操作。在目标对象（如物料、人员等）进入网络时有指示功能，告知标签的载体已进入网络。操作人员在接近需操作的机台时有提示信息。非工作状态时，可将电子标签置于休眠状态，以减小功耗。

② 现场操作层。MES 现场操作层提供现场操作平台，具有参数配置、故障上报以及任务请求等功能，具体如下：

a. 操作界面，可操作机台的运作，查看机台的当前工作状态及历史信息。

b. 故障上传，如机台停转、产速异常等状况能及时反映至上位机。

c. 任务请求，机台闲置时可申请下一步任务。

d. 信息比对，当物料或人员接近时可读取其外置式电子标签信息，并判断是否是该机台的物料或操作人员。

e. 数据写入，物料经该机台加工成半成品后，可对该半成品的外置式电子

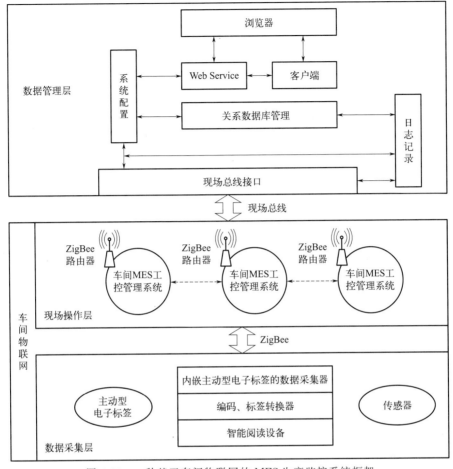

图 6-23 一种基于车间物联网的 MES 生产监控系统框架

标签进行读写,如物料为铜丝,加工后写为双绞线。

f. 参数配置,当现场生产环境发生变化时,只需要进行相应的参数更改和配置即可。

③ 数据管理层。上位机 MES 数据管理层通过数据库实现生产数据的集中管理,以及生产管理的分析统计。具体如下:

a. 状态监控,结合图形和数据,实时显示车间的工作状态。

b. 计划管理,可观察车间机台的任务完成状况及分配新的任务。

c. 通信管理,对网络进行配置,如 CAN 网络的波特率等。

d. 数据库管理保存历史数据,支持查询功能。

e. 故障处理,观察机台的实时和历史故障信息,发送故障处理指令。

f. 统计分析,根据历史记录,对产品和机器等信息做出统计分析,并以图表的形式显示,供管理者参考查询。

g. 日志记录，记录车间及系统的每日工作状态，生成日志。

应用上述基于车间物联网的 MES 生产监控系统，可以进行现场数据采集、产品质量追溯等工作。

（1）现场数据采集

在人员数据采集方面，可通过数据采集系统将每个工作人员的各种信息、当天任务、所要操作的机台等数据存放在车间管理数据库中。具体可采取两种采集方法：一是人员的衣服上挂载 ZigBee 外置式电子标签，当其接近机台时，可与机台的智能现场采集器互相感知。外置式电子标签发送该人员的工号至采集器，采集器作为 ZigBee 网络的路由器发送人员工号给协调器，协调器通过 CAN 总线访问车间管理系统询问该工作人员今天的工作任务。如果该工作人员需操作该机台，机台实时显示当前生产任务、机台的计划产量和任务预计完成时间等数据。二是人员在进入车间时，在车间入口处，由数据采集器告知其今天的工作任务和工作机台号等信息，信息存放在外置式电子标签内。当人员接近机台时，机台的智能现场采集器读取信息。

在物料数据采集方面，当物料上架后，物料的电子标签被激活，物料的生产信息被传送至现场智能采集器。当物料的生产信息不符合当前任务要求时，现场智能采集器发出报警信息，当该物料在该机台上加工完成后，该机台的生产信息被写入电子标签，并随电子标签转入下一道工序。

在设备数据采集方面，设备数据包括设备参数和设备状态，譬如当前机器的运转速度、设备温度控制以及加工产品的质量曲线等。设备参数的采集可通过现有或新增的传感器实现，设备状态的采集可通过接入设备动作的开关触点信号实现。以机器转速数据的采集为例，可采用接近开关或编码器实现机器转速的采集。首先，将接近开关放置在机器轮轴旁边，轮轴每转动一圈，接近开关便发送一个脉冲信号给智能采集器；智能采集器通过读取脉冲再结合预设参数便可以计算出机器的当前转速。智能采集器设有触摸屏，可用来显示或输入机器转速。

（2）产品质量追溯

基于物联网现场智能感知的方法可实现产品质量数据管理及追溯，具体方法如下：

① 生产现场每种物料均采用独立的电子标签进行标识。

② 当原材料入库后，电子标签记录原材料的入库数据，包括供应商、日期、材料批号等。

③ 原材料进行加工时，该原材料的电子标签中的数据被传送至现场智能数据采集器。加工结束后，原材料数据和加工数据一起被传送至半成品的电子标签中。

④ 半成品在下一道工序加工时，其电子标签数据被传送至现场智能数据采

集器，在加工结束时可获得原材料数据、本工序前的所有加工数据以及本工序加工数据，这些数据被传送和存储到本工序的半成品电子标签中。

⑤ 以此类推，待成品生产任务结束时，其电子标签中保存有该成品的全部生产信息。待成品入库时，其电子标签中的信息被保存至库存数据库中。

⑥ 当产品出现质量问题时，通过销售记录查找出库记录，即可查出该产品的全部生产信息，从而实现产品质量的全过程记录及追溯。

6.9 智能制造背景下的新兴技术

在智能制造的背景之下，随着科学技术的飞速发展和不断进步，涌现出了一系列新兴的技术理论，诸如数字孪生技术（Digital Twin）、信息物理系统（Cyber-Physical Systems，CPS）、大数据（Big Data）、云计算（Cloud Computing）、人工智能（Artificial Intelligence，AI）、虚拟现实技术（Virtual Reality，VR）、区块链等，新兴的技术理论与制造执行系统密切相关，为其发展和创新提供了重要支持。通过将这些技术应用于制造执行系统中，可以实现更高效、灵活和智能化的生产管理，推动智能制造的快速发展和进步。

6.9.1 数字孪生技术

数字孪生是充分利用物理模型、传感器更新、运行历史等数据，集成多学科、多物理量、多尺度、多概率的仿真过程，在虚拟空间中完成映射，从而反映相对应的实体装备的全生命周期过程。

数字孪生技术具有如下特点：

① 虚拟模型。数字孪生使用计算机模型对物理系统进行建模和仿真，精确地呈现了其结构、行为和性能等特征，使企业可以在虚拟环境中对物理系统进行实时监测和预测，以及进行各种分析和优化。

② 实时数据交互。数字孪生与物理系统之间建立了双向的实时数据交互通道。通过传感器和物联网技术，实时采集和传输物理系统的数据，从而保持数字孪生与实体系统之间的同步更新。

③ 多功能性。数字孪生不仅可以用于监测和模拟物理系统的运行状况，还可以进行故障诊断、预测维护、优化设计等多种功能。它可以帮助企业更好地理解和改进产品、流程和服务，提高效率、质量和安全性。

④ 实践与决策支持。数字孪生为企业提供了实践和决策支持的工具。通过在虚拟环境中进行仿真分析和试验，可以更好地了解产品和系统的性能、潜在问题以及改进方向。这有助于降低风险、加快创新速度，并优化资源利用。

得益于上述特点，数字孪生在企业中具有以下几种主要功能：

① 监测和预测。数字孪生可以实时监测物理系统的状态和运行情况，通过数据分析和模型预测，帮助企业及时发现潜在问题并采取相应措施。

② 仿真和优化。数字孪生可以在虚拟环境中对物理系统进行仿真分析和优化。通过调整参数、测试不同方案，可以找到最佳的工艺流程、产品设计和操作方式。

③ 故障诊断和维护。数字孪生可以通过模拟故障情境，辅助人员进行故障诊断和维护。它可以提供操作指导、故障排除和维修建议，帮助企业提高设备可靠性和维护效率。

④ 运营和决策支持。数字孪生提供了对生产过程和供应链的全面监控和分析。它可以支持企业进行实时运营决策，优化资源配置，减少能耗和提高响应速度。

制造执行系统作为智能制造中的关键组成部分之一，将数字孪生技术引入其中，可以给制造执行系统带来更多优势和作用：

① 实时监控和优化。数字孪生技术可以与制造执行系统集成，实时监测物理系统的运行状态并获取其数据。这些数据可用于分析和优化生产过程，帮助制造执行系统实现更高效的工艺流程和资源利用。

② 故障诊断和预测维护。数字孪生技术能够模拟物理系统的行为，并通过与制造执行系统的连接，实时分析和监测设备的性能。它可以帮助检测潜在故障，并提前预测设备的维护需求，从而减少停机时间、降低维护成本。

③ 虚拟仿真和优化。数字孪生技术可以创建物理系统的虚拟模型，并与制造执行系统进行交互。这使得企业可以在虚拟环境中进行仿真和优化，测试不同方案的效果，并通过制造执行系统将优化结果应用于实际生产中。

④ 数据驱动的决策支持。通过数字孪生技术，制造执行系统可以获取大量实时数据，并进行分析和建模。这些数据驱动的分析结果可以为企业的决策提供重要依据，推动生产过程的持续改进和优化。

⑤ 过程可视化和协同。数字孪生技术可将实时数据和模型展示在制造执行系统的界面上，帮助企业进行过程可视化，并实现各部门之间的协同工作。这有助于提高团队间的沟通效率，加强生产计划与执行的一致性。

数字孪生技术为制造执行系统提供了更全面、智能化的功能和支持。它通过实时监控、故障诊断、虚拟仿真和数据驱动决策等方式，帮助企业提高生产效率、质量和灵活性，促进智能制造的实现。

6.9.2 信息物理系统

信息物理系统作为计算进程和物理进程的统一体，是集计算、通信与控制于一体的智能系统。信息物理系统通过人机交互接口实现和物理进程的交互，使用网络化空间以远程的、可靠的、实时的、安全的、协作的方式操控一个物理实体。在网络物理系统中，物理和软件组件紧密地交织在一起，能够在不同的时空尺度上运行，展现出多种不同的行为方式，并以随环境变化的方式彼此交互。

作为一种新型系统，信息物理系统具有以下特点：

① 实时性。信息物理系统对于响应时间要求非常高，能够在实时或接近实时的条件下感知、处理和响应物理世界中的事件。

② 多模态性。信息物理系统能够集成多种传感器和执行器，通过多样化的输入和输出方式实现对物理环境的感知和控制。

③ 互连性。信息物理系统通过网络连接各个组件和子系统，实现数据的交换和共享，从而实现更高级别的协同工作和决策制定。

④ 自适应性。信息物理系统具有自适应的能力，能够根据环境变化和需求动态调整自身的行为和配置，以优化系统性能和资源利用率。

在应用过程中，信息物理系统的功能主要包含：

① 感知与采集。信息物理系统能够通过内置的传感器和外部设备，实时感知和采集物理环境中的数据，包括温度、压力、位置等信息。

② 数据处理与分析。信息物理系统能够对采集到的数据进行处理和分析，提取有用的信息，并通过算法和模型实现数据挖掘、预测和决策支持。

③ 控制与执行。信息物理系统能够通过内置的执行器和外部设备，对物理环境进行控制和操作。它可以根据分析结果和指令，调整设备状态、执行任务和优化资源利用。

④ 协同与协调。信息物理系统能够与其他系统、设备或人员进行协同工作和协调行动，实现更高级别的合作和共享资源，以达到共同的目标。

6.9.1 节介绍的数字孪生技术也与信息物理系统有着十分密切的联系。数字孪生与信息物理系统相互关联，数字孪生技术为信息物理系统提供了实时反馈和模型优化的支持，而信息物理系统则为数字孪生提供了真实数据和交互平台。它们共同推动智能制造和物联网领域的发展，并在建模、仿真、预测和优化等方面取得了重要的应用和进展。

因此，将信息物理网络引入制造执行系统对于实现智能制造将是大有帮助的。将二者相结合所带来的影响主要包括：

① 实时数据采集与监控。通过与信息物理系统的集成，制造执行系统能够实时采集和监控物理环境中设备、传感器和执行器的数据。这为信息物理系统提供了准确的生产过程状态和性能信息，使其能够及时发现并应对异常情况。

② 优化生产计划执行与调度。制造执行系统将企业级管理系统中的生产计划转化为可执行的任务，并结合信息物理系统进行资源分配、工单指派和工作流

程调度。这样一来，生产过程能够按照计划进行，从而提升生产效率和资源利用率。

③ 提升质量管理与追溯性。制造执行系统记录和追踪生产过程中的关键数据，包括产品质量和生产参数等。通过与信息物理系统集成，制造执行系统能够实时监控和统计分析产品质量，并为产品溯源提供支持。这有助于提高产品质量、降低不良品率，并满足质量追溯的要求。

④ 实现数据驱动的决策支持。制造执行系统从信息物理系统中获取大量实时生产数据，并经过处理、分析和展示。这些数据可用于制定决策和进行优化，例如调整生产计划或改进工艺参数等。同时，制造执行系统还能生成报告，为管理层提供基于数据的决策支持。

⑤ 效率提升与自动化。引入制造执行系统后，信息物理系统中的生产过程能够更高效地运行。自动化的任务分配、资源调度和异常处理等功能减少了人工干预的需求，提升了生产过程的自动化水平，并降低了错误和延误的风险。

6.9.3 大数据与云计算

大数据，或称巨量资料，指的是所涉及的资料量规模巨大到无法通过主流软件工具在合理时间内达到提取、管理、处理并整理成为帮助企业经营决策更积极目的的资讯。IBM（International Business Machines Corporation，国际商业机器公司）指出大数据具有"5V"特点，即：Volume（大量）、Velocity（高速）、Variety（多样）、Value（低价值密度）、Veracity（真实性）。大数据对于智能制造具有重要的价值。充分利用大数据可以为企业提供实时决策支持、预测和预防性维护、优化生产过程、个性化定制生产、质量控制和追溯，以及持续改进和创新的支持，助力企业在智能制造领域取得竞争优势。

云计算是分布式计算的一种，指的是通过网络"云"将巨大的数据计算处理程序分解成无数个小程序，然后，通过多台服务器组成的系统进行处理和分析这些小程序得到结果并返回给用户。云计算早期，简单地说，就是简单的分布式计算，解决任务分发，并进行计算结果的合并，因而云计算又称为网格计算。通过这项技术，可以在很短的时间内完成对数以万计的数据的处理，从而达到强大的网络服务。现阶段所说的云服务已经不单单是一种分布式计算，而是分布式计算、效用计算、负载均衡、并行计算、网络存储、热备份冗杂和虚拟化等计算机技术混合演进并跃升的结果。

大数据和云计算相辅相成。云计算提供了存储、计算和分析大数据所需的基础设施和工具，使用户能够以更低的成本、更高的灵活性和可扩展性处理大数据。同时，大数据驱动了云计算的需求和创新，推动云计算技术不断进步和发展，以满足大数据时代的需求。

智能制造涉及大规模的传感器网络、自动化和数字化生产过程、高分辨率的监测和控制、全面的生产数据记录和追踪，以及人机交互和传统管理方式的改变。这些因素共同导致了智能制造产生大量的数据，形成了智能制造大数据的基础。因此为了处理和分析智能制造大数据，挖掘其中的巨大潜在价值，需要在智能制造系统中引入云计算技术。

通过大数据技术、云计算与制造执行系统的集成，生产系统可以实现以下功能：

① 实时监控和优化。通过收集和分析实时生产数据，结合机器学习和数据挖掘技术，制造企业可以实时监控生产过程，并发现潜在问题和瓶颈。利用云计算的弹性资源和大数据分析能力，MES 系统可以提供更准确的指标和实时洞察，帮助企业优化生产效率、降低成本和减少资源浪费。

② 质量管理和缺陷预防。通过云计算平台存储和分析大量的生产数据和质检数据，制造企业可以实时监测产品质量，并进行缺陷预防和改进。基于大数据分析的方法，可以识别和预测质量问题的根本原因，并及时采取纠正措施，从而提高产品质量和客户满意度。

③ 供应链可视化和整合。通过整合各个环节的生产数据和供应链数据，云计算可以提供全面的供应链可视化和协同。制造企业可以实时了解供应链中各个环节的状态和性能，协调供应商、生产和物流，以确保及时交付、降低库存和优化运营。

④ 远程监控和维护。利用云计算平台的远程访问和分布式计算能力，制造企业可以实现对生产设备的远程监控和维护。通过传感器和物联网技术收集设备数据，并结合大数据分析和预测模型，制造企业可以提前发现设备故障和异常，减少停机时间并提高设备利用率。

⑤ 协同生产和灵活性。云计算提供了协同工作的平台和工具，使不同地点和部门的员工能够实时交流和协同工作。制造企业可以借助云计算的协同功能，实现生产过程的灵活性和敏捷性，快速响应市场需求变化，提高生产效率和客户满意度。

6.9.4 人工智能

人工智能是一门研究如何使计算机能够模拟和执行人类智能任务的科学和技术领域。它涵盖了多个子领域和技术，旨在使计算机具备感知、理解、推理、学习和决策等智能能力。人工智能的实现涉及多种技术和方法，包括机器学习、深度学习、自然语言处理、计算机视觉、专家系统、遗传算法等。这些技术使得计算机能够从数据中学习、适应和改进，并根据情境做出决策和行动。它为解决现实世界的复杂问题提供了新的可能性。

将人工智能技术引入制造执行系统，将对实现智能制造提供巨大助力。人工智能技术可以使得制造执行系统更加智能化，使其具备新的智能化功能，比如：

① 实时数据分析与决策支持。人工智能技术可以实时收集、分析和处理来自生产环境的大量数据，包括设备运行状态、生产过程参数、质量数据等。通过使用机器学习算法，MES系统可以从这些数据中提取有价值的信息并进行预测和优化。这样可以帮助制造企业及时做出决策，快速响应市场需求变化，提高生产效率和产品质量。

② 生产计划和调度优化。人工智能技术可以对生产计划和调度进行优化。基于历史数据和需求预测，制造执行系统可以利用机器学习算法生成更准确的生产计划，并根据实时情况进行实时调整。这可以帮助企业合理安排资源、缩短交货周期、降低库存成本，并最大程度地提高生产线的利用率和效率。

③ 故障检测和预测性维护。人工智能技术可以帮助制造执行系统实现故障检测和预测性维护。通过监测设备的传感器数据和运行状态，制造执行系统可以使用机器学习算法检测设备异常，并预测设备故障的可能性。这样可以帮助企业提前采取维护措施，避免生产中断和损失。

④ 质量控制和缺陷预防。人工智能技术可以增强制造执行系统在质量控制方面的功能。通过分析生产过程数据和质量数据，制造执行系统可以实时监测产品质量，识别潜在问题，并及时采取纠正措施。此外，通过使用机器学习算法，制造执行系统可以预测生产过程中可能出现的缺陷，并采取相应的预防措施，提高产品质量。

⑤ 协同生产和智能调度。人工智能技术可以促进制造执行系统中的协同生产和智能调度。通过使用机器学习算法和自动化规则引擎，制造执行系统可以实现设备之间的优化协作、任务分配和工艺流程调度。这可以提高生产线的整体效率和柔性，减少生产中的瓶颈和资源浪费。

6.9.5 虚拟现实技术

虚拟现实技术是一种模拟和创造出逼真的虚拟环境的计算机技术。它通过使用专门的设备，如头戴式显示器（Head Mounted Display，HMD）、手柄、传感器等，将用户沉浸到一个仿真的三维虚拟环境中，让用户可以与这个虚拟环境进行交互。它为用户提供了一种全新的体验方式，使他们能够身临其境地参与其中，并具有潜力改变人们与数字世界的互动方式。

将虚拟现实技术引入制造执行系统，将会给企业带来很多益处，大致包括以下几点：

① 协助培训和教育员工。虚拟现实技术可以为制造人员提供高度沉浸式的培训和教育体验。通过虚拟现实，工人可以模拟真实的操作环境，并进行操作指

导、培训和安全演练,从而减少培训成本和风险。

② 实现操作可视化和仿真。制造执行系统与虚拟现实结合,可以实现操作过程的可视化和仿真。工人可以通过虚拟现实界面实时查看产品装配过程、操作指令和相关数据,以提高操作效率和准确性。

③ 推动产品设计和产线优化。虚拟现实技术可以帮助制造企业进行产品设计和生产线布局的优化。通过虚拟现实建模和仿真,可以在物理实施之前评估不同设计方案的效果,减少错误和成本。

④ 提供故障诊断和维修支持。虚拟现实技术可以帮助制造企业进行故障诊断和维修支持。工人可以使用虚拟现实设备来获取设备状态、故障信息和维修指导,以快速解决问题并减少停机时间。

⑤ 实现远程协作和监控。虚拟现实技术使得制造企业能够进行远程协作和监控。不同地点的团队成员可以通过虚拟现实平台共享实时数据、沟通和协作,提高生产效率和响应速度。

⑥ 人机界面改进。虚拟现实技术可以改善人机界面,使其更直观、交互性更强。通过虚拟现实头戴式显示设备和手柄,工人可以更方便地与设备、系统进行交互,减少操作错误和降低学习成本。

⑦ 实现可视化数据分析。制造执行系统结合虚拟现实技术可以提供可视化的数据分析功能。工人可以通过虚拟界面实时查看生产数据、质量指标和实时监控信息,从而快速做出决策和优化生产过程。

⑧ 产品演示和销售。虚拟现实技术可以用于产品的演示和销售。制造企业可以利用虚拟现实创建真实感的产品模型,展示给潜在客户或合作伙伴,以提高产品展示效果和销售成功率。

⑨ 提供安全培训和风险管理。虚拟现实技术可以模拟危险环境和场景,为工人提供安全培训和风险管理。工人可以通过虚拟现实系统学习和实践安全操作流程,提高工作场所的安全性和风险意识。

⑩ 提升客户体验和实现产品定制化。虚拟现实技术可以帮助制造企业提供个性化的客户体验和定制化服务。通过虚拟现实演示、交互和模拟,客户可以更好地理解和参与产品设计过程,提供反馈并获得满意的定制产品。

6.9.6 区块链

区块链,就是一个又一个区块组成的链条。每一个区块中保存了一定的信息,它们按照各自产生的时间顺序连接成链条。这个链条被保存在所有的服务器中,只要整个系统中有一台服务器可以工作,整条区块链就是安全的。这些服务器在区块链系统中被称为节点,它们为整个区块链系统提供存储空间和算力支持。相比于传统的网络,区块链具有两大核心特点:一是数据难以篡改,二是去中心化。基于这两个特点，区块链所记录的信息更加真实可靠。

区块链技术的引入，对智能制造有着十分重要的作用，它将助力智能制造系统实现以下功能：

① 供应链管理。区块链可以提供供应链的透明度和可追溯性，从原材料的采购到最终产品的交付都可以进行实时监控和记录。这有助于减少信息不对称和欺诈，增加供应链的可靠性和信任度。

② 反伪造和品质溯源。区块链可以帮助确保产品的真实性和品质。通过将产品关键信息和认证记录写入区块链，消费者可以追踪产品的整个生命周期，从而确认其来源和真实性。

③ 物联网集成和设备管理。区块链与物联网（IoT）技术结合，可以建立一个安全、去中心化的设备管理系统。智能设备可以通过区块链进行身份验证、数据共享和互操作，提高设备之间的信任和安全性。

④ 智能合约和自动化流程。利用区块链上的智能合约，可以实现自动化的业务流程和交易执行。这意味着智能制造中的合同、订单、支付等过程可以自动化、可靠地执行，减少人为错误和交易纰漏。

⑤ 知识产权保护。区块链可以用于保护智能制造过程中的知识产权。通过将创新和设计信息记录在区块链上，确保其不被篡改或滥用，维护企业的创新竞争优势。

⑥ 共享经济和去中心化市场。区块链可以促进智能制造领域的共享经济和去中心化市场。通过建立区块链平台，制造商和消费者可以直接进行交易和合作，实现资源共享和价值共创。

⑦ 数据安全和隐私保护。区块链技术可以提供更高水平的数据安全和隐私保护，尤其在智能制造中涉及大量敏感数据的情况下。通过区块链的分布式特性和密码学算法，可以确保数据的机密性和完整性。

⑧ 供应链金融和智能合约。区块链可以改善供应链金融的效率和可靠性。通过智能合约，供应链参与者可以自动化结算和支付过程，减少信任问题和支付延迟，提高资金流动性。

⑨ 智能制造网络和协同化生产。区块链技术可以构建智能制造网络，实现跨组织的协同化生产。通过区块链的共享账本和智能合约，企业可以实时共享信息、资源和任务，并自动执行合作协议。

需要注意的是，尽管区块链技术在智能制造领域有潜力，但目前仍面临一些挑战，如性能扩展性、标准化、数据隐私等问题。但随着技术的发展和成熟，区块链有望为智能制造带来更多机遇和创新。

第 7 章

MES项目的搭建实施

7.1 MES 实施难点概述

企业 MES 建设是一项复杂的系统工程,而非仅仅是一个以技术为主导的目标,涉及部门众多,实施难度较大。e-works 最新调研报告显示,目前中国企业的 MES 实施成功率仍然较低。目前,大多数企业在 MES 项目的实施中,存在以下相同的难点:

(1) 企业内部对 MES 的认识不足

很多企业对 MES 的认识不足,大多体现在企业管理人员不具备对 MES 的基本理解。MES 是制造执行系统,很多企业人员认为 MES 项目就是大而全,要全面覆盖生产管理的方方面面,希望通过 MES 解决所有涉及生产管理的问题。由于对项目的认知和理解存在偏差,在后期项目推进中很容易陷入困境。

(2) 系统边界难以区分

MES 与 ERP、SCM、OIS、EMS 等系统在功能上存在部分交叉重叠,例如 ERP 和 MES 都有对计划的管控,EMS 和 MES 均涉及能源管理。因此,企业往往对某个需求通过哪个系统来实现存在困惑。对此,企业需要厘清系统之间的关系,划清系统之间的边界,才能确定对 MES 的需求。

(3) 系统需求含糊不准确

由于对 MES 的理解不深,企业难以准确把握 MES 需求,提出的需求比较宽泛,不够明晰,或用 IT 语言描述需求,让业务人员难以理解,需求确认困难。而需求是 MES 实施过程的关键要素,需求不明确很容易导致事倍功半。

(4) 涉及企业最核心业务,个性化极强

MES 的实施必然会涉及制造企业最核心的业务——生产,而且个性化非常强,因此企业在实施 MES 的时候慎之又慎,往往会采取保守战略,毕竟生产线是经不起折腾的。

（5）多方关系难以协调

实施 MES 需要 IT 部门、生产部门、合作商的紧密协作，同时还需要计划、工艺、设备、品质、设备供应商等多方的大力配合。能够协调多方，沟通协作才能使系统顺利实施。特别是 IT 部门和各个业务部门之间，由于 IT 人员不熟悉业务、设备控制等，而业务人员不熟悉 IT 技术，如果缺乏合理的沟通机制，往往会导致项目难以推进。

（6）复合型人才缺乏

目前企业实施 MES 往往由两类不同知识结构的人才来进行，一类是传统的 IT 人员，另一类是工控人员（或设备管理员）。由于 MES 是一个专业交叉很强的综合项目，而这两类人员因为在知识结构上存在差异，无论由谁来主导在 MES 项目实施前均存在一定的心理障碍，即便有的企业在实施 MES 的过程中将这两类人才整合为一个项目组，但由于双方在理解上存在偏差，也不利于项目的推进。

（7）选型困难

首先，企业对自身的需求不明确，企业自身的特点没有剖析到位，对信息化建设的目标和远景没有具体规划。其次，市场 MES 供应商众多，各 MES 供应商因为进入该领域的背景不同，其关注点也不相同，MES 的功能侧重各异，企业如果不能对供应商的行业、产品、验证性测试（Proof of Concept，PoC）及团队了解清楚，很容易出现选型偏差。

（8）功能模块规划难

MES 是一个庞大的系统，功能模块众多，主次先后顺序难以判断。MES 的主导功能模块有 11 个，这 11 个模块对于企业来说到底哪些是很重要的，哪些相对次要，哪些应该先上，哪些应该后上，需要什么实施条件等，都需要考虑清楚，要根据企业的需求做好规划再来决定，不能一窝蜂地全上。

（9）各类数据采集难

MES 需要收集生产过程中的各类数据，并加以分析，如生产运行、工艺流程、物料、设备状态数据等。其中很多数据采集存在难点，例如生产运行数据往往是动态的，数据变化十分复杂，特别对于流程型制造企业，生产流程复杂，数据来源多且分散，同时底层生产执行控制系统又处于封闭状态，各系统信息采集方式、存储格式等都存在很大差异。

7.2　MES 项目的总体推进过程

那么，如何保证 MES 成功实施呢？

① 企业 MES 建设是一项复杂的系统改造工程，涉及对企业业务模式的重塑

和管理。因此,"统一思想"至关重要。

② 企业在进行 MES 选型前必须进行详细的需求分析,明确 MES 的应用目标,目标与需求切忌大而全。

③ 必须坚持"整体规划、效益优先、分步实施、重点突破"的原则,借助先进的计算机技术、网络技术、通信技术、企业建模及优化技术进行实施,保障系统的开放性、可扩展性。

④ 考虑与企业已有管理系统的通信、集成问题,避免出现更大或更多的"信息孤岛",提高企业的信息共享程度,为战略、管理、业务运作提供支持,提高企业生产对市场需求的响应速度。

⑤ MES 建设必须以"工厂模型"为依托,以全流程物料移动与跟踪为主线,以设备全生命周期管理为中心,以安全优化生产为目标进行设计和实施,保障系统的实用性和实效性。

MES 的实施与其他信息系统的实施一样,需要按照信息系统项目管理的需求来进行,其工作的重点是明确项目范围、形成项目团队、确定项目需求、合理选择供应商、有计划组织实施及实施上线后的定期评估及持续优化等环节。根据以往项目经验,MES 的选型与实施可以总结为五大步骤:项目准备、方案设计、配置实现、系统试运行、全线推广。

项目准备阶段的铺垫工作不容忽视,它是 MES 项目的第一个里程碑,影响着后续阶段资源的调配、职责与权力的划分、项目计划的实施等问题,关系着项目的成败。我们需要得到五个关键问题的答案:项目的目标是什么?谁是完成这个目标的团队成员?项目完成需要花多长时间?项目预算是多少?谁会支持或反对这个项目?只有想清楚这些问题后,才可以启动项目进入下一个实施阶段。

方案设计阶段主要是完成现场调研、需求分析、方案设计和评审等工作,通过现场调研了解目前企业内存在的系统,确定 MES 与之的关系。了解企业制造部门的需求,做好 IT 的规划、协调及运营。MES 与众多的 IT 系统互联具有实施的复杂性,所以企业在选择上 MES 项目时,需要充分考量自身的综合情况来确定对 MES 的需求。需求分析工作完成后就要根据实际的需求来设计相应的功能模块,详细的设计方案一般由供应商提供,客户组织评审。

配置实现阶段最重要的是明确所需要定制的 MES 功能块,从而避免引起不必要的返工问题,同时要严格按照 MES 项目计划执行,准备基础数据,搭建网络环境、服务器环境、办公电脑等系统运行的基础环境,定制并测试完成后可以进行现场调试。在 MES 研发过程中,细节方面要注意系统研发标准、界面风格要统一,注意细节设计。

MES 试运行阶段可以选择一条生产线作为试点,可以适当减少业务数据,从而减少试运行的工作量。其中,最重要的是要注意系统切换的平稳性,在系统切换过程中,要做周密的计划,甚至进行切换模拟,避免影响用户业务的开展,试运行可能会导致现场的操作人员出现情绪化,要多从用户的角度出发考虑问题。

MES全线推广阶段主要工作是做好数据迁移和MES验证工作,配合企业用户制定和发布需要的制度和规范。其中,要特别重视知识的转移,重点抓好MES使用培训和不同用户对于MES应用方式的掌握。对于有关MES内部功能、设计返工的问题,要进行全盘考虑,充分测试,尽量减少关联BUG的出现。

7.3 MES需求分析方法

7.3.1 MES需求分析误区

企业具体实施过程中,在MES的需求分析方面往往存在以下六大误区:

(1) 需求宽泛,缺乏针对性

企业提出的MES需求往往比较宽泛,缺乏针对性,也时常将目标与需求混淆。例如,企业进行MES需求分析时提出对追溯管理的需求,并且细化到对原材料、产成品、生产操作过程、生产组织、过程质量、过程工艺参数的追溯,但对具体的追溯流程、追溯机理缺乏针对性的描述,给MES实施增加了难度。

(2) 用IT语言描述需求,不便于决策

很多企业在进行MES描述时,往往会用IT的语言进行描述(尤其是有一定软件开发能力的IT人员来进行描述时更是如此),而这些功能需求的描述如果缺乏业务关联性,如何让管理者进行决策?MES的功能一定是能对应到具体的业务场景的,需要明确其核心解决的问题是什么,再看通过哪种方式来解决,最后才对应到系统、单据、界面这些层面进行描述。

(3) 注重功能罗列,缺乏平台关注

由于MES个性化强,在应用过程中经常会根据企业的具体情况进行二次开发,因此必须关注MES的平台性,同样的一个功能,是通过配置来实现,还是通过自带的开发平台来实现,或者需要写代码来实现等,不同的方式影响的不仅仅是功能本身,更为关键的是实现效率。

(4) 好高骛远,不切实际

不少企业在制定需求时,往往不考虑企业管理现状及信息化应用的情况,将MES中的很多高级功能提出来(如车间生产高级排程),好高骛远,不切实际。

并不是说这些功能不需要，而是要在整体规划的前提下，分清轻重缓急，把握主要矛盾，解决重点问题，而不是"眉毛胡子一把抓"。

（5）与现有系统的集成方案考虑不细

能考虑实施 MES 的企业，通常信息化都有一定的基础，因此在考虑需求时，一定要结合信息化的应用现状，把集成问题考虑清楚，如与 ERP 系统的集成、与 PDM 系统的集成、与工艺管理的集成等，而且要明确描述集成目标、集成机理、如何实现、需要相关系统做什么配合，形成整个 MES 的接口清单。

（6）各供应商特色功能罗列

不少企业在进行 MES 需求分析时，通过网络或参加会议论坛，可以便捷地了解到各供应商的解决方案及特色功能，于是通过复制和粘贴把各家的特殊功能进行罗列，就完成了需求分析，并用这个来组织招标进行，最后的结果是 MES 还不成熟，不能满足我们企业的要求。但企业的真正业务需求在哪？其实在需求的撰写过程中就已经迷失了。

因此，在对企业 MES 需求进行分析时，是需要通过一整套规范的信息化需求分析方法来激发和管控的，以实现企业对 MES 需求的准确描述。

7.3.2 MES 需求分析方法

一个合适的 MES 需求分析方法应该是怎样的呢？

① 要结合企业的生产工艺特点，重点阐述生产环节需要监管的重点环节和重点要求。

② 要明确需要实施的项目范围，现在想要实现的内容，以及未来要实施的功能。

③ 明确了项目范围后，就要对 MES 的整体性能提出要求，即可集成性、可配置性、可适应性、可扩展性和可靠性等要求。

④ 分层级地对相关业务明确细化需求。

⑤ 解决集成问题，一方面要重点解决好与其他系统之间的集成，尤其是与 ERP 系统的集成；另一方面要解决与设备的集成问题，包括描述清楚要实现的目标要求等。在解决集成问题的同时，需要明确各系统之间的边界问题。

e-works 根据多年项目经验总结出一套比较完整的需求分析方法，如图 7-1 所示，共分为 7 个步骤。

第 1 步是基础数据分析。基础数据标准化是 MES 应用的重要工作之一，建立规范统一的基础数据，是保证企业 MES 正常运行的前提条件。基础数据采集的重要意义是在统一思想、规范管理的基础上，摸清家底、理顺业务，发现问题，找出差距。基础数据主要包含组织数据、设备数据、物料数据、工艺数据、质量数据等。

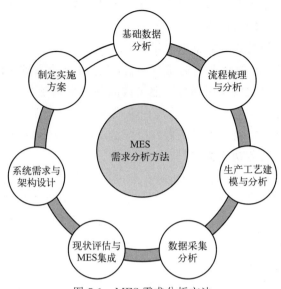

图 7-1 MES 需求分析方法

第 2 步是流程梳理与分析。业务流程梳理的目标是实现业务流程的可视化、规范化、可监控化。通过流程梳理与分析发现业务运行中存在的问题，对流程进行优化，全面、真实地梳理 MES 业务需求，确认 MES 未来的业务运行流程，在公司中形成业务流程管理的理念与方法。

第 3 步是生产工艺建模与分析。工艺是利用各类生产工具对各种原材料半成品进行加工或处理，最终使之成为成品的方法与过程。生产过程中的所有活动都围绕工艺要求展开。工艺要求决定了生产过程、生产现场数据采集的结构与分布，工艺流程贯穿了生产制造的生产计划、车间调度、过程控制与质量控制环节。工艺是生产现场标准化作业的基础，也是 MES 未来运行的基础，MES 将围绕工艺管理要求而建立。

工艺建模与分析的目标是建立完整的生产工艺分级模型，提供可视化的展现工具，清晰描述各制造部门详细生产工序、工步直至具体操作的流程特点，了解未来工艺趋势，为 MES 实施后的工艺变化做好相应准备。

第 4 步是数据采集分析。目的是根据生产工艺特点分析，能对实现和影响产品工艺的信息进行实时采集和分析。数据采集分析需要遵守完整性、实时性原则，我们要知道采集什么，了解采集的来源，怎么采集和在哪里采集，有哪些采集的设备，主要采集什么类型数据等。数据采集的数据类型大致包括：带有时标的生产过程数据；带有时标的报警、消息、生产事件信息；重要检测数据（如各种检测指标和重量数据）；计量数据（如数量、重量）；批次信息（如批次号码、批次执行状态等）等。

第 5 步是现状评估与 MES 集成。通过前面一系列的现状评估分析就可以总结出项目需求，需求确定后就需要对系统的边界进行界定。如果界限划分不清晰，即便是从业务角度分析出来的需求，也将面临新的挑战，如通过哪一个系统的实施来落地的问题，所以项目要划清 MES 与其他系统之间的界限。这一环节需要注意四个要点：车间现有系统应用现状分析；MES 的定位与边界；现有系统未来应用建议；MES 与其他系统的集成关系分析。

其中，MES 与其他系统边界划分有 4 个步骤：

① 明确 MES 会与哪些系统集成？一般有 ERP、SCM、PDM、自动化控制系统，以及 QIS、EMS、EHR、安全管理等。

② 分清楚各系统的关注重点。例如，EAM 可实现对设备的全生命周期管理，包括设备采购、设备维修、设备跟踪、设备处理等，MES 可实现设备状态管理、设备维修管理、设备能力、设备使用等；ERP 可依据销售订单、原材料采购提前期、原材料库存等制订基于订单的无限产能计划，MES 考虑生产物料、生产设备、人员等资源，生成基于时间的有限产能计划。

③ 划清 MES 与其他系统的边界。例如，EAM 侧重于设备资料、设备维修等，MES 侧重于设备实时状态、运行效率等；ERP 制定物料需求计划，MES 制定车间作业计划。

④ 在划清系统边界后，明确系统间集成的方式。对于切割不清晰之处，如果暂时允许双系统共存，则必须考虑数据的一致性问题，并且明确切换的时间表。图 7-2 为某企业 MES 在计划领域与其他系统之间划分的示例。

第 6 步是系统需求与架构设计。因为 MES 的个性化较强，所以在需求梳理的过程中，需结合行业和公司的特点，对这些特点进行详细分析，以保证未来的 MES 能够满足公司个性化的要求。这一环节需要注意三个要点：MES 需求汇总与分析、MES 总体规划与框架设计、MES 详细功能设计。

第 7 步是制定实施方案。在制定实施方案时，须依据公司目前生产管理的瓶颈、存在的问题、公司的核心管理特色、模块对业务的重要性、模块的投资收益比、同类型企业的建设情况等，规划出详细的实施路线，包括哪些模块先应用、模块之间的先后关系等。同时，需学习和借鉴其他企业经验和公司现状，规划出详细的风险规避措施。

7.3.3　MES 规划思路

完成 MES 需求分析之后，就需要进行下一步 MES 规划，那么系统规划要如何实现呢？MES 的实施阶段系统规划的思路是：在集成的前提下实现可视化，在可视化的基础上实现精细化，在精细化的前提下实现均衡化，如图 7-3 所示。

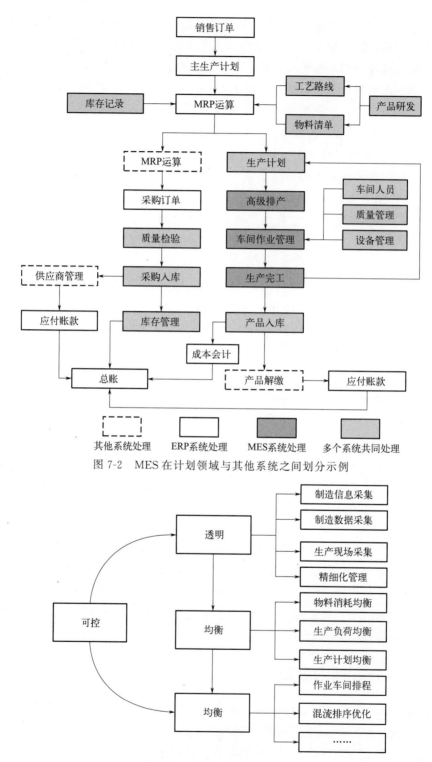

图 7-2 MES 在计划领域与其他系统之间划分示例

图 7-3 MES 的实施阶段

透明的目的就是要实现生产过程的可视化和精细化生产。首先要实现的是制造信息的采集，这也是很多企业实施 MES 的初衷，也是很容易见效的环节。但要实现真正"透明"，仅仅完成制造数据的采集是远远不够的，关键是要实现制造数据的集成（物料数据、产品数据、工艺数据、质量数据等），只有实现了集成，通过逐步地细化（从控制的力度：车间→工序→机台→工步→……；从控制的范围：计划执行→物料→工艺→人员→环境→……），实现生产过程的可视化管理。

在透明的基础上，实现均衡生产。只有实现了均衡生产，才能实现产品质量、产品成本、产品交货期的均衡发展。目前很多企业质量不稳定、制造成本高，其核心原因就是生产的不均衡。

在均衡的前提下，通过优化（PDCA 循环），实现高效的生产。这是 MES 实施的真正目标，但这个目标的实现是需要过程的，它是循序渐进的，而不是一蹴而就的。

7.4 MES 选型要点

7.4.1 MES 的选型流程

MES 需求确定后，接下来的是选择合格供应商，在此企业需要进行决策：是走正规的招标流程，还是选择小范围的供应商进行系统演示，进行竞争性判，这两种方式各有利弊。但无论哪种选型模式，建议企业在选择供应商时，要从供应商实力及发展前景、产品技术实现、项目实施管理能力、售后的服务能力、咨询顾问的实施能力及典型客户的应用情况等角度进行综合考察并且按照"先技术，后商务"的步骤进行。

图 7-4 为一个典型的招标流程的选型流程。

7.4.2 MES 招标要点分析

标书制作是招标的关键要点之一。招标文件要站在公平、公正、公开的角度，除了通用招标文件中规定的内容和反映 MES 的需求外，还需要突出评标过程分哪些阶段？重点的工作要点有哪些？明确这些内容后，投标方也好做出相应的配合。

为了避免投标方在行文上五花八门，不便后续的审核，同时避免投标方洋洋洒洒一大厚本、大量的公司宣传，因此在招标文件中必须明确规定"投标人必须严格按照规定的格式、内容及编排顺序进行投标文件的编制"，并要求"需在投

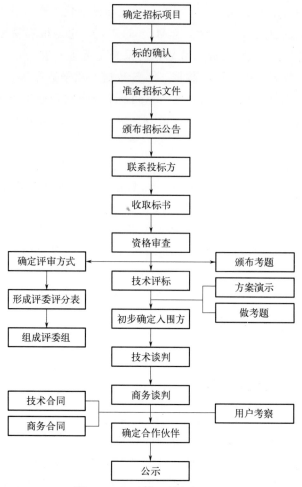

图 7-4　MES 典型的招标流程

标文件中明确回复对需求要点的实现程度"。

7.4.3　MES 技术评标要点分析

MES 评标过程中，要注意以下要点：

① 一定要让业务人员参与，尤其是核心业务的领导，只有他们成为需求的提出者、选型的参与者、实施及应用的实践者和最终价值的受益者，才能保证项目的顺利进行。为了使项目在意见出现分歧时能顺利进行，评标委员会的成员组人数应为奇数，建议的合理配比是：信息化人员 2 人、业务部门领导 5 人、外包专家 2 名，后期可加入财务及法务的人员。

② 为了确保公平、公正、公开原则，可以采用综合评标法（俗称"打分法"）等方法进行评标。把涉及的投标人的各种资格资质、技术、商务以及服务

的条款，都折算成一定的分数值，总分为 100 分。评标时，对投标人的每一项指标进行符合性审查、核对并给出分数值，最后汇总比较，取分数值最高者为中标人。评标时的各个评委独立打分，互相不商讨，最后汇总分数。

③ 要根据企业业务关注的重点，明确演示的流程（甚至要求投标方根据相关基础数据，按考题要求跑流程）。

④ 确定现场评分表。例如，在技术评标环节，将价格的权重降低（低20%），或不考虑。

7.4.4　MES 合同签署要点分析

供应商选择成功后，需要签署相应的技术协议和商务合同。其中，签署技术协议的目的是让供应商将企业 MES 需求以合同的形式固定下来，其关注的要点有：

① 承诺可直接实现的需求，在系统中的实现模式；

② 对于暂时不能满足的需求，如果需要二次开发，需要明确需求及估算的工作量；

③ 与其他系统之间的集成前提和机理（可能需要与被集成系统的服务商沟通能否实现）；

④ 需在技术协议中明确验收准则。

商务合同签署除了关注价格等敏感问题外，还需要重点注意以下问题：

（1）关于二次开发

因为需求变更而产生二次开发的需求，是每个信息系统实施必须面对的，但如果在合同中不进行相应的约束，软件供应商在实施过程中，往往会将属于配置性或系统功能缺陷而产生的需求都划归为二次开发，从而达到变相提高费用的目的，因此有必要在合同中界定清楚哪些需求属于二次开发的范围。建议在合同中加入："乙方所提供的软件应保证能够适应甲方业务流程及管理模式，由此产生的开发工作不属于二次开发。"

除了界定二次开发的定义外，还得考虑二次开发模块如何交付的问题。软件公司往往会将企业作为二次开发的测试部门，因为时间等因素，将还未完全通过测试的二次开发提交给客户。因此，在接收二次开发模块时，最好让软件公司同时展示他们内部最终测试的过程文档。

此外，还需考虑清楚系统升级对二次开发的影响。建议在合同中加入："乙方应保证对二次开发的程序在进行升级服务等过程中不产生干涉，否则乙方将对产生的损失进行赔偿"。

最后，关于二次开发相关文档的交接内容一定要在合同签订之初谈清楚并且接收的时候要非常注意，相关开发文档属于二次开发的重要部分，企业应做好接收、存储和管理，不能完全依赖软件公司的管理。

（2）关于付款

软件供应商通常采用的方式是将软件与实施分开签署，这种做法无可厚非，但关键问题是软件费用的付款周期往往是以合同签订、软件到客户、软件安装等为回款节点的，通常软件安装后要收回软件费用的70%左右，从项目控制来说对企业是不利的。

较好的做法是软件与实施分开签署，软件的回款周期与实施周期相匹配，完成某个系统体系，就按某个体系的软件费用＋实施费用一起进行支付。这样的好处是以系统能用起来为依据，是以结果为导向的工作方式，且避免不必要的纠纷。

（3）关于服务费用

通常软件公司会以"人/天"为单位来进行服务费用结算，而且很多合同是开口合同，究竟需要花费多少，企业没有底，因此建议最好能约束服务款项上限，根据具体实施分步支付。例如，可约定："服务总费用（包含软件授权费、调研及实施费、满足甲方业务流程及管理模式的开发费用和合作期间的服务费用）不超出本协议的总预算。如因甲方业务、经营模式、管理模式等发生重大变化而须进行二次开发，则开发费用双方另行协商。"

（4）关于升级维护

关于升级维护除了常规的约定外，更为关键的是以下两方面的内容：

① 关于免费维护期的起始时间的确定。通常"免费维护期"应该从本项目验收后开始计算，而非软件交付时开始计算。

② 扩容和用户数问题。对于扩容和升级的优惠，双方约定不超过某个上限；跨版本升级只收一个版本的升级费，升级在服务期内不收费。

（5）关于配套环境

不同系统之间是有干涉的，建议在签订合同前确定好相应的环境要求，可将企业现有的环境让系统供应商确认。

某企业曾经因为病毒防护系统与系统不兼容，被迫抛弃之前的杀毒软件重新购买新的杀毒软件，这样不仅费用增加，还带来了不必要的麻烦。又如某企业在实施后才搞清楚该系统不支持ORACLE的数据库，至于因系统慢、临时增添设备的案例就更是不胜枚举了。

（6）关于实施顾问

顾问是成功实施的关键，但往往好的顾问是稀缺资源，如何对顾问的选择进行约束，建议在合同中加入："所有实施顾问必须经过企业认可后才能上岗，顾问的更换必须经企业同意，派遣顾问前须告知企业，并得到企业的认可。乙方更换实施人员需承担一定的赔偿责任。"

当然，在合同签订的过程中需要坚持"有理、有利、有节"的原则，毕竟 MES 项目与简单地购买设备还不一样，是一个共荣共生的事情，因此也需要给软件公司一定的空间。

7.5 MES 实施要点

7.5.1 MES 实施步骤

合同签订后，即进入 MES 项目实施阶段。实施过程主要包括实施需求调研定制开发、实施部署、试运行等几个主要阶段和步骤。MES 实施是一个系统性集成化的大工程，想要成功实施 MES，就要在每一个实施阶段谨慎行事。

(1) MES 实施需求调研阶段

在这个阶段，MES 供应商需要辅助企业用户对车间的业务流程进行合理改善，优化部门组织管理结构和业务管理流程；减少无价值的管理流程和职责岗位，合理分工、明确职责；明确 MES 项目时间与计划安排、软硬件配置要求、数据准备要求等内容，为 MES 项目的执行、实施奠定总基调。同时，还需要对现场数据进行采集，以及与企业其他现有系统集成进行定义，落实项目实施资金计划。

(2) MES 定制开发阶段

MES 供应商会根据企业的具体需求定制解决方案和详细的系统功能模块，从而避免引起不必要的返工问题；同时要严格按照 MES 项目计划执行，准备基础数据，搭建网络环境、服务器环境、硬件环境等系统运行的基础环境。并在企业车间进行反复调试，确认细节方面的研发设计，确保不拖延 MES 开发工期。

(3) MES 实施阶段

做好数据迁移和 MES 验证工作，对运维流程进行定义和规范化。在 MES 软件运行监控与考核平台上，定义问题的级别和升级处理机制、人员的职责和角色、系统软件和硬件信息等内容，对系统运维中的对象和资源进行管理。对于有关 MES 功能、设计返工的问题，要进行全盘考虑，充分测试，尽量减少关联 BUG 的出现。

(4) MES 试运行阶段

MES 试运行中，宜先取用少量的业务数据，以减少试运行的工作量。试运行阶段尤为重要的是注意系统切换的平稳性，在系统切换过程中，需要进行次模拟，确保准确性，保证后期企业业务的顺利开展。试运行期间也要考虑到现有一线员工的正常工作安排不受到严重影响。

7.5.2 详细需求分析

详细需求分析的目的是企业业务需求与实施的系统如何衔接的关键环节。供应商为了省事，往往去掉了这个环节，但极有可能为后续系统实现带来隐患。项目售前需求调研与实施项目的需求调研差异如下。

① 签单前所做的需求分析的目的是反映企业的业务特点，因此相对而言会比较粗，较难用于指导实施和系统开发，还需进一步细化，而且越贴合未来的操作模式越好（实施需求文档未来稍微转化就可形成基于信息系统的规范操作手册）。

② 供应商实施人员与售前顾问往往不是同一批人，因此需要实施人员通过详细需求调研，对企业的业务需求进行详细的了解，同时对销售人员所答应的承诺进行再确认。

③ 前期供应商为了拿到订单，往往会承诺一些不切实际的要求，可借助详细的需求分析进行进一步澄清。

因此，企业在实施 MES 时，切记要将详细需求分析作为一个非常关键的节点进行管理，相当于是对技术协议的细化，并将之作为未来验收的重要依据。

7.5.3 需求变更管理

在 MES 实施过程中，负责人一方面要做好需求的实现，另一个工作重点就是要控制好需求的变更，尤其是在系统上线的前后，业务部门会提出五花八门的变更需求，这时候项目负责人要坚信的理念是：此时 80% 以上的需求变更是可以不用响应的。注意是"不用响应"，而不是不用理会。

原因何在？此时业务部门提出需求的原因往往集中在以下几方面：

① 对软件操作不熟悉。
② 操作模式同之前的有较大的区别。
③ 业务流程还未理顺，尤其是部门之间的衔接还不顺畅。
④ 相关的基础数据不完善，甚至有错误的地方。
⑤ 出于部门利益的考虑（尤其是初期的数据录入等环节）。

因此，要在项目团队以及业务部门内灌输"先固化，再优化"的思想。先强力推进应用，即便有问题也要用，但同时对业务部门所提出的需求要认真处理，否则业务部门的员工会丧失积极性，对未来的实施应用带来影响。处理的原则就是：收集、整理、分类、处理。

① 收集：要公开问题及需求获取的渠道，认真听取。
② 整理：对所收集的问题，认真整理，形成清晰的需求，这一点非常重要。

③ 分类：对问题进行分类，通常可以分为不响应、暂时不响应、响应等。

④ 处理：对不同分类的问题，采取不同的处理原则。

如是涉及上面所提到的"对软件操作不熟悉"等原因的需求，可以不响应但要做好说明和培训工作；对于的确是需求的问题，但不涉及全局工作的，可暂时不响应，但对提出者要给予鼓励，说明将在后续的工作中给予响应；对于影响了企业全局工作或影响实施效果的工作，经过判断要及时响应的，需要同实施方探讨提出响应意见。

经过以上的处理原则，可以对需求变更进行较为合理的控制。但要做到这一点，项目负责人除了做好内部沟通外还要做好外部沟通。

当系统运行半年左右，项目负责人应结合业务应用的情况，对之前所提的变更需求再一次审视，提出真正的变更需求。因为此时业务部门对 MES、操作及流程已相对熟悉，此时所提出的变更是相对客观且富于建设性意义的。

7.5.4　二次开发管理

要科学地管理好二次开发项目，就必须从源头进行控制，即规范二次开发的需求分析。

在企业提出二次开发需求后，实施方应本着认真负责的态度，对企业所提的需求进行分析，判断是否需要进行开发，如果不属于二次开发的范畴，要艺术性地做好说服工作；如果确定真的需要二次开发，则应该严格按照软件工程的要求，同企业一起界定清楚二次开发的范围及目标，在此基础上进行详细的准确无误的功能描述、开发进度安排、质量体系保证、开发成本及所需资源等。其中，二次开发系统如何实现同现有系统的紧密集成，并保证在今后的软件升级中得到良好的维护，都是必须认真考虑和明确的内容。最终确定的二次开发需求以"二次开发需求报告"的形式确定下来，该报告将作为阶段验收的重要文件。企业方面应积极配合实施方的工作，一方面为实施方提供相应的支持，有必要的话企业可派资深的业务人员对实施方的顾问进行业务上的培训，以便其迅速地掌握重点；另一方面应做好测试数据的收集及整理工作。

同时，要加强开发过程控制。在二次开发需求确定后，二次开发的主体一方面应严格按照项目管理的思路对开发过程从进度、质量和成本上进行管理和控制；另一方面应按照软件工程的思路做好详细设计、代码开发、功能测试、集成测试等关键环节的工作，保证最终交付的产品经得起用户考验。同时，为了维护良好的客户关系，应定期或不定期就项目的进展情况向企业进行汇报，以便掌握整个项目的进度，其中，较为常见的做法是建立周报制度。在强调项目进度管理的同时，必须加强质量管理工作，应在开发的过程中加强测试，如功能测试、极限测试、集成测试等，保证提交产品的最终质量。

最后，处理好二次开发的验收工作。如果前面的环节都得到很好的执行，那么二次开发的验收工作就相对简单，其中的关键除了是否满足双方所约定的"二次开发需求报告"外，还要重点做好相关文档、相关代码的存档、版本管理工作，并做好与之相应的实施、培训工作。

7.5.5 上线前策划

MES 正式上线前需要进行全面的评估，通过评估可以查缺补漏，确保一次上线成功。通常上线前的评估主要包括表 7-1 所列内容。

表 7-1 MES 上线前的评估内容样例

主要项目	主要内容	是否达到
需求分析	需求分析报告是否已确认	
	各业务部门是否对需求有了清晰的把控与理解	
	各业务部门对 MES 的目标是否清晰	
	各业务部门对系统状态下的业务流程是否清晰	
	是否为后续二期、三期的需求实现预留了接口	
基础数据	基础数据是否准备完善，并进行了详细检查	
	基础数据的编码等管理规范是否建立	
系统配置与二次开发	系统是否按需求已经配置完成	
	所有的配置是否经过了场景测试	
	二次开发功能是否都已完成	
	二次开发功能是否已经过内部测试，并经过外部实例测试	
系统接口	与 ERP 等系统以及设备的接口是否完成，并经过测试	
	接口方案是否完备	
系统测试	业务人员是否亲自参与了测试	
	测试数据是否能反映企业真实的业务环境	
	对测试中发现的问题是否进行了解决	
其他项目	MES 上线运行制度是否已制定	
	制定了问题反馈流程，并传达给所有业务人员	
	动态数据是否准备完善，并进行了检查和核对	
	系统硬件与网络等环境是否已满足系统运行	
	通过培训业务人员已经初步熟悉掌握系统日常操作及作业流程	
	根据组织架构、人员职责等是否进行了严密的权限设定	
	系统内部管理员的培训是否到位	

7.5.6 项目验收

通常项目不是实施完成，上线后即可验收，而是使用 1~2 月后再组织验收。验收分为纵、横两方面，纵向代表验收流程，横向代表验收内容，纵横两方面交错进行。

验收流程主要是部门划分：生产计划→车间作业→库管→质量管理→设备部→工艺部。验收内容主要分为七部分：功能验收（包含二次开发功能）、流程验收、数据及报表验收、接口验收、培训验收、文档验收、其他验收。

先由相关部门（如质量部）按照验收内容（功能验收→流程验收→数据及报表验收→培训验收→其他验收）依次进行审核，审核完毕后由部门主管签字确认（如遇不相关的内容可跳过），对于未实现的功能或内容请验收结束后用文档的形式详细描述。

验收结果分为三种情况：解决、变通解决、未解决。对于未能实现的内容应该根据情况区别对待。

项目上线经过验收后，才是 MES 应用的开始，仅仅是完成了万里长征的一步，企业需要给业务部门灌输 PDCA 持续优化的思想，使得系统与生产管理紧密融合，并推动相关业务流程持续改进。

第8章

某钢铁企业智能制造管理与执行系统应用案例

方案背景：

（1）发展现状

国内某钢铁企业拥有 $450m^3$ 高炉 1 座、$1080m^3$ 高炉 2 座，45t 转炉 1 座、60t 转炉 2 座，高速线材、小型材、中型材生产线各 1 条，棒材生产线 2 条，年产 96 万吨焦炭生产线 1 条。由美国摩根公司引进的高速线材生产线、由意大利引进的康斯迪电炉炼钢生产线均达到世界先进水平，棒材生产线、转炉炼钢生产线、高炉炼铁生产线装备水平均达到国内先进水平。

目前，从全国乃至全球来看，钢铁行业的市场竞争日趋激烈，企业核心竞争力不仅取决于生产线的装备水平，还取决于对产品质量、交货期、成本的掌控，取决于对客户需求高效、快速的响应能力。该企业面临的一项重要任务是：进一步优化管理模式，开发面向整体业务流程和生产优化的智能制造管理与执行信息系统，向管理要效益。

（2）信息化现状

该企业目前主要系统包括 MES 系统、财务软件、电商系统、计量系统、能源系统以及各个分厂的自动化系统等。

MES 系统：共计 17 套子系统，分散在各个分厂 MES 生产系统，"孤岛"现象严重，系统运行已有七年，代码比较陈旧，系统升级困难。

财务系统：使用某财务软件，具备相关财务功能；目前正在推进标准单据的改造和业务审批移动化。

电商系统：有电商营销和电商物流，其中电商营销支持客户在网上下单。目前正在推进实现营销全面电商化。

根据前期现场调研以及与相关部门详细沟通交流的情况，该企业信息系统"孤岛"现象严重，缺少统一的数据集成平台，在订单排产、生产管控、数据集成分析、精细化管控方面还存在不足。

① 缺乏系统集成：MES 系统之间相对孤立，数据采集、自动化系统数据尚不能集成，缺乏 iMES 的集成支撑。

② 功能不够完善：支撑大宗原料质检、生产管控、冶金规范体系、质量一贯制的 MES 系统尚未实施，不足以支撑公司精细化管控的要求，难以量化企业生产经营效益。

③ 服务体系有待加强：在目前的信息化体系中尚未形成以最终用户为核心的客户管理服务体系，个性化定制服务体系有待开拓提升。

④ 信息化认识有待加强：信息化的实施是一个流程再造的过程，需要各管理层共同推动实现管理流程的规范化、标准化。

⑤ 信息化队伍不完善：缺乏较为专业的信息化团队支撑企业信息化发展。

8.1 整体方案综述

8.1.1 案例企业的智能制造体系

案例企业的智能制造管理与执行系统紧密结合企业的战略目标，充分考虑企业已有的信息化基础，从适用性、先进性、经济性、实用性角度设计企业的智能制造体系，如图 8-1 所示。

该企业智能制造体系以 iMES 为核心，与周边系统无缝集成。iMES 强调智能化与集成化，内部子系统主要由 APS-高级计划与排程系统、PMS-制造管理系统、PES-制造执行系统、DAS-数据采集与应用系统构成。

(1) APS-高级计划与排程系统

APS 系统作为 iMES 的智能化核心组成部分，将先进的管理理念及智能优化算法融入 APS 系统中，助力该企业实现大规模个性化定制的生产模式，提高企业核心竞争力。APS 核心优化点主要包括解决产供矛盾的采购决策优化以及解决产销矛盾的订单排产。具体包括采购决策优化管理（PO）、经营计划管理（RC）、订单计划管理（OP）、批量计划管理（BP）等。详细内容参见 8.2 节。

(2) PMS-制造管理系统

制造管理系统面向公司管理层，是实现公司级全局资源掌控的关键，是承接 ERP 系统及 PES 生产执行系统的重要组成部分，主要功能包括客商服务（EC）、综合管控（MC）、主数据管理（MD）、采购与存货管理（PI）、计划与实绩管理

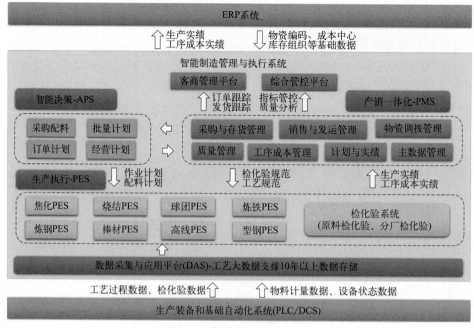

图 8-1　智能制造管理架构

(PP)、销售与发运管理（SD）、物资调拨管理（GA）、工序成本管理（CO）、质量管理（QM）等内容，详细内容参见 8.3 节。

(3) PES-制造执行系统

制造执行系统面向焦化厂、球团厂、烧结厂、炼铁厂、炼钢厂、棒材厂、高线厂、型钢厂等各个分厂，能够指导各个分厂按照计划及质量要求进行生产，同时能够准确及时跟踪物料信息，根据不同的精度要求实现按炉次、批次、件次的跟踪。主要功能包括焦化厂执行系统（CPES）、烧结厂执行系统（FPES）、球团厂执行系统（PPES）、炼铁厂执行系统（IPES）、炼钢厂执行系统（SPES）、棒材执行系统（BPES）、高线执行系统（WPES）、型钢执行系统（XPES）、检化验系统（QPES）。详细内容参见 8.4 节。

(4) DAS-数据采集与应用系统

数据采集与应用系统是构建透明工厂的基础，是整个 iMES 体系的主要数据源。系统以实时数据库技术为核心，通过网关隔离技术，利用 OPC Server 实现对焦化厂、球团厂、烧结厂、炼铁厂、炼钢厂、轧钢厂等各个分厂及部门的数据采集与上传，实现各分厂设备状态的监视与分析，覆盖范围涉及铁钢轧相关数据，详细内容参见 8.5 节。

(5) 周边系统集成

iMES 强调数据的集成性，杜绝"信息孤岛"，在 iMES 的设计过程中充分考虑与该企业现有系统的对接,对接的系统包括：

① ERP 系统,实现与现有信息化系统集成。

② 计量系统,实现内部业务计量数据的自动采集、相关计量业务的对接。

③ 能源系统,获取能源信息数据。

（6）网络硬件需求

为实现 iMES 系统功能覆盖产线,实现各岗位使用 iMES 客户端,支撑物料全流程跟踪,同时支撑 iMES 运行环境要求,结合该企业现场实际,提出对网络改造及相关系统硬件需求。

（7）服务器需求

办公网内,iMES 接口服务器和 MES DB 服务器分别作 HA 双机冗余热备份,都用磁盘阵列作存储介质,把磁盘阵列合并在一起（iMES 数据库、iMES 接口数据库共用同一磁盘阵列）,采用 FCSAN 技术,划分出不同的卷,供不同的存储用途。此外,还增加了一台测试/备份服务器和用于外网发布的发布服务器。

DAS 服务器及配套软件需求在 DAS 分册中说明（表 8-1）。

表 8-1　iMES 服务器选型

设备件名称	规格	单位	数量
MES 数据库服务器	Lenovo System x3850 X6,8 核 Xeon E7-4809 v3 处理器（2.0GHz,20MB 缓存,6.4GT/s）,128GB（8×16GB）2133MHz DDR4 内存,3×600G 10KB SAS 2.5in,标配 M5210 四口千兆以太网卡,2 个 900W 热插拔电源,4U 机架式,两块单口 HBA 卡	台	4
MES 应用服务器	Lenovo System x3850 X6,8 核 Xeon E7-4809 v3 处理器（2.0GHz,20MB 缓存,6.4GT/s）,128GB（8x16GB）2133MHz DDR4 内存,3×600G 10KB SAS 2.5in,双口千兆以太网卡,2 个 900W 热插拔电源,4U 机架式,两块单口 HBA 卡	台	2
MES 发布服务器	Lenovo System x3850 X6,8 核 Xeon E7-4809 v3 处理器（2.0GHz,20MB 缓存,6.4GT/s）,128GB（8x16GB）2133MHz DDR4 内存,3×600G 10KB SAS 2.5in,双口千兆以太网卡,2 个 900W 热插拔电源,4U 机架式,两块单口 HBA 卡(可选)	台	1
测试服务器 备份服务器	Lenovo System x3850 X6,8 核 Xeon E7-4809 v3 处理器（2.0GHz,20MB 缓存,6.4GT/s）,128GB（8x16GB）2133MHz DDR4 内存,7×3T 10KB SAS 2.5in,标配 M5210 双口千兆以太网卡,2 个 900W 热插拔电源,4U 机架式,无光驱,两块单口 HBA 卡(可选)	台	1
操作系统	Windows Server 2012	套	6
热备软件	RoseHA	套	2
数据库	Oracle 11g	套	4
磁盘阵列	联想 Storwize V7000	台	1

8.1.2　iMES 功能清单

iMES 系统功能说明见表 8-2。

表 8-2　iMES 系统功能说明

序号	所属子系统	名称	编号	说明
1	APS	采购决策优化管理	PO	采购决策优化实现指导采购的采购计划以及指导烧结厂生产的配料计划
2	APS	经营计划管理	RC	公司年、月产能计划,指导企业经营管理
3	APS	订单计划管理	OP	订单计划实现对生产订单的排产优化,反馈客户生产交期。包括订单排产优化、订单跟踪功能
4	APS	批量计划管理	BP	在订单计划的基础上实现钢轧一体化排程,指导优化生产节奏。功能主要包括轧制计划管理、坯料设计管理等
5	PMS	客商服务	EC	提供供应商与客户的增值服务,实现收货实绩、质检查询等功能,实现订单查询等功能
6	PMS	综合管控	MC	对全公司生产、设备、产量、库存等内容进行综合管理监控
7	PMS	主数据管理	MD	实现主数据管理
8	PMS	采购与存货管理	PI	MES 的采购执行模块,实现采购到货、采购存货管理等功能,需要与 ERP 的采购模块实现集成
9	PMS	销售与发运管理	SD	MES 的销售与发运管理模块,实现订单管理、计划跟踪以及成品发运等功能,需要与 ERP 的销售模块实现集成
10	PMS	计划与实绩管理	PP	针对审批通过的订单进行排产(轧钢计划、炼钢计划),与 PMS 集成,反馈订单排产状态,跟踪生产实绩信息
11	PMS	物资调拨管理	GA	与 ERP 集成,实现厂内物流的管理,实现库存之间的物资调拨
12	PMS	工序成本管理	CO	工序成本收集,并上传 ERP

续表

序号	所属子系统	名称	编号	说明
13	PMS	质量管理	QM	MES的质量管理模块,冶金规范管理,需要与ERP的主数据实现集成,需要与MES的销售模块实现集成
14	PES	焦化执行系统	CPES	实现焦化车间的计划管理、生产实绩管理、原燃料库存管理等,需要与PMS实现集成,需要与实时数据库实现集成
15	PES	烧结执行系统	FPES	实现烧结车间配料计划管理、生产实绩管理、原燃料库存管理、中间库存管理,需要与PMS实现集成,需要与实时数据库实现集成
16	PES	球团执行系统	PPES	实现球团的配料计划管理、生产实绩管理、原燃料库存管理、中间库存管理,需要与PMS实现集成,需要与实时数据库实现集成
17	PES	炼铁执行系统	IPES	实现炼铁厂的生产计划管理、配料计划管理、生产实绩管理、原燃料库存管理、铸铁库存管理,需要与PMS实现集成,需要与实时数据库集成
18	PES	炼钢执行系统	SPES	实现炼钢作业计划与排程、炼钢生产实绩与跟踪、炼钢库存管理等功能,在生产实绩管理中做到按照炉次、铸机流信息的跟踪。需要与PMS实现集成,需要与实时数据库集成
19	PES	棒材执行系统	BPES	实现棒材作业区的作业计划管理、原料及成品库存管理、生产实绩管理,需要与PMS实现集成,需要与实时数据库集成
20	PES	高线执行系统	WPES	实现线材作业区的作业计划管理、原料及成品库存管理、生产实绩管理,需要与PMS实现集成,需要与实时数据库集成
21	PES	型钢执行系统	XPES	实现型钢作业区的作业计划管理、原料及成品库存管理、生产实绩管理,需要与PMS实现集成,需要与实时数据库集成
22	PES	检化验系统	QPES	检化验系统支持原料、铁前、炼钢、轧钢的质检与理化

续表

序号	所属子系统	名称	编号	说明
23	DAS	烧结数采系统	FDAS	实现烧结区域实时数据采集、组态监视画面、报警功能、曲线分析功能，为 MES 提供数据支撑
24	DAS	焦化数采系统	CDAS	实现焦化区域实时数据采集、组态监视画面、报警功能、曲线分析功能，为 MES 提供数据支撑
25	DAS	球团数采系统	PDAS	实现球团区域实时数据采集、组态监视画面、报警功能、曲线分析功能，为 MES 提供数据支撑
26	DAS	炼铁数采系统	IDAS	实现炼铁区域实时数据采集、组态监视画面、报警功能、曲线分析功能，为 MES 提供数据支撑
27	DAS	炼钢数采系统	SDAS	实现炼钢区域实时数据采集、组态监视画面、报警功能、曲线分析功能，为 MES 提供数据支撑
28	DAS	轧钢数采系统	GDAS	实现轧钢区域实时数据采集、组态监视画面、报警功能、曲线分析功能，为 MES 提供数据支撑

8.2　子系统1：APS-高级计划与排程系统

8.2.1　功能综述

APS 为 iMES 的子系统，为企业提供高级计划排程与采购决策，依托 iMES 其他模块的业务数据支撑，基于 APS 的先进管理理念，优化企业业务流程，为企业提供科学决策。高级计划排程范围覆盖了从销售订单接收、生产能力计划、生产计划排程直到订单实绩上交的整个计划管理过程，具体包括采购决策优化管理、经营计划管理、订单计划管理、批量计划管理。

（1）采购决策优化管理（PO）

在铁区的成本构成中，原材料的采购成本占了很大的比例。采购决策优化模块基于市场上各原材料的可获得性与性价比，考虑烧结工序生产的基本工艺要求，以采购成本最小为优化目标计算各种原材料配比与需求量，并且构建采购方案的评价指标体系。一个满足炼铁冶金性能要求且采购成本最小的采购方案能极大优化铁区综合生产成本，帮助企业降本增效。

① 功能结构图见图 8-2。

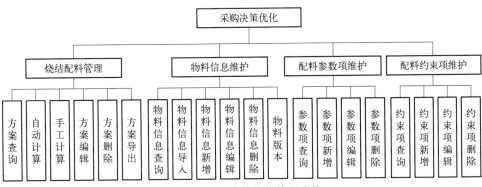

图 8-2 采购决策优化管理功能

② 功能描述见表 8-3。

表 8-3 采购决策优化管理功能描述

序号	功能名称	功能描述
PO01	烧结配料管理	指导采购配料和烧结生产,提供人工计算和自动计算两种方式,提供多种方案对比及导出,将生效的方案下发执行至生产车间
PO02	物料信息维护	可采购原材料信息(成分、价格、可采购量),内部循环料信息(成分、价格、可获得量)
PO03	配料参数项维护	折算系数的维护,算法基础参数维护
PO04	配料约束项维护	考虑算法化学元素(C、Si、Mn、P、S)等化学元素及固定配比的设置

(2) 经营计划管理 (RC)

APS 系统的经营计划主要实现企业生产能力的规划和计划功能,为有限能力排产提供能力依据,以及能力计划实绩跟踪与分析功能。

① 功能结构图见图 8-3。

② 功能描述见表 8-4。

图 8-3 经营计划管理功能结构图

表 8-4　经营计划管理功能描述

序号	功能名称	功能说明
RC01	产能计划录入	输入：产能计划（工序、品类、计划产量） 处理：将产能计划写入数据库
RC02	产能计划跟踪	处理：统计各个工序到目前时间的产能完成情况 输出：产能计划完成实绩
RC03	检修计划录入	输入：检修计划（加工中心、计划检修时长） 处理：将检修计划写入数据库
RC04	设备能力维护	输入：各工序设备机时能力 输出：设备能力基础数据

(3) 订单计划管理（OP）

在订单排程过程中，将转化为生产订单的销售订单进行订单预排。之后，根据车间生产现状，分批分车间地把轧钢作业计划（生产订单、轧钢生产计划）下发至生产部和轧钢各车间。其中，订单排程是在考虑坯型计划、炼钢组炉组浇、轧钢组轧制单元、订单紧急程度等因素的情况下，基于批量生产与订单优先生产的基础上，合并能够合并的生产订单，考虑轧钢能力计划，利用算法最终制定出轧钢生产订单的交货期。

轧钢作业计划模块主要支持作业人员排产订单先后加工顺序，在考虑能力计划的基础上，给定订单的交期。作业计划跟踪模块主要跟踪下发作业计划的生产状况。

订单排程约束主要是指在订单排程算法计算过程中需要考虑的生产约束。

① 功能结构图见图 8-4。

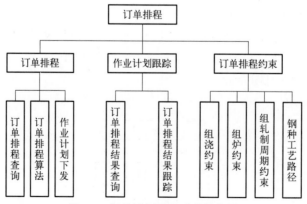

图 8-4　订单计划管理功能结构图

② 功能描述见表 8-5。

表 8-5 订单计划管理功能描述

序号	功能名称	功能说明
OP01	订单排程	基于智能算法将生产订单排程并选取下发轧钢作业计划、返回订单生产交货期
OP02	作业计划跟踪	基于下发的作业计划进行已排产量、入库量、欠量等的跟踪
OP03	订单排程约束	智能算法所需的钢种、混浇、连浇基础数据约束

(4) 批量计划管理 (BP)

一体化计划属于批量计划层,主要涉及轧制计划与浇次计划等。销售下发轧钢生产订单之后,轧钢厂各条产线会分别组织生产,制订各条产线的轧制计划。轧制计划的制订主要考虑生产工艺的约束,包括宽度渐变、厚度渐变、轧辊寿命等,保证生产节奏,以生产效率最大为目标。生产部下发炼钢生产通知单之后,炼钢厂会制订具体浇次计划,主要考虑生产工艺约束,包括中包最大连浇炉数、异钢种混浇规定等,保证生产节奏、热送率等。

一体化排程模块主要针对短期内预生产的订单,考虑炼钢、轧钢生产约束条件、加工工艺路径等因素,协调钢轧加工的衔接节奏,以生产效率最大化为目标,利用算法求出炼钢组批计划、轧钢组批计划,为计划人员编制生产计划提供优化排产、参照排产的依据。

一体化计划排程约束管理模块主要是对一体化算法计算过程中的一些约束项进行维护。

① 功能结构图见图 8-5。

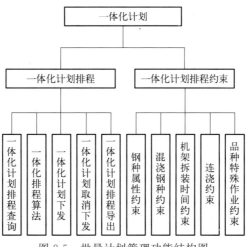

图 8-5 批量计划管理功能结构图

② 功能描述见表 8-6。

表 8-6　批量计划管理功能描述

序号	功能名称	功能说明
BP01	一体化计划排程	基于智能算法对订单排程的作业计划进行钢轧一体化排程，人工/自动推出炼钢计划、轧钢计划
BP02	一体化计划排程约束	基于一体化排程所需的钢种属性约束、连浇约束等

8.2.2　APS 优化模型描述

（1）采购计划优化模型描述

在铁前原料采购前，配料的不同会导致原料的采购成本出现较大浮动，一个满足炼钢冶金性能要求且采购成本最小的采购计划能极大降低采购成本。基于优化的采购计划能满足生产管理部门或采购部门的采购决策需求，有助于降低企业采购成本，提高效率和效益。设计如下优化模型，见表 8-7。

表 8-7　采购计划优化模型描述

项目	内容	说明
输入	市场可获取原材料信息	①原材料成分信息（商检结果） ②原材料价格（供应商报价，干基不含税） ③最大可获取量 ④到货提前期
	烧成矿各成分内控标准	在计算过程中主要考虑成分项的标准控制范围，暂不考虑物理项的控制范围（如转鼓强度、粒度等）
	烧结月度产能计划	
	原材料期末库存量	
	控制参数 主要设备参数	用于综合成本和工艺指标项的计算，包括单位制造费、台时能效指标等
输出	各供应商原材料采购量	
	各项 KPI 指标	①生产综合成本 ②综合品位 ③理论出铁量 ④燃料比
约束	①原材料采购量需小于市场最大可获得量，并且需满足铁区产能计划要求 ②到货提前期需保证铁区连续生产 ③原材料成分需满足配煤配矿工艺需求	
目标	采购成本最低	

（2）订单排产优化模型描述

问题模型描述：订单排产优化模型实际为可用能力承诺（CTP），基于销售订单要求,考虑到瓶颈工序产能,给出每个订单合适的交货期和加工路线(表8-8)。

表8-8 订单排产优化模型描述

项目	内容	说明
输入	经过质量设计的销售订单	至少包含以下项目:订单交货期、经过库存匹配和成材率换算的生产量、订单产品属性(钢种、规格、特殊要求、执行标准)、订单生产工艺路线等
	产线生产实绩	各工序(加工路线)的当前生产情况、产能完成情况等
	产能计划和检修计划	工序(加工路线)的产能、计划检修
	主要设备参数各工序生产提前期	
输出	订单交货期	经过测算的订单交货期(是否可以满足客户交货期的需求)
	订单加工路线	
约束	①交期计算需符合各个工序的提前期和主要设备生产效率 ②考虑已排产订单生产进度 ③设备最大可承载能力,与月度计划产量 ④避免在设备检修期间排产	
目标	订单拖期和提前期最小	订单拖期会导致拖期费和企业信誉下降,过早完成生产会带来额外库存占用

(3) 轧钢轧制计划优化模型描述

问题模型描述:为保证产品质量,轧钢热轧时首先需要对轧辊进行预热,以保证轧制状态最好,一个轧钢的轧制单元由烫辊材、过渡材、主轧材组成,宽度、厚度变化的方向和跳跃区间都有限制,致使轧钢轧制计划编制复杂。

轧钢轧制计划优化模型考虑轧钢轧制的基本工艺约束,给出每个轧制单元的具体信息,包括轧制单元的订单集合、板坯集合、生产的绝对/相对顺序等(表8-9)。

表8-9 轧钢轧制计划优化模型描述

项目	内容	说明
输入	①订单信息 ②上一轮轧钢轧制计划的执行情况 ③约束项信息 ④主要设备参数 ⑤检修计划	①订单信息务必注明如下项目:订单交货期(区间形式)、产品要求钢种、宽度、厚度、实际生产量、执行标准 ②约束项信息包括:轧辊使用寿命、烫辊材轧制量要求、过渡材轧制量限制、主轧材轧制量限制、轧制宽度跳跃限制、轧制厚度跳跃限制等 ③考虑上一轮轧制计划的执行情况,实现轧制计划滚动编制。执行情况应包括每条计划的计划起止时间、计划量和完成量 ④主要设备参数包括钢坯加热时长、轧制效率、规格切换时长、换辊时长等

续表

项目	内容	说明
输出	①轧钢轧制计划(轧制单元、轧制顺序) ②各项 KPI 指标	①轧制单元为可用同一套轧辊轧制的订单集合(或为矩形坯集合,矩形坯和订单存在映射关系) ②轧制顺序包括不同轧制单元之间的组间顺序和同一轧制单元内的矩形坯在组内的相对顺序 ③主要 KPI 指标:生产效率、轧辊利用率
约束	①烫辊材计划编制约束 ②主轧材计划编制约束	(1)烫辊材计划编制约束 ①烫辊材计划长度(吨数)有最小限制 ②烫辊材宽度变化需连续,宽度跳跃幅度有限制 ③硬度变化需连续,变化跳跃有限制 ④厚度变化需连续,非减方向,跳跃幅度有限制 (2)主轧材计划编制约束 ①宽度变化非减方向,跳跃幅度存在限制 ②厚度变化平稳,跳跃幅度存在限制 ③硬度变化平稳 ④相同宽度连轧轧制最大长度(吨数)存在一定限制 ⑤整体轧制长度(吨数)存在限制 ⑥宽度、厚度、硬度连续变化,若发生冲突,保证宽度变化的连续 (3)同一轧制批内订单交期尽可能保证相近
目标	①轧辊利用率最大 ②生产效率最大	生产效率最大,保证良好生产节奏和相容的生产窗口期

(4)浇次计划优化模型描述

因同一中包存在最大连浇数的限定和异钢种混浇规定,所以在生产过程中,中包更换是较为经常的,但若太频繁更换中包会浪费产能和设备,不满足生产经济性。

浇次计划优化模型旨在合理地计算浇次计划,不仅满足中包在使用过程中的各个生产工艺约束,也满足每个订单的交货期要求,保证生产的经济批量、钢轧衔接、良好生产节奏等(表8-10)。

表8-10 浇次计划优化模型描述

项目	内容	说明
输入	炼钢生产订单信息	炼钢生产订单应注明钢种、坯型、产量、交货期、执行标准、连铸机等
	上一轮浇次计划的执行情况	虑上一轮浇次计划的执行情况,实现计划滚动编制。执行情况应包括每条计划的计划起止时间、产线(连铸机)、计划量和完成量

续表

项目	内容	说明
输入	轧制计划	计算浇次计划时,考虑轧制计划的执行,尽可能多地保障钢坯热送
输入	约束项信息	中包容量、中包最大使用寿命(连浇炉数)、结晶器使用寿命、异钢种混浇规定等
输入	检修计划	
输出	浇次计划	计划炉次数、连铸顺序、计划起止时间
输出	各项KPI指标	热送率、中包平均利用率、连铸机生产效率
约束	①同一浇次的钢种需尽可能保持一致,若遇异钢种连浇,连浇钢种须满足异钢种连浇规定 ②连浇炉数尽可能保持最多,有最大数量限制 ③同一浇次浇铸坯型需保持一致,属同一浇次的钢坯的轧制规格需相近,且保持变化平稳 ④同一浇次浇铸的钢坯交货期需相近	
目标	①生产效率最大 ②热送率最大	

8.3 子系统2:PMS-制造管理系统

8.3.1 功能综述

制造管理系统面向销售部、供应部、生产部、质技部、技术部等各职能部门,能够实现全公司资源掌控,是承接 ERP 系统与生产执行系统的重要组成部分。主要功能包括客商服务管理(EC)、综合管控(MC)、主数据管理(MD)、采购与存货管理(PI)、销售与发运管理(SD)、计划与实绩管理(PP)、物资调拨管理(GA)、工序成本管理(CO)、质量管理(QM)等。

8.3.2 各功能详细介绍

(1)客商服务管理(EC)

客商服务管理提供供应商与客户的增值服务,实现供应商车号预报、收货实绩、质检查询、货款查询等功能，实现客户下单、订单查询等服务。用户群体分为供应商和销售客户两大类。

① 实施范围。iMES客商服务管理模块主要涉及以下单位：销售部、生产部及相关客户。

② 功能结构图见图8-6。

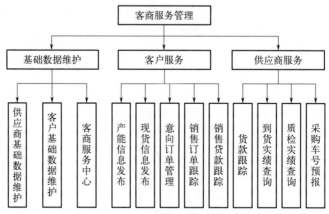

图8-6 客商服务管理功能结构图

③ 功能描述见表8-11。

表8-11 客商服务管理功能描述

序号	功能名称	功能描述
EC01	基础数据维护	①供应商基础数据维护 ②客户基础数据维护 ③客商服务中心（注册等账号管理功能）
EC02	客户服务	①产能信息发布 ②现货信息发布 ③意向订单管理 ④销售订单跟踪 ⑤销售货款跟踪
EC03	供应商服务	①货款跟踪 ②到货实绩查询 ③质检实绩查询 ④采购车号预报

(2) 综合管控（MC）

综合管控模块通过收集统计iMES关键指标，绘制面向全厂全局的资源使用情况，为生产、设备、质量管理人员提供科学的决策依据。

① 实施范围。iMES综合管控模块主要涉及以下单位：财务部、生产部等具备全厂生产情况查询权限的相关领导。

② 功能结构图见图8-7。

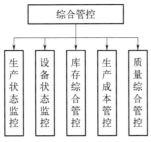

图 8-7 综合管控功能结构图

③ 功能描述见表 8-12。

表 8-12 综合管控功能描述

序号	功能名称	功能描述
MC01	生产状态监控	全厂生产情况总览
MC02	设备状态监控	全产设备运行情况总览
MC03	库存综合管控	全厂库存情况总览
MC04	生产成本管控	全厂生产成本总览
MC05	质量综合管控	产品质量情况总览

设备状态监控界面和生产状态监控界面分别如图 8-8 和图 8-9 所示。

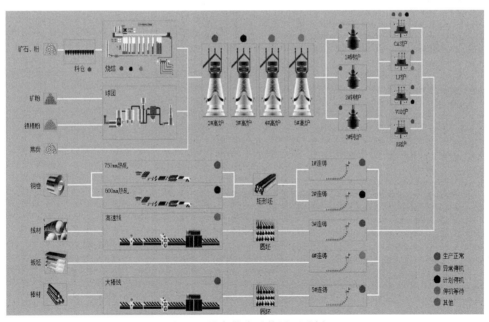

图 8-8 设备状态监控界面示例

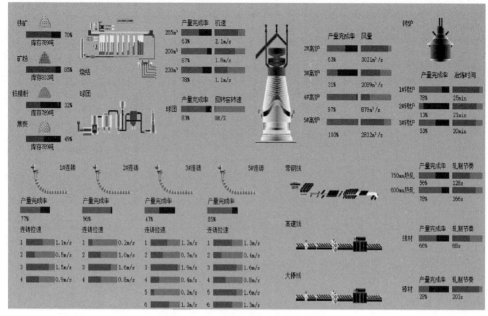

图 8-9 生产状态监控界面示例

(3) 主数据管理（MD）

主数据管理主要维护系统基础数据，包括产品主数据、工厂主数据两大类。主数据是支撑销售发运与生产计划管理等模块的基石。

产品主数据包括但不限于以下内容：品类、品名、钢种、标准、宽度、厚度、交货状态、质量等级、产品规范、用途等。

工厂主数据包括但不限于以下内容：工序、工艺路线、加工中心、加工路线、库存地等。

① 实施范围。iMES 主数据管理模块主要涉及以下单位：技术部等相关基础数据管理部门。

② 功能结构图见图 8-10。

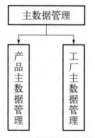

图 8-10 主数据管理功能结构图

③ 功能描述见表 8-13。

表 8-13 主数据管理功能描述

序号	功能名称	功能描述
MD01	产品主数据维护	品类、品名、钢种、标准、宽度、厚度、交货状态、质量等级、产品规范、用途等
MD02	工厂主数据维护	工序、工艺路线、加工中心、加工路线、库存地等

产品规范界面示例如图 8-11 所示。

图 8-11 产品规范界面示例

(4) 采购与存货管理 (DI)

采购与存货管理是指接收从 ERP 下发的采购订单（或依据物料需求计划），提供采购订单及采购进厂实绩查询功能，根据收货明细、质量检验结果，结合采购订单进行优质优价计算，形成采购预结算信息并上传到 ERP 系统。主要功能包括：原/燃/辅/备件/废钢/钢坯/耐材/合金的采购管理、采购到货验配、原料库存管理、试样管理、原料质量管理、检化验报表查询等。

① 实施范围。iMES 采购与存货管理模块主要涉及以下单位：供应部门。
② 功能结构图见图 8-12。

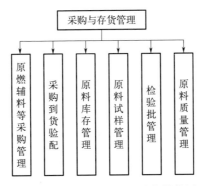

图 8-12 采购与存货管理功能结构图

③ 功能描述见表 8-14。

表 8-14 采购与存货管理功能描述

序号	功能名称	功能描述
PI01	原/燃/辅/备件/废钢/钢坯/耐材/合采购管理	MES 接收采购订单及相应物料质检方案；供应商/内部采购人员预录进厂车号，实现对车号的录入、识别；支持异常情况下 MES 手工录入采购订单。对于辅料、燃料支持退货管理，对于备件支持检斤重量上传 ERP
PI02	采购到货验配	在车号预录后车辆进厂时通过写卡验配将车辆信息与采购货物匹配，实现一车一卡管理，车辆进厂后检斤数据与卡号信息绑定，实现检斤数据与采购订单的关联
PI03	原料库存管理	采购车辆进厂一检后到指定原料厂卸货，卸货完成后需有卸货专员确认并对需要扣杂的车辆进行扣杂录入并上传，卸货管理包括对铁料及合金耐材的卸货确认。原料库存管理包括原料出入库的库存管理、台账管理、盈亏管理、日月报表等功能
PI04	原料试样管理	采购进厂的原料按照质检方案进行取样质检。试样管理实现对所取样的二维码加密处理，保持试样编号的独立性，杜绝试样信息的泄漏。依据质检方案，系统自动带出该物料的质检项目指导质检
PI05	检验批管理	检验批管理实现对采购单号依据检验规则对进厂车辆的物料进行检验批组批与归批
PI06	原料质量管理	取样后对检验批进行质检、理化分析对该物料的结果进行录入，在实验仪器支持的条件下，系统实现对实验结果的自动录入与判定，由质检人员最终判定并发布结果

（5）销售与发运管理（SD）

iMES 贯彻按合同组织生产的产销管理理念，体现集中管控、整合高效的敏捷制造的企业生产组织管理要求。销售订单是 iMES 管理的核心要素，也是合同一贯、动态跟踪的基础。

提供标准接口，接收生产部下达的合同订单数据，作为整个 iMES 系统管理的源头，通过合同信息接收转换模块，完成用户订单信息到生产合同信息的转换。为每一份用户合同（订单）建立对应生产合同信息，为生产管理实现"按合同组织生产"提供必要合同数据准备。订单计划一般按月组织编制。实时跟踪生产执行实绩，根据实际反馈的产量、质量等信息，跟踪订单完成情况。主要包括销售订单管理、订单跟踪管理、成品库存管理、成品发运管理等功能。

① 实施范围。iMES 销售与发运管理模块主要涉及以下单位：销售部等。
② 功能结构图见图 8-13。
③ 功能描述见表 8-15。

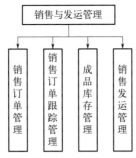

图 8-13 销售与发运管理功能结构图

表 8-15 销售与发运管理功能描述

序号	功能名称	功能描述
SD01	销售订单管理	MES 接收来自销售部下发的销售订单并进行质量设计与订单计划。质量设计后可对生产订单进行跟踪
SD02	销售订单跟踪管理	实现对销售订单的全流程跟踪和追溯,包括轧钢生产进度、炼钢生产进度
SD03	成品库存管理	实现对成品库存的垛位管理、出入库、盘点、盈亏等库存管理功能
SD04	销售发运管理	实现对成品发运的维护,包括发运通知、发运验配、销售退货等管理。发运与计量系统集成,实现成品下线计量

(6) 计划与实绩管理 (PP)

采购与存货管理是指接收经过评审之后的订单编制作业计划,并根据轧钢计划推算坯料需求及炼钢计划的过程。同时,根据生产实绩反馈计划的执行情况。

① 实施范围。iMES 计划与实绩管理模块主要涉及以下单位:销售部、生产部。

② 功能结构图见图 8-14。

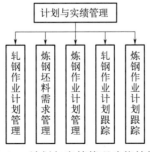

图 8-14 计划与实绩管理功能结构图

③ 功能描述见表 8-16。

表 8-16 计划与实绩管理功能描述

序号	功能名称	功能描述
PP01	轧钢作业计划管理	轧钢生产计划的编制
PP02	炼钢坯料需求管理	根据轧钢计划及钢坯库存推算炼钢坯料需求
PP03	炼钢作业计划管理	炼钢生产计划的编制
PP04	轧钢作业计划跟踪	对轧钢生产计划执行情况的跟踪
PP05	炼钢作业计划跟踪	对炼钢生产计划执行情况的跟踪

(7) 物资调拨管理 (GA)

物资调拨管理接收 ERP 调拨指令，与计量系统集成，通过指令的下达，实现调拨相关库存的入库和出库，实现对线下物流的管理。

① 实施范围。iMES 物资调拨模块主要涉及以下单位：生产部等相关业务单位。

② 功能结构图见图 8-15。

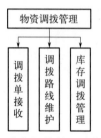

图 8-15 物资调拨管理功能结构图

③ 功能描述见表 8-17。

表 8-17 物资调拨管理功能描述

序号	功能名称	功能描述
GA01	调拨单接收	物资调拨单接收
GA02	调拨路线维护	维护调拨路线
GA03	库存调拨管理	调拨库存管理

库存调拨管理界面示例如图 8-16 所示。

(8) 工序成本管理 (CO)

依照各生产产品、活动、产线、钢种、规格等资料建立基本数据。依照各产线会发生的生产活动以及存货异动明细建立存货交易规则、抛总账账务规则。功能主要包括炼铁工序成本归集、炼钢工序成本归集、轧钢工序成本归集及相关报表查询。

① 实施范围。iMES 工序成本管理模块主要涉及以下单位：财务部、各生产

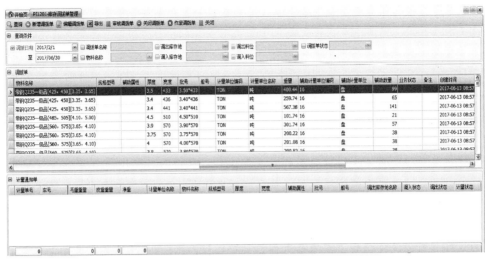

图 8-16 库存调拨管理界面示例

厂等相关部门。

② 功能结构图见图 8-17。

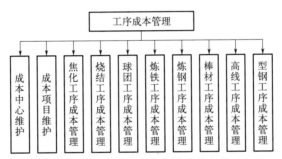

图 8-17 工序成本管理功能结构图

③ 功能描述见表 8-18。

表 8-18 工序成本管理功能描述

序号	功能名称	功能描述
CO01	成本中心维护	厂区成本中心的维护功能
CO02	成本项目维护	厂区成本项目的维护功能
CO03	焦化工序成本管理	管理焦化工序成本
CO04	烧结工序成本管理	管理烧结工序成本
CO05	球团工序成本管理	管理球团工序成本
CO06	炼铁工序成本管理	管理炼铁工序成本
CO07	炼钢工序成本管理	管理炼铁工序成本

续表

序号	功能名称	功能描述
CO08	棒材工序成本管理	管理轧钢工序成本
CO09	高线工序成本管理	管理高线工序成本
CO10	型钢工序成本管理	管理型钢工序成本

（9）质量管理（QM）

质量管理以满足用户需求为前提，以质量工艺规程为依据，充分考虑用户的特殊要求，对产品生产进行全过程的质量设计；通过对各个生产节点的管理控制来提供符合用户要求的产品，确保从合同接收开始，到成品出库的全过程的质量管理控制，实现从原料入库到出厂的质量一贯制管理，实现产品质量的持续改进。

质量管理贯穿生产组织的全过程，系统设计时考虑以下原则：

a. 一贯质量管理的原则。以满足用户需求为前提，以质量工艺规程为依据，对产品生产进行全过程的质量设计，通过对各个生产节点的管理控制，达到最终提供符合用户要求的产品，以求得最佳的企业经济效益和社会效益。

b. 质量异议可追溯。各个生产节点的产品理化检验数据和产品表面质量检验数据，均对接到本系统，指导下道工序的生产并且有助于质量问题的分析、追溯。

c. 按"标准+α"组织生产的原则。市场竞争日益激烈，用户对品种、质量、成本、服务等方面的要求更加苛刻。产品的生产应以用户满意为最高标准和最终要求，生产组织也应由符合标准向满足用户需求转变。为了实现按"标准+α"（α是用户在标准以外提出的附加技术条件）组织生产，在质量管理各项功能的设计中都要充分将用户的特殊要求考虑进去。

① 实施范围。iMES 质量管理模块主要涉及以下单位：质量部门等。

② 功能结构图见图 8-18。

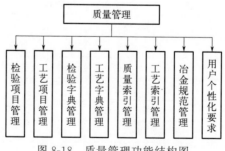

图 8-18 质量管理功能结构图

③ 功能描述见表 8-19。

表 8-19　质量管理功能描述

序号	功能名称	功能描述
QM01	检验项目管理	管理检验项目
QM02	工艺项目管理	管理工艺项目
QM03	检验字典管理	管理检验字典
QM04	工艺字典管理	管理工艺字典
QM05	质量索引管理	管理质量索引
QM06	工艺索引管理	管理工艺索引
QM07	冶金规范-各产品	管理冶金规范
QM08	用户个性化要求	管理用户个性化要求

8.4　子系统 3：PES-制造执行系统

8.4.1　功能综述

制造执行系统面向焦化厂、球团厂、烧结厂、炼铁厂、炼钢厂、棒材厂、高线厂、型钢厂等各个分厂，能够指导各个分厂按照计划及质量要求进行生产，同时能够准确及时跟踪物料信息，根据不同的精度要求实现按炉次、批次、件次的跟踪。主要功能包括焦化执行系统（CPES）、烧结执行系统（FPES）、球团执行系统（PPES）、炼铁执行系统（IPES）、炼钢执行系统（SPES）、棒材执行系统（BPES）、高线执行系统（WPES）、型钢执行系统（XPES）、检化验执行系统（QPES）。

8.4.2　各系统详细介绍

（1）焦化执行系统（CPES）

根据公司信息化管理战略目标及 iMES 项目定义，焦化 PES 系统模块建设的主要业务范围包含原煤入厂至焦炭产出的各个关键业务范畴。

焦化执行系统实现对焦化的作业执行管理、车间库存管理；在保障作业执行跟踪的同时实现成本的上传。焦化执行系统包括五个主要模块，分别是备煤管理、配煤管理、生产管理、库存管理、报表汇总等具体业务。

① 实施范围。iMES 焦化模块主要涉及以下单位：焦化厂。

② 功能结构图见图 8-19。

③ 功能描述见表 8-20。

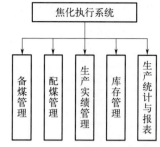

图 8-19　焦化执行系统功能结构图

表 8-20　焦化执行系统功能描述

序号	功能名称	功能描述
CPES01	备煤管理	主要负责料场、物料参数、配料参数等基本数据的维护操作功能
CPES02	配料管理	主要负责公司级配料计划、公司级变料计划、厂级配料计划、车间配料实绩等。主要功能界面包括:配料变更管理
CPES03	生产实绩管理	负责对球团生产实绩的采集及上报,包括投入产出管理和换班上报两个功能。主要功能界面包括:生产实绩投入、生产实绩产出、白夜班计时等
CPES04	库存管理	主要负责球团车间库存管理。主要功能界面包括:车间库入库管理、车间库出库管理、车间库台账管理等
CPES05	生产统计与报表	主要包括报表统计和生产指标评价。该功能能够自动生成生产报表,以及计算生产指标,评价生产过程。主要功能界面包括:成本归集、成本上传等

(2) 烧结执行系统 (FPES)

烧结执行系统实现对烧结的作业执行管理、车间库存管理；在保障作业执行跟踪的同时实现成本的上传。烧结执行系统包括七个主要模块，分别是基础数据管理、生产计划管理、配料计划管理、生产实绩管理、库存管理、质量管理、生产统计与报表。

① 实施范围。iMES 烧结模块主要涉及以下单位：烧结厂。

② 功能结构图见图 8-20。

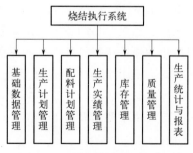

图 8-20　烧结执行系统功能结构图

③ 功能描述见表 8-21。

表 8-21 烧结执行系统功能描述

序号	功能名称	功能描述
FPES01	基础数据管理	主要负责料场、物料参数、配料参数等基本数据的维护操作功能。主要功能界面包括:料仓变料管理等
FPES02	生产计划管理	负责接收 PMS 生产计划管理下达的烧结生产计划
FPES03	配料计划管理	主要负责公司级配料计划、公司级变料计划、厂级配料计划、车间配料实绩等。主要功能界面包括:配料变更管理
FPES04	生产实绩管理	负责对烧结生产实绩的采集及上报,包括投入产出管理和换班上报两个功能。主要功能界面包括:生产实绩投入、生产实绩产出、白夜班计时等
FPES05	库存管理	主要负责烧结车间库存管理。主要功能界面包括:车间库入库管理、车间库出库管理、车间库台账管理等
FPES06	质量管理	与系统内质检模块进行集成,查询质检结果
FPES07	生产统计与报表	主要包括报表统计和生产指标评价。该功能能够自动生成生产报表,以及计算生产指标,评价生产过程

料仓变料管理界面示例如图 8-21 所示。

图 8-21 料仓变料管理界面示例

(3) 球团执行系统 (PPES)

球团执行系统实现对球团的作业执行管理、车间库存管理;在保障作业执行跟踪的同时实现成本的上传。球团执行系统包括七个主要模块,分别是基础数据管理、生产计划管理、配料计划管理、生产实绩管理、库存管理、质量管理、生产统计与报表。

① 实施范围。iMES 球团执行系统模块主要涉及以下单位:球团厂。

② 功能结构图见图 8-22。

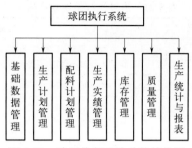

图 8-22 球团执行系统功能结构图

③ 功能描述见表 8-22。

表 8-22 球团执行系统功能描述

序号	功能名称	功能描述
PPES01	基础数据管理	主要负责料场、物料参数、配料参数等基本数据的维护操作功能。主要功能界面包括：料仓变料管理等
PPES02	生产计划管理	负责接收 PMS 生产计划管理下达的烧结生产计划
PPES03	配料计划管理	主要负责公司级配料计划、公司级变料计划、厂级配料计划、车间配料实绩等。主要功能界面包括：配料变更管理
PPES04	生产实绩管理	负责对球团生产实绩的采集及上报，包括投入产出管理和换班上报两个功能。主要功能界面包括：生产实绩投入、生产实绩产出、白夜班计时等
PPES05	库存管理	主要负责球团车间库存管理。主要功能界面包括：车间库入库管理、车间库出库管理、车间库台账管理等
PPES06	质量管理	与系统内质检模块进行集成，查询质检结果
PPES07	生产统计与报表	主要包括报表统计和生产指标评价。该功能能够自动生成生产报表，以及计算生产指标，评价生产过程

（4）炼铁执行系统（IPES）

根据公司信息化管理战略目标及 iMES 项目定义，炼铁 PES 系统模块建设的主要业务范围包含烧结矿、球团矿、块矿等入厂至铁水产出的各个关键业务范畴。主要包括：生产计划、生产管理、铁水跟踪、库存管理、指标整理、报表汇总等具体业务。

高炉执行系统实现对高炉的作业执行管理、车间库存管理、质量管理等；在保障作业执行跟踪的同时实现成本的上传。高炉执行系统包括七个主要模块，分别是基础数据管理、生产计划管理、配料管理、生产实绩管理、库存管理、质量管理、生产统计与报表。

① 实施范围。iMES 炼铁模块主要涉及以下单位：炼铁厂。

② 功能结构图见图 8-23。

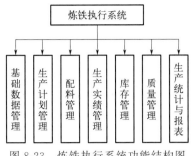

图 8-23 炼铁执行系统功能结构图

③ 功能描述见表 8-23。

表 8-23 炼铁执行系统功能描述

序号	功能名称	功能描述
IPES01	基础数据管理	主要负责料场、物料参数、配料参数等基本数据的维护操作功能。主要功能界面包括:高炉装料制度、高炉技术指标管理等
IPES02	生产计划管理	负责接收 PMS 生产计划管理下达的高炉生产计划。主要功能界面包括:产量计划、产量跟踪等
IPES03	配料管理	录入计划矿批重,校核碱度、焦炭及所有原燃料的检化验信息。主要功能界面包括:配料管理
IPES04	生产实绩管理	负责对高炉生产实绩的采集及上报,包括投入产出管理和换班上报两个功能。主要功能界面包括:出铁实绩管理、高炉风口实绩管理、高炉产出管理等
IPES05	库存管理	高炉车间的库存管理包括铸铁管理和车间原燃辅管理两个功能。主要功能界面包括:车间库入库管理、车间库出库管理、库存台账管理、库存盈亏管理、料仓变料管理
IPES06	质量管理	与系统内质检模块进行集成,查询质检结果
IPES07	生产统计与报表	主要包括报表统计和生产指标评价。该功能能够自动生成生产报表,以及计算生产指标,评价生产过程

高炉出铁界面示例如图 8-24 所示。

(5) 炼钢执行系统 (SPES)

根据公司信息化管理战略目标及 iMES 项目定义,炼钢 PES 系统模块建设的主要业务范围包含接收 ERP 系统销售订单至炼钢成品产出的各个关键业务范畴。主要包括:生产计划、物料跟踪与实绩收集、库存管理、报表汇总等具体业务。

炼钢执行系统覆盖炼钢环节中的脱硫、LF 精炼炉、RH 精炼炉、转炉、连铸等环节。系统主要功能包括基础设定管理、炼钢计划管理、生产作业管理等功能。

图 8-24　高炉出铁界面示例

① 实施范围。iMES 炼铁模块主要涉及以下单位：炼钢一厂、炼钢二厂。
② 功能结构图见图 8-25。

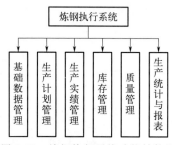

图 8-25　炼钢执行系统功能结构图

③ 功能描述见表 8-24。

表 8-24　炼钢执行系统功能描述

序号	功能名称	功能描述
SPES01	生产计划管理	负责接收 PMS 生产计划管理下达的炼钢生产计划，主要包括组批计划管理、调度室管理
SPES02	生产实绩管理	炼钢生产实绩包括：脱硫生产实绩、转炉生产实绩（包含回炉实绩）、连铸生产实绩等。主要功能界面包括：生产实绩投入、生产实绩产出、白夜班计时等
SPES03	库存管理	主要负责炼钢车间库存管理。主要功能界面包括：车间库入库管理、车间库出库管理、车间库台账管理等
SPES04	质量管理	与系统内质检模块进行集成，查询质检结果
SPES05	生产统计与报表	炼钢成本管理包括转炉成本报表、连铸成本报表、供需综合报表等，主要功能界面包括：成本归集、成本上传等

连铸机生产实绩界面示例如图 8-26 所示。

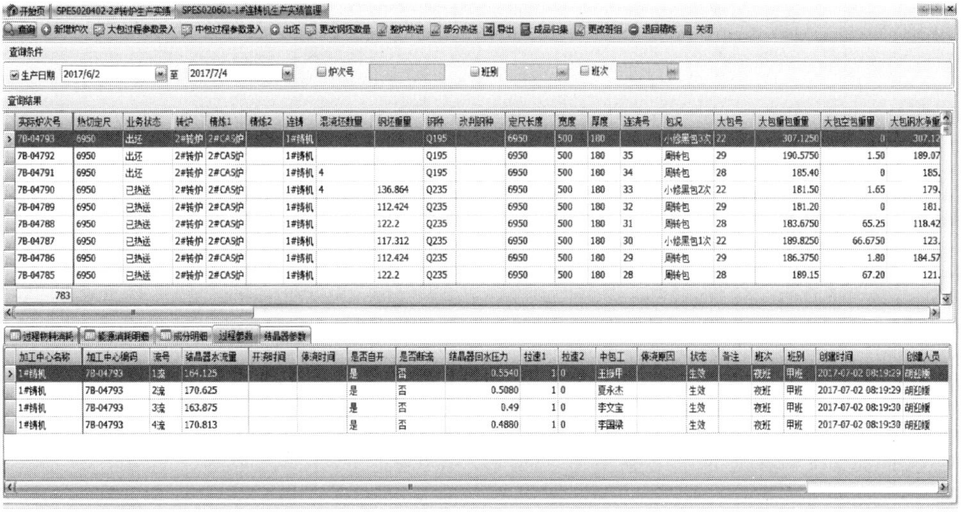

图 8-26　连铸机生产实绩界面示例

(6) 棒材执行系统 (BPES)

棒材 PES 系统覆盖了加热炉、粗轧、精轧、打捆等工艺流程。棒材执行系统接收棒材作业计划，依据作业计划进行组批指导生产。生产实绩管理记载各工序加工实绩的收集，直接面向工序设备及操作作业人员，接收相关区域过程控制系统上传的各类生产实绩，或人工输入信息；库存管理实现对棒材各种类型实行基于件次的管理跟踪。

① 实施范围。iMES 棒材模块主要涉及以下单位：棒材厂。

② 功能结构图见图 8-27。

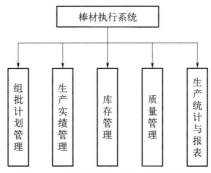

图 8-27　棒材执行系统功能结构图

③ 功能描述见表 8-25。

表 8-25　棒材执行系统功能描述

序号	功能名称	功能描述
BPES01	组批计划管理	负责接收 PMS 生产计划管理下达的棒材组批计划
BPES02	生产实绩管理	负责对棒材生产实绩的采集及上报,包括投入产出管理和换班上报两个功能。主要功能界面包括:生产实绩投入、生产实绩产出、白夜班计时等
BPES03	库存管理	主要负责棒材库存管理,包括:原料库、成品库、在制品库、副产品库。主要功能界面包括:车间库入库管理、车间库出库管理、车间库台账管理等
BPES04	质量管理	与系统内检化验模块进行集成,查询质检结果
BPES05	生产统计与报表	主要包括报表统计和生产指标评价。该功能能够自动生成生产报表,以及计算生产指标,评价生产过程。主要功能界面包括:成本归集、成本上传等

(7) 高线执行系统 (WPES)

高线 PES 系统覆盖了加热炉、粗轧、精轧、冷却、打包等工艺流程。高线执行系统接收线材作业计划,依据作业计划进行组批指导生产。生产实绩管理记载各工序加工实绩的收集,直接面向工序设备及操作作业人员,接收相关区域过程控制系统上传的各类生产实绩,或人工输入信息;库存管理实现对高线各种类型实行基于件次的管理跟踪。

① 实施范围。iMES 高线模块主要涉及以下单位:高线厂。

② 功能结构图见图 8-28。

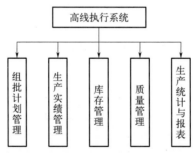

图 8-28　高线执行系统功能结构图

③ 功能描述见表 8-26。

表 8-26　高线执行系统功能描述

序号	功能名称	功能描述
WPES01	组批计划	负责接收 PMS 生产计划管理下达的高线组批计划
WPES02	生产实绩管理	负责对高线生产实绩的采集及上报,包括投入产出管理和换班上报两个功能。主要功能界面包括:生产实绩投入、生产实绩产出、白夜班计时等

续表

序号	功能名称	功能描述
WPES03	库存管理	主要负责高线库存管理,包括:原料库、成品库、在制品库、副产品库。主要功能界面包括:车间库入库管理、车间库出库管理、车间库台账管理等
WPES04	质量管理	与系统内检化验模块进行集成,查询质检结果
WPES05	生产统计与报表	主要包括报表统计和生产指标评价。该功能能够自动生成生产报表以及计算生产指标,评价生产过程

(8)型钢执行系统(XPES)

型钢PES系统覆盖了加热炉、粗轧、精轧、冷却、卷取等工艺流程。型钢执行系统接收型钢作业计划,依据作业计划进行组批指导生产。生产实绩管理记载各工序加工实绩的收集,直接面向工序设备及操作作业人员,接收相关区域过程控制系统上传的各类生产实绩,或人工输入信息;库存管理实现对型钢各种类型实行基于件次的管理跟踪。

① 实施范围。iMES带钢模块主要涉及以下单位:型钢厂。

② 功能结构图见图8-29。

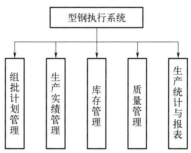

图 8-29 型钢执行系统功能结构图

③ 功能描述见表8-27。

表 8-27 型钢执行系统功能描述

序号	功能名称	功能描述
XPES01	组批计划管理	负责接收PMS生产计划管理下达的型钢组批计划
XPES02	生产实绩管理	负责对型钢生产实绩的采集及上报,包括投入产出管理和换班上报两个功能。主要功能界面包括:生产实绩投入、生产实绩产出、白夜班计时等
XPES03	库存管理	主要负责型钢库存管理,包括:原料库、成品库、在制品库、副产品库。主要功能界面包括:车间库入库管理、车间库出库管理、车间库台账管理等
XPES04	质量管理	与系统内检化验模块进行集成,查询质检结果
XPES05	生产统计与报表	主要包括报表统计和生产指标评价。该功能能够自动生成生产报表,以及计算生产指标,评价生产过程

(9) 检化验执行系统（QPES）

根据公司信息化管理战略目标及 iMES 项目定义，检化验系统模块建设的主要业务范围包含整个检化验流程的各个关键业务范畴，主要包括制样取样、加工、交接、检测、审核、发布等具体业务。

检化验系统的物料对象包括 iMES 生产范围内的所有物料的检验分析，如原料试验对象包括焦炭、煤、铁粉等原辅料；炼铁试验对象包括铁水及入炉辅料；炼钢试验对象主要是连铸坯；轧钢试验对象为轧钢钢材。

检化验系统负责进场原料分析，炼铁、炼钢过程中的成分分析、轧钢物理性能等检验数据的收集、整理和分析，为生产提供检测及分析数据，并实现产品的质量追溯。

检化验系统记录从开始取样到检验结果输出，整个过程的数据流向。通过检验委托以及各种质量设备对样品进行检验并按批号统计检验数据，提供追溯数据。

① 实施范围。iMES 检化验模块主要涉及以下单位：生产部、供应部、财务部、技术部、质量部、焦化厂、烧结厂、球团厂、炼铁厂、炼钢厂、棒材厂、型钢厂、高线厂。

② 原料检化验。原料检化验模块负责进场原料的成分分析、检验数据的收集，为生产提供检测及分析数据，并实现产品的质量追溯。

a. 功能结构图见图 8-30。

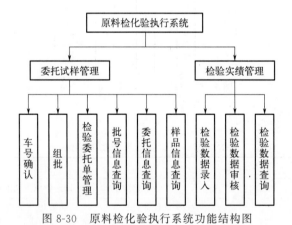

图 8-30　原料检化验执行系统功能结构图

b. 功能描述见表 8-28。

③ 铁前检化验。铁前检化验模块负责铁水、烧结矿、球团矿等的成分分析、检验数据的收集，为生产提供检测及分析数据，并实现产品的质量追溯。

委托试样管理：根据车号的组批以及检验项生成检验委托，通过批号、委托号、样品号的绑定，对产品质量起到追溯的作用。可实现委托单管理以及样品管理的目的。

表 8-28 原料检化验执行系统功能描述

序号	功能名称	功能描述
QPES0101	委托试样管理	①根据车号的组批以及检验项生成检验委托,通过批号、委托号、样品号的绑定,对产品质量起到追溯的作用。可实现委托单管理以及样品管理的目的 ②主要功能包含:车号确认、组批、检验委托单管理、批号信息查询、样品信息查询
QPES0102	实验实绩管理	①通过设备自动或人工手动采集检验数据,并与检验标准数据进行对比 ②主要功能包含:检验数据录入、检验数据审核、检验数据查询

实验实绩管理:通过设备或人工采集检验数据,并与检验标准数据进行对比。

a. 功能结构图见图 8-31。

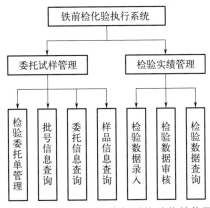

图 8-31 铁前检化验执行系统功能结构图

b. 功能描述见表 8-29。

表 8-29 铁前检化验执行系统功能描述

序号	功能名称	功能描述
QPES0201	委托试样管理	①检验委托单管理:通过样品信息、委托单号、批号的绑定,生成各个样品的检验项目 ②批号信息查询:查询已组批信息 ③样品信息查询:查询已组批信息
QPES0202	实验实绩管理	①检验数据录入:化学检验及物理性能测试结果录入 ②检验数据审核:对检验数据的审核 ③检验数据查询:查询化学及物理检验数据

④ 炼钢检化验。炼钢检化验模块负责铁水、钢坯等的成分分析、检验数据的收集,为生产提供检测及分析数据,并实现产品的质量追溯。

委托试样管理:根据车号的组批以及检验项生成检验委托,通过批号、委托号、样品号的绑定，对产品质量起到追溯的作用。可实现委托单管理以及样品管理的目的。

实验实绩管理：通过设备或人工采集检验数据，并与检验标准数据进行对比。

炼钢质量管理：对钢坯的尺寸、表面进行检验并记录数据。

a. 功能结构图见图8-32。

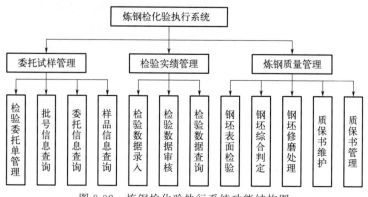

图 8-32　炼钢检化验执行系统功能结构图

b. 功能描述见表8-30。

表 8-30　炼钢检化验执行系统功能描述

序号	功能名称	功能描述
QPES0301	委托试样管理	①检验委托单管理：通过样品信息、委托单号、批号的绑定，生成各个样品的检验项目 ②批号信息查询：查询已组批信息 ③样品信息查询：查询已组批信息
QPES0302	实验实绩管理	①检验数据录入：化学检验及物理性能测试结果录入 ②检验数据审核：对检验数据的审核 ③检验数据查询：查询化学及物理检验数据
QPES0303	炼钢质量管理	①钢坯表面检验：输入测量结果、表面检验数据并对其进行判定 ②钢坯综合判定：结合成分检验结果以及现场检验结果，对钢坯进行综合判定 ③钢坯修磨处理：要进行修磨的钢坯记录修磨说明并确认修磨处理完成 ④质保书维护：各产成品的质保书模板进行管理 ⑤质保书管理：结合各项数据生成质保书

⑤ 轧钢检化验。轧钢检化验模块负责带钢的检验数据的收集，为生产提供检测及分析数据，并实现产品的质量追溯。主要功能包括委托试样管理、实验实绩管理、轧钢质量管理。

委托试样管理：根据车号的组批以及检验项生成检验委托，通过批号、委托号、样品号的绑定，对产品质量起到追溯的作用。可实现委托单管理以及样品管理的目的。

实验实绩管理：通过设备或人工采集检验数据，并与检验标准数据进行对比。

轧钢质量管理：对轧钢成品的尺寸、表面进行检验并记录数据。

a. 功能结构图见图 8-33。

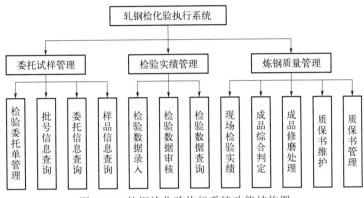

图 8-33　轧钢检化验执行系统功能结构图

b. 功能描述见表 8-31。

表 8-31　轧钢检化验执行系统功能描述

序号	功能名称	功能描述
QPES0401	委托试样管理	①检验委托单管理：通过样品信息、委托单号、批号的绑定，生成各个样品的检验项目 ②批号信息查询：查询已组批信息 ③样品信息查询：查询已组批信息
QPES0402	实验实绩管理	①检验数据录入：化学检验及物理性能测试结果录入 ②检验数据审核：对检验数据的审核 ③检验数据查询：查询化学及物理检验数据
QPES0403	轧钢质量管理	①现场检验实绩管理：输入测量结果、表面检验数据并对其进行判定 ②成品综合判定：结合成分检验结果以及现场检验结果，对轧线成品进行综合判定 ③成品修磨处理：要进行修磨的成品记录修磨说明并确认修磨处理完成 ④质保书维护：对各产成品的质保书模板进行管理 ⑤质保书管理：结合各项数据生成质保书

8.5　子系统 4：DAS-数据采集与应用系统

8.5.1　项目概述

本案例中的钢铁企业实时数据采集与应用模块的建设范围主要包括烧结厂、

焦化厂、球团厂、炼铁厂、炼钢厂、棒材厂、高线厂、型钢厂的主要控制系统。

实时数据库应用系统实时采集并存储生产数据，构建一个综合数据采集平台与智能制造管理与执行系统集成，使 L1 系统与 iMES 系统实现无缝衔接。

项目建设目标如下：

(1) 总体目标

本次建设的整体信息化综合数据系统，依据 iMES 系统所需，收集相关信息，实现数据自动采集，使企业管理更加透明化、精细化和规范化，从而进一步提高企业管理效率与管理精度。同时，对现有各类系统进行整合，实现一个平台一套数据的管理方式，去除数据孤岛，最终可以实现如下目标：

① 通过统一的数据采集平台，能大幅提升数据自动采集率和准确性，并能对数据进行有效合理组织。

② 为 iMES 系统投入、产出的生产实绩和生产工艺数据统计提供数据支撑。

③ 实现各工序的生产过程工艺数据趋势分析和对比分析，找出各工艺参数之间的关联性，提高生产运行的稳定性和效率，辅助产品的质量分析和提升。

④ 对生产设备的运行状态进行监视，为上层系统进行故障统计和分析提供依据。

⑤ 为生产部门提供及时准确的现场实时运行信息用于指导生产。

⑥ 为用户和系统维护人员提供方便、快捷的实时和历史数据查询。

(2) 数据不落地目标

按照数据不落地的要求，目前铁前、钢后区域生产信息无自动收集，通过统一的数据采集平台，能大幅提升数据自动采集率，并能对数据进行有效合理组织，从而为生产、管理人员提供直观有意义的信息。

8.5.2 系统整体框架

实时数据库应用系统实时采集并存储生产数据，构建一个综合数据采集平台与智能制造管理与执行系统集成，使 L1 系统与 iMES 系统实现无缝衔接。

系统将 iMES 系统成本核算所需的生产实绩和生产过程数据，进行加工处理并存储到关系数据库。整体架构如图 8-34 所示。

8.5.3 硬件系统需求

(1) 服务器设计

根据目前各分厂存在控制系统厂家及型号的多样性、上位机监控软件版本多样、网络结构多样的特点，为了实现各控制系统之间横向安全隔离、互不影响，控制系统和 iMES 系统之间纵向安全隔离，并保证生产控制系统的运行稳定和单

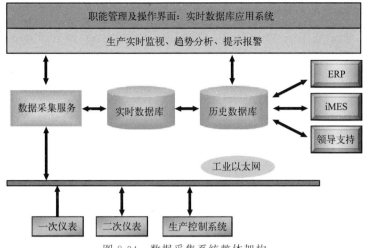

图 8-34 数据采集系统整体架构

向物理隔离要求，采用工业安全隔离网关搭建统一、安全的实时数据采集基础环境，工业网关通过汇聚交换机接入数据中心的控制系统核心交换机，并在数据中心采用工业安全隔离网闸实现二次隔离。

在中心机房设置 2 台数据库服务器，采用双磁盘阵列，互为冗余，用于过程数据的历史存储，可满足大数据量、大吞吐量的数据存储与检索，特有的压缩算法在保证庞大数据存储的同时，又保证了数据文件的体量可以维持在一个较低的水平。设置 1 台 Web 应用服务器，用于实时数据库系统实时画面、数据列表、历史趋势的 Web 发布，使用户可以通过 IE 浏览器实时查看现场设备的运行状况和趋势分析。从负载均衡方面考虑，设置 AOS 采集服务器，AOS 服务器主要用于实时数据采集和历史数据存储、用于将全厂 PLC 分区域进行采集，按照数量分布包括烧结厂、焦化厂、球团厂、炼铁厂、炼钢厂、棒材厂、高线厂、型钢厂。另部署 GR 工程师站和操作站，用于值班人员监视和大屏幕投放。

（2）网络设计

根据现有主干环网网络，设计相应核心交换机、汇聚交换机和接入交换机，满足 DAS 系统设计，其拓扑图依据原有网络部署。

（3）数据采集网关设计

DAS 系统数据采集考虑现场设备多样化和重复性部署，数据采集设备采用 Linux 系统，多种接口方案，接口电磁和网络隔离，提供断线缓存机制，满足现场数据的实时性和完整性。

生产工艺 PLC 之间采用局域网方式，将 PLC 进行联网，每个 PLC 都有同网段的唯一 IP 地址。数据接入方式设计如图 8-35 所示。

生产区域内系统 PLC 未通过交换机联网，都具有不同网段的 IP 地址。数据接入方式设计如图 8-36 所示。

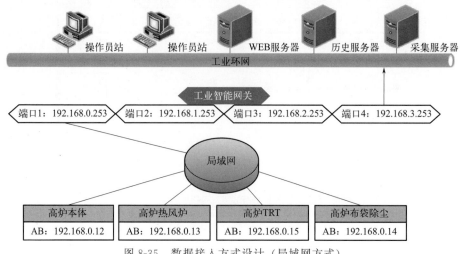

图 8-35　数据接入方式设计（局域网方式）

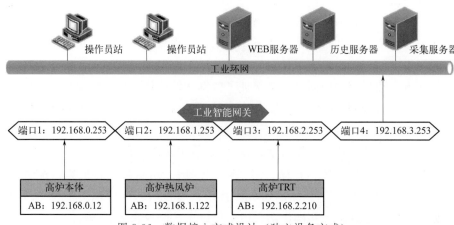

图 8-36　数据接入方式设计（独立设备方式）

生产区域内系统 PLC 未通过交换机联网，都具有相同网段的 IP 地址或 IP 地址都相同。数据接入方式设计如图 8-37 所示。

(4) 系统硬件清单

① 服务器清单见表 8-32。

② 数据采集部分。根据该钢铁企业控制系统现状，划分数据采集区域，各个分厂独立采集，避免数据和网络交叉感染，形成独立安全的小型环网。

DAS 数据规划设计原则，考虑现场多为独立 PLC 系统，现未与其他系统联网，考虑不停产接入系统，采用的数据采集网关采取独立网卡，Linux 系统设计，满足系统运行接入要求，每个网关接入独立网络 PLC 最多 3 台，接入联网

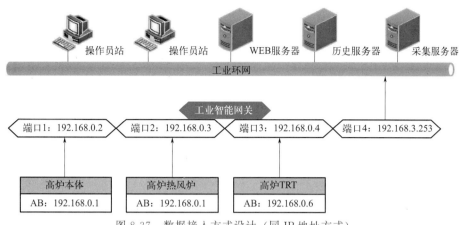

图 8-37 数据接入方式设计（同 IP 地址方式）

PLC 最多 5 台的原则进行合理分配。OPC 接入方式采用工程师站安装数据读取插件。

表 8-32 服务器清单

设备件名称	规格	单位	数量
实时数据库采集服务器	Lenovo System x3850 X6,2×8 核 Xeon E7-4809 v3 处理器(2.0GHz,20MB 缓存,6.4GT/s),64GB(8×16GB)2133MHz DDR4 内存,3×600G 10KB SAS 2.5in,标配 M5210 两块双口千兆以太网卡(共 4 个网口),2 个 900W 热插拔冗余电源,4U 机架式,RAID 0,1,5,10。五年 7×24×4 保修(预装 Windows2012 server 标准版,出具正版授权书和操作系统安装介质光盘)	台	
实时数据库历史服务器	Lenovo System x3850 X6,4×8 核 Xeon E7-4809 v3 处理器(2.0GHz,20M 缓存,6.4GT/s),128GB(8×16GB)2133MHz DDR4 内存,5T 7200 转 SAS 2.5in,标配 M5210 两块双口千兆以太网卡(共 4 个网口),两块单口 HBA 卡(含多模光模块,含 4 根 LC-LC 跳线),2 个 900W 热插拔冗余电源,4U 机架式,RAID 0,1,5,10。五年 7×24×4 保修(预装 Windows2012 server 标准版,出具正版授权书和操作系统安装介质光盘)	台	2
实时数据库 WEB 服务器	Lenovo System x3850 X6,2×8 核 Xeon E7-4809 v3 处理器(2.0GHz,20MB 缓存,6.4GT/s),128GB(8×16GB)2133MHz DDR4 内存,3×600G 10KB SAS 2.5 寸,双口千兆以太网卡,2 个 900W 热插拔冗余电源,4U 机架式。五年 7×24×4 保修(预装 Windows2012 server 标准版,出具正版授权书和操作系统安装介质光盘)	台	1
磁盘阵列	20T 空间	台	
工程师站	联想工作站 ThinkStationP900 2×E5-2650V3 32G 512G SSD1T M4000(配 4×4×2 内存)	台	
操作员站	联想工作站 ThinkStationP900 2×E5-2650V3 8G 512G SSD1T M4000(配 4×2 内存)	台	

考虑病毒和联网后，全厂生产控制系统安全，建议采用 Linux 系统设备进行

数据接入联网,避免新建系统对全厂各个生产装置的影响。并考虑增加硬件设备10%备品备件。

现场硬件采集设备安装建议采用单独供电,避免误操作导致设备掉电、数据丢失。

③ 实时数据库部分。DAS服务器搭载的实时历史数据库,保证关键数据长期保存,过程数据实时显示和计算(表8-33)。

表8-33 实时数据库清单

软件名称	规格	单位	数量
历史数据库	支持历史存储	套	待调研
IO服务器	满足实时数据采集,支持MODBUS\OPC\104等标准协议	套	待调研
操作员站	满足数据组态	套	待调研
工程师站	满足历史数据库工程开发	套	待调研
WEB发布	支持多人开发	套	待调研

8.5.4 功能规格说明

(1) 实时数据采集

系统定周期从各个生产工序基础自动化系统获取生产过程数据,并对数据进行必要的逻辑检查和存储,为其他应用功能模块提供基础数据。

实时数据库应用系统通过I/O Server可以连接大量的数据源,可以直接存储来自各种不同设备的数据。在本项目中设计使用网关作为数据采集终端,对PLC、DCS等控制设备以及仪表进行连接和配置,通过主干光纤网络传输至数据中心。

(2) 数据存储

系统对采集的数据点进行筛分存储,构建工艺过程数据池,可以为其他系统提供数据。主要对物料计量与统计数据、工艺过程参数(例如温度、压力、流量等参数)、设备运行参数(例如运行状态、电机温度、电机电流等参数)数据进行历史存储。

本系统采用历史数据库存储,全方位地获取和存储工厂数据,并将实时和历史工厂数据与配置、事件、概貌和生产数据集成起来。通过大量的客户端应用程序,可以访问工厂的全部信息,现在可以在企业各处查看、分析和报告工厂的数据处理,真正将办公室和工厂连接起来。

自动存储事件和来自I/O Server的模拟量、开关量数据。其他类型的数据存放在"客户化"表中。为了保证数据的安全、可靠,可以对服务器进行冗余配置。

实时历史数据库管理和配置工具采用了微软管理控制台技术来实现整个系统的管理，使用这一技术系统管理员可以从任一台安装了远程管理工具的客户机上进行系统的配置和管理。历史数据通过高效的数据压缩保存长达数年的历史数据，并可通过对磁盘的扩展以扩大存储量（图 8-38）。

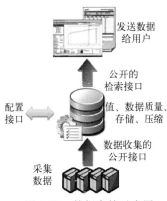

图 8-38　数据存储示意图

(3) 实时和历史查询

系统可以通过工具对某个生产过程工艺数据进行实时和历史查询。功能强大的客户端分析工具直接提供了最终用户查询，访问实时和历史数据的方式，用户可根据自己不同的需要直接进行选择查询（图 8-39）。

图 8-39　实时和历史查询界面示例

(4) Web 功能发布

数据采集系统的通过 Web 客户端可以提供准确、及时的生产信息，从而让用户能够更好地了解现场生产情况。可以方便访问各式各样的实时数据源，通过软件以图表、趋势和图形显示监视系统的实时和历史信息。

(5) 生产过程趋势分析

系统可以实现各工序的生产过程工艺数据趋势分析和对比分析，找出各工艺参数之间的关联性，提高生产运行的稳定性和效率，辅助产品的质量分析和提升。

本项目采用趋势查询工具，它直接提供了最终用户查询、访问历史数据的方式，用户可根据自己不同的需要来进行直接的选择查询（图 8-40）。

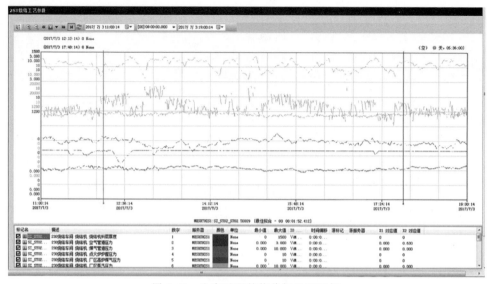

图 8-40　生产过程趋势分析界面示例

(6) 生产运行监视

根据采集范围及各生产工序特点，系统对各生产工序的实时工艺参数进行监视，满足集中管控的需求，使用户在办公室就可以了解各生产工序现场实时情况。

系统以工厂和操作人员为中心的制造信息系统提供了可视化工具，包含几个组件，分别实现可视化、设计和展示、与外部组件/系统的数据访问扩展、历史、事件处理、报警记录等。以下展示效果来源于某企业的 DAS 系统界面，见图 8-41～图 8-43。

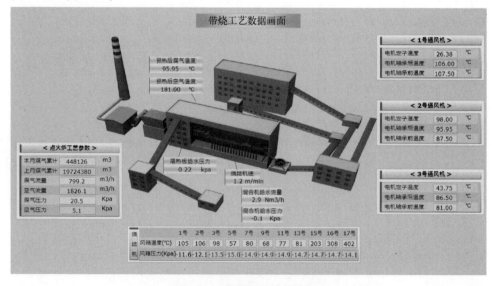

图 8-41　带烧工艺界面示例

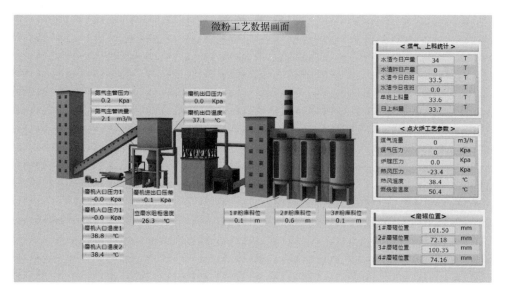

图 8-42　微粉工艺界面

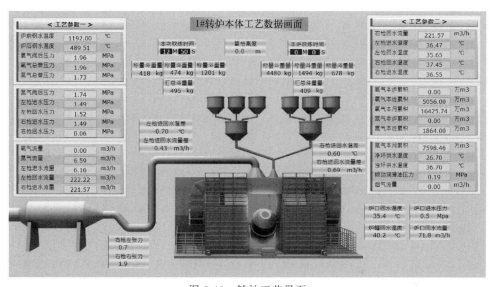

图 8-43　转炉工艺界面

参 考 文 献

[1] 贾林斌，陈斌. MES 在智能制造中的应用与实践［M］. 北京：人民邮电出版社，2022.

[2] 王爱民. 制造执行系统（MES）实现原理与技术［M］. 北京：北京理工大学出版社，2014.

[3] 黄培. MES 选型与实施指南［M］. 北京：机械工业出版社，2020.

[4] 饶运清. 制造执行系统技术及应用［M］. 北京：清华大学出版社，2022.

[5] GB/T25485-2010. 工业自动化系统与集成　制造执行系统功能体系结构［S］.

[6] 北京新奥时代科技有限责任公司. 制造执行系统实施与应用［M］. 北京：电子工业出版社，2022.

[7] 郭刚，鲁金屏，窦俊豪，等. 我国工业软件产业发展现状与机遇［J］. 软件导刊，2022，21（10）：26-30.

[8] 朱轩，王继水. 工业 MES 实施与应用［M］. 北京：北京理工大学出版社，2021.

[9] 林森，晏致涛，王俊洲. 制造执行系统 MES 的功能与实践［M］. 北京：人民邮电出版社，2021.